항
일
전
사
19
인

이 도서의 국립중앙도서관 출판예정도서목록(CIP)은 서지정보유통지원시스템
홈페이지(http://seoji.nl.go.kr)와 국가자료공동목록시스템(http://www.nl.go.kr/kolisnet)에서
이용하실 수 있습니다.(CIP제어번호: CIP2020051958)

항일 전사 19인

2020년 12월 26일 초판 1쇄 펴냄

글쓴이 안재성
펴낸곳 도서출판 단비
펴낸이 김준연
편집 최유정
등록 2003년 3월 24일(제2012-000149호)
주소 경기도 고양시 일산서구 고양대로 724-17, 304동 2503호(일산동, 산들마을)
전화 02-322-0268
팩스 02-322-0271
전자우편 rainwelcome@hanmail.net
ISBN 979-11-6350-034-6 03910

* 이 책의 내용 일부를 재사용하려면 저작권자와 도서출판 단비의 동의가 반드시 필요합니다.
* 책값은 뒤표지에 있습니다.

남자현
신채호
이회영 안중근 허형식
여운형 김동삼 김구 이화림
조봉암 김상옥 안창호 이재유
김원봉 윤세주 안순복 이홍광
김금주
김명시

항일 전사 19인

독립운동가 인물 약전 略傳

안재성 글

단비
danbi

일본의 지배를 받았던 지난 세기 36년 굴욕의 시간 동안, 수많은 한국인들이 목숨을 바쳐 그들과 싸웠다. 1894년의 제2차 동학봉기군을 포함하여, 대한제국 시대인 1905년 을미의병부터 시작해 1945년 해방되는 그날까지 숨겨간 항일운동가들의 숫자는 헤아릴 수가 없다.

세 차례에 걸친 의병투쟁 과정에 전사한 의병과 가족이 6천여 명으로 알려졌고, 3.1만세운동으로 살해된 이가 7천 5백여 명, 만주에서 무장투쟁을 하다가 희생되어 중국 정부가 집계한 항일열사만도 3천 명을 넘는다. 서대문 형무소에서 사형당하거나 고문 후유증으로 옥사한 이도 수백 명이다.

어디 죽음뿐이랴, 혹독한 고문과 모진 감옥살이를 견디고 살아남아 해방을 맞은 분들까지 헤아릴 수 없이 많은 선조들이 다양한 주의사상과 다양한 방식으로 외적에 맞서 싸웠다. 죽은 분이든, 살아남은 분이든, 그들의 희생 위에 안온한 삶을 누리고 있는 우리는 그 누구의 우열도 가릴 수 없다. 널리 알려진 지도자든, 이름도 명예도 없이 보조 역할을 하고 고초를 치른 분이든, 모두가 똑같이 존중받아야 한다.

그럼에도 모든 분들을 한 권의 책에 담을 수는 없기에, 우선 열아홉 분을 꼽아보았다. 무력투쟁을 했던 분들을 우선적으로 선정했으나 계몽운동이나 글로 반일의식을 고취시켜 널리 운동가를 양성한 안창호, 신채호 같은 문화인도 포함했다.

우리나라 국명의 표기는 인용 등의 특별한 경우가 아닌 이상, 1897년 대한제국의 수립을 기점으로 그 이전은 조선으로, 그 이후는 한국으로 통일했다. 따라서 대한제국 시대부터 시작된 항일운동의 주체도 당시의 글을 인용하는 경우를 제외하고는 조선인이 아닌 한국인으로 표기했다. 1919년에 수립된 대한민국이 조선과 대한제국으로 내려온 한국의 법통을 이어받았다고 보기에 해방 후 남과 북을 묘사하는 경우도 남한, 북한으로 통일했다.

'대일본제국'을 줄인 '일제'라는 단어도 되도록 일본으로 표기했다. 오늘의 일본이 대일본제국의 법통을 잇고 있음에도 일제라는 용어를 씀으로써 오늘의 일본과 일본인들에게 면죄부를 주는 꼴이라는 생각에서다.

독서의 편의를 위해 도시 명칭과 사람의 이름 표기방식도 단순화시켰다. 서울의 경우, 시기에 따라 한양, 한성, 경성으로 불리는데 서울로 통일하는 식이다. 중국 도시들의 경우, 당시 한국인들은 한문 발음대로 불렀으므로 이 책에서도 베이징, 상하이 대신 북경,

상해 식으로 통일한다. 장제스, 마오쩌둥, 위안스카이 같은 중국인 이름도 당시 한국인들이 쓰던 발음대로 장개석, 모택동, 원세개로 표기했다. 다만 일본인의 이름은 한자라 하더라도 일본어 발음대로 이토 히로부미, 미야케 시카노스케 식으로 썼다.

책 속의 인명 순서는 역할의 비중에 상관없이, 대체로 출생 시기에 따라 배열했다. 이렇게 하는 것이 전체 항일운동의 흐름을 이해하기도 쉽기 때문이다.

삼가, 조국과 민족을 위해 고귀한 희생을 하신 선배님들께 한없는 존경과 눈물로 감사를 드린다.

안재성

차례

1

자유를 위해 싸운 무정부주의자,
이회영

　　　　　　　　고종 4년인 1867년 서울에서 태어났다. 이
조판서 이유승의 6남 1녀 중 넷째 아들이었다.

　이회영의 집안은 10대조 이항복부터 시작해 조선왕조에서 6명
의 영의정을 배출한 명문대가였다. 둘째 형 이석영은 종2품 가선
대부였으며, 동생 이시영도 홍문관교리, 한성재판소장 등 조선왕
조와 대한제국의 고위직을 두루 역임한다. 외할아버지도 고종 때
이조판서를 했다.

　집안 소유의 재산도 엄청났다. 이회영 6형제는 서울의 요지인
명동 일대에 넓은 토지를 소유하고 있었으며, 집안 친족이자 고종
때 영의정인 이유원의 양자로 들어간 이석영은 남양주시 화도읍
가곡리 일대의 수십만 평 땅을 소유하고 있었다. 당시 기준으로 이
석영은 조선의 부호 4위라고 불렸다.

대대로 부와 명예와 권력을 누려온 기득권 집안의 일원이었으나, 이회영은 어떤 벼슬도 하지 않았으며 소탈하고 평민적이며 인정이 많았다. 대인관계에 있어서도 관용과 포용력이 남달라 주변 사람들로부터 널리 사랑을 받았으며 넷째였음에도 여섯 형제의 구심점 역할을 했다.

소년 시절에는 다른 유생들처럼 한학을 공부했는데 19살이던 1885년 이상설 등 개화파 청년들과 교류를 시작하면서 신문명을 받아들이게 되었다. 개화파 청년들과 함께 전통사찰 신흥사에서 합숙하면서 수학, 역사, 법학 등 신학문을 공부했다.

1886년에는 독립협회가 펴내는 〈독립신문〉의 사설을 읽으며 외세로부터 자주권을 가진 근대국가를 세우고자 하는 뜻을 세웠다. 또한 불평등한 봉건제도를 혁파해야 한다는 진보적인 사상도 갖게 되었다.

실천하는 지식인이기도 했다. 유교 예법은 여성의 재혼을 금지했는데 이회영은 여동생 이소영이 남편을 잃자 여동생을 재혼 시키려 했다. 주변의 반대가 심하자 여동생이 죽었다고 거짓 장례식을 치룬 후 이름을 바꿔 결혼식을 올려주었다.

이회영 자신도 첫 부인이 죽어 재혼하게 되었는데 유림의 전통을 따르지 않고 교회에서 예식을 올려 화제가 되었다. 또한 1906년 아버지 이유승이 사망하자 집안의 노비문서를 불태워 노비들을 모두 해방시켰다.

때는 19세기 말, 자본주의 선진국들 사이의 식민지 쟁탈 전쟁으로 온 세계의 약소민족들이 고통을 받고 있었다. 백 년간의 세

도정치로 피폐해져 있던 데다, 아들 이희를 앞세워 집권한 대원군 이하응의 쇄국 정책으로 근대화의 기회를 놓친 조선왕조는 밀려오는 외세에 무방비 상태로 당할 수밖에 없었다. 아버지 이하응이 물러난 후 실권을 쥔 고종 이희는 1897년 나라 이름을 대한제국으로 고치고 신문명을 받아들이려 애썼으나 회생하기에는 이미 늦어있었다.

1898년, 이회영은 존폐의 위기에 놓인 대한제국을 구하기 위해서는 근대식 교육과 군대를 양성해야 한다고 보고 그 자금을 마련하기 위해 대규모 목재상을 열고 인삼을 재배했다. 그런데 개성 풍덕에서 다 키운 인삼을 몽땅 도둑맞는 사건이 터졌다. 이회영은 그것이 개성경찰서 고문인 일본인의 소행임을 알고는 협박에 굴복하지 않고 재판을 벌여 승소했다. 그의 능력을 높이 산 정부에서는 탁지부 주사에 임명했으나 권력을 싫어했던 이회영은 이를 사양했다.

1904년부터는 남대문에 있던 상동교회와 상동청년학원에 다녔다. 당시 상동교회는 한국 주권운동의 거점과도 같은 곳이었다. 이승만, 김구, 이동녕, 이동휘, 이준, 신채호, 안창호 등 당대의 저명한 애국청년들의 집합소였다. 이회영은 기독교의 박애정신과 만민평등 사상을 받아들이는 한편, 장차 항일독립운동의 동지들을 만나게 된다.

1905년 러일전쟁에서 승리하고 미국과 가쓰라테프트 밀약을 맺음으로써 한반도에 대한 배타적 독점권을 확보한 일본은 그해 11월, 한일 보호조약의 체결을 강요했다. 한국의 외교권을 박탈해 일본이 갖고 내정 간섭을 위해 통감부를 설치하겠다는 것이었다.

분개한 이회영은 의정부 참찬이던 이상설, 오늘의 외무부인 외부의 교섭국장이던 동생 이시영, 재야인사 이상재 등과 반대운동을 벌였다. 그러나 일본군이 왕궁을 포위하고 위협하는 가운데 이완용, 박제순 등 5인의 친일파 고관들은 고종에게 서명을 강요했고 고종이 끝까지 서명을 거부하자 외부대신 박제순이 날인해 버렸다.

이회영은 이상재, 이상설, 이동녕 등과 종로에서 군중을 모아 온 백성이 들고 일어나야 한다고 열변을 토했다. 그러나 역부족이었다. 협객인 나인영과 기산도에게 자금을 주어 을사오적을 척살하려는 계획까지 세웠으나 역시 실패로 돌아갔다.

1906년 초, 상동교회에서 함께해 온 동지들이 이회영의 집에 모여 장시간 회의를 열었다. 토론 결과, 한국 내에서는 활동하기가 어려워졌으니 해외에 독립운동 기지를 건설하기로 합의했다. 한국인 이민자가 많고 국경과 가까운 중국 길림성 용정촌이 마땅한 장소로 제시되었다.

이 결정에 따라 이상설, 이동녕, 이준이 1906년 8월 용정촌에 먼저 가서 민족교육의 요람을 목표로 한 서전서숙을 건립했다. 교장은 이상설이 맡았다. 이듬해 여름, 세 사람이 모두 고종의 밀명을 받고 네덜란드 헤이그에서 열리는 만국평화회의에 참석하러 떠나면서 서전서숙은 문을 닫고 말았으나 그 영향으로 명동학교, 광송학교 등 여러 개 민족학교가 개교하게 된다.

이회영은 세 사람을 헤이그 밀사로 보내어 세계만방에 한국의 처지를 알리려는 계획을 주도한 사람이었다. 그러나 만국평화회의는 자본주의 선진제국들이 이권을 분배하기 위한 자리였을 뿐, 식민지 약소국을 위한 자리가 아니었다. 1907년 6월 헤이그에 도착한 세 사람은 외교권이 없다는 이유로 회의장에 입장조차 할 수 없었다. 출입기자단에게 성명을 발표해 동정을 얻었으나 한국의 국권회복에 어떤 변화도 주지 못했다. 울분을 못 이긴 이준은 돌연 사하고 말았다.

오히려 일본은 헤이그 밀사 사건을 빌미로 한 달 후인 1907년 7월 고종을 강제로 퇴위시키고 아들 이척을 명목뿐인 황제에 앉혔다. 그리고 8월에는 대한제국 군대까지 강제로 해산시켜 버렸다.

고종의 퇴위와 군대 해산에 분개한 한국인들은 전국각지에서 의병을 일으켜 독립전쟁 수준의 전쟁을 벌였다. 1896년 명성황후 살해에 분기해 일어났던 제1차 의병항쟁에 이은 제2차 의병이었다. 제1차 의병의 지도부가 양반층이었다면 제2차 의병의 주류는 기층 민중이라는 점에서 역사적 의미가 컸다. 그러나 의병들은 일본군의 압도적인 전력에 밀려 제대로 싸워보지도 못한 채 소멸되거나 중국 땅 만주로 피신할 수밖에 없었다.

제2차 의병이 일어나기 직전인 1907년 4월, 남대문 상동교회 지하실에서 '신민회'가 결성되었다. 참석자는 이회영, 이동녕, 양기탁, 전덕기 4명이었다. 안창호, 이승훈, 박승봉 등이 더 가담해 진용을 갖춘 신민회는 초창기 국내항일운동에서 매우 중요한 단체였다. 회원의 가입 조건은 대단히 엄격했고, 회를 배반했을 때는 죽인다는 엄격한 규율을 가진 비밀결사체였다.

신민회는 항일과 독립사상을 널리 선전하기 위해 〈대한매일신보〉를 기관지로 발행하고 상동교회 안에 청년학교를 설립해 이회영이 학감을 맡았다. 그러나 일본은 대한매일신보 사장이던 베델을 추방해 버리고 신문을 자신들의 기관지로 만들어 버렸다. 감시와 탄압이 지속되니 상동교회 청년학교도 제대로 운영할 수 없었다.

신민회는 국내에서의 활동이 어려워지자 1909년 서울 양기탁의 집에서 간부회의를 열어 만주로의 이전을 확정했다. 1906년에 결의했던 서전서숙 건립의 연장이었다. 이번에는 이회영이 거류지 답사의 책임을 맡았다.

그해 8월, 이회영은 상인으로 가장해 이동녕의 가족과 함께 만주로 떠났다. 일본 군경의 삼엄한 감시망을 통과한 일행은 함경도 초산진에서 압록강을 넘어 횡도천에 이동녕의 가족을 안착시켰다. 오늘의 단동인 안동현에서 2백 킬로쯤 내륙에 있는 마을이었다. 이회영은 앞으로 찾아오는 동지와 가족들에게 편의를 제공할 수 있도록 이동녕 가족에게 충분한 양식을 사주고 김치까지 대량으로 담가놓도록 했다.

무사히 서울에 돌아온 이회영은 만주로의 이전과 독립군기지 건설을 위한 자금 확보에 들어갔다. 1910년 가을, 이회영의 6형제가 모여 회의를 열었다. 이건영, 이석영, 이철영, 이회영, 이시영, 이호영이었다. 이미 뜻이 맞던 형제들이었다. 이회영이 만주 상황을 설명하고 그곳에 가서 독립운동을 하자고 제안하자 모두들 흔쾌히 수락했다.

모든 형제가 자신의 재산을 정리하기로 했는데 워낙 규모가 커서 매수자가 쉽게 나오지를 않았다. 형제 중에도 가장 부자이던 이석영이 양주군 가곡리 소재 전답을 40만 원이라는 헐값에 내놓아 한 달 만에 팔았다. 쌀 한 가마니에 3원이던 시절이니 오늘날의 쌀값과 단순 비교해도 260억 원인데, 당시의 쌀의 가치는 오늘날과 비교할 수 없이 높았으므로 600억 원의 가치가 있는 것으로 추정된다. 6형제가 가지고 간 돈은 엽전으로 26포대나 되었다.

1910년 12월, 이회영을 포함한 6형제의 가족 40명이 서울을 출발했다. 함께 가기를 자원한 일꾼과 지게꾼까지 모두 60여 명의 대가족이었다. 경찰의 감시를 피해 몇 개 조로 나누어 기차를 탄 이들은 신의주에 도착하는 대로 중국인들이 끄는 썰매를 타고 얼어붙은 압록강을 넘어 안동현으로 갔다. 안동현에는 이동녕의 매부인 이선구가 기다리고 있었다. 이회영의 가족은 맨 나중에 출발해 12월 30일에 압록강을 건넜다.

안동현에 모두 모인 이씨 집안 식구들은 1911년 1월, 마차 10대를 끌고 다시 길을 떠났다. 짐과 여자는 마차 안에 태우고 남자들은 말을 끌고 매일 영하 20도가 넘는 혹독한 추위 속을 뚫고 한없이 걸었다. 길림성 유하현 삼원포까지 꼬박 1개월이 걸린 끔찍한 여정이었다.

삼원포는 작은 강물 세 줄기가 합치는 곳으로 이씨 일가는 삼원포에서 4킬로쯤 거슬러 올라가는 추가가에 정착했다. 중국인 추씨들의 집성촌이었다.

이씨 일가가 자리 잡자 뒤따라 안동 유림의 지도자인 이상룡을 비롯해 김동삼, 김대락, 황호 등 안동의 명문가들이 제각기 수십 명에서 백여 명의 식솔을 이끌고 들어왔다. 이들은 얼기설기 오두막을 짓고 중국인들에게 식량을 사서 힘겨운 이민생활을 시작했다.

사람은 모여들었으나 군사기지 건설은 쉽지 않았다. 중국인들은 한국인들이 갑자기 늘어나자 한국인을 보호한다는 명목으로 일본군이 따라 들어올까 우려했다. 추씨들은 한국인에게 일체 토지나 가옥을 팔지 않았을 뿐더러 학교시설은 물론 집을 짓지도 못하게 했다. 중국군과 경찰 수백 명이 출동해 위협을 가하기까지 했다.

이회영이 나서야 했다. 중국어를 모르니 말은 통하지 않았다. 이회영은 추씨 가문의 지도자들이며 중국 정부 관리들을 차례로 만나 한문으로 필담을 했다. 자신들은 일본의 첩자가 아니라 독립운동을 하러 왔음을 알리자 중국인들도 다소 안심을 하고 머물러 살 수 있게 해주었다.

거주 여건이 완화되면서 제일 먼저 결성한 단체는 경학사였다. 1911년 5월경 추가가 대고산 아래에 3백여 명이 모인 가운데 경학사가 결성되고 사장에 이상룡이 추대되었다.

경학사의 취지문은 무장투쟁으로 독립을 쟁취해야겠다는 선언으로 시작되었다. 만주는 남의 땅이 아니라 한민족 조상들이 살던 옛 고구려 땅이니 열성으로 황무지를 개간하고 희망을 양식으로 삼아 살자고 했다. 더욱 중요한 것은 구성원 사이의 자유와 평등이었다. 경학사는 양반, 상민의 구별 없이 누구나 낮에는 농사를 짓고 밤에는 공부를 하는 것이 원칙이었다. 국내에서는 바쁜 모내기 철에도 양반은 못줄이나 잡아줄까, 일은 상민들이나 했는데 만민

평등 사상 위에 만들어진 경학사는 달랐다. 이회영의 지론인 만민 평등 사상의 반영이었다.

경학사를 생활 기반으로 삼아 독립군을 양성하는 무관학교도 설립했다. 중국은 아직 일본과 적대국이 아니었다. 중국 정부는 한 국인들이 자기 땅에서 항일무장단체를 운영하는 것을 용납하지 않았다. 무관학교는 중국인의 옥수수 창고를 빌려 개교했는데 내부적으로는 신흥무관학교라 했지만 외부적으로는 신흥강습소라 불렀다. 교장은 이동녕이 맡았다.

일단 자리를 잡기는 했으나 중국인들의 차별과 부당한 대우는 여전했다. 이회영은 이를 해결하기 위해 동삼성 총독을 만나러 심양까지 갔다. 동삼성이란 중국의 북동부에 있는 흑룡강성, 길림성, 요령성을 묶어 말하는 것으로 동북삼성 혹은 만주라 불렀다. 그러나 동삼성 총독은 이회영을 문전박대해 면회도 거부했다.

이에 이회영은 1911년 11월, 북경으로 원세개를 만나러 갔다. 원세개는 중국 최대의 군벌로, 1882년 고종의 요청에 따라 임오군란을 진압하러 청나라 군대를 이끌고 조선에 들어왔던 인연으로 이조판서이던 이회영의 아버지 이유승과 친교가 깊었다. 따라서 이회영과도 잘 알았다. 마침 1개월 전에 일어난 신해혁명으로 청나라가 무너지자 새로운 국가 체제를 만들기 위한 임시 대총통으로 선출되어 있었다.

직접 이회영을 만나 사정을 들은 원세개는 흔쾌히 그의 청을 들어주었다. 한국인 망명자들을 주민으로 등록시켜 주고 차별대우를 하지 않겠다고 약속했다. 그리고 이를 확실히 고지하기 위해 자신의 비서를 심양의 총독부까지 동행시켜 총독과 이회영을 만날 수 있게 해주었다.

원세개의 특명을 받은 동삼성 총독은 앞으로 한인들과 화친해 한인의 생업과 교육에 적극 협조할 것이며 한인을 조소하거나 모욕하는 자가 있으면 엄벌에 처하겠다는 훈시문을 온 사방에 붙였다. 이제는 오히려 만주인들이 한인을 두려워하여 잘 대해주게 되었다.

하지만 토지 구입은 여전히 어려웠다. 추가가 사람들이 땅을 팔지 않았기 때문이었다. 경학사 지도부는 상의 끝에 합니하라는 지역을 답사했다. 합니하는 고산준령으로 둘러싸인 사방 수 킬로의 분지로, 오지 중의 오지라서 주목을 받지 않을 수 있고 만일 일본군이 쳐들어오더라도 수비에 유리해 보였다. 땅 주인들과 어렵게 교섭하여 매입하는 데 성공했다. 둘째 형 이석영이 쾌척한 거금이 결정적인 도움이 되었다.

1912년 봄부터 합니하 분지에 신흥학교 신축 공사가 시작되었다. 이는 또 다른 고난의 시작이었다. 하필 만주에는 두 해 연속 극심한 흉년이 들었다. 추위와 굶주림으로 인한 풍토병이 대원들을 무더기로 쓰러뜨렸다. 홍역, 천연두, 장티푸스가 연속으로 찾아왔지만 약 같은 건 없었다.

마을을 형성하니 마적까지 나타났다. 1913년 말에는 마적 50여 명이 말을 타고 몰려와 약탈을 하고 함부로 총을 쏘아 이회영의 아내 이은숙이 어깨에 관통상을 입기도 했다. 무관학교라지만 목총을 들고 훈련하는 형편이니 대적을 할 수가 없었다. 둘째 형 이석영은 자기 집에서 기숙하던 학생 둘과 함께 마적단에게 끌려갔다가 중국군이 도와줘서 풀려났다. 마적들은 나중에서야 이들이 독립운동을 위해 온 것을 알고는 사죄를 해왔다.

온갖 어려움 속에서도 40명을 학생으로 개교한 신흥학교는 1920년 문을 닫을 때까지 2천 명 이상의 독립운동가를 배출했다. 중국의 간섭을 우려해 외부적으로는 신흥학교라 불렀으나 내부적으로는 신흥무관학교라 부르며 군사훈련을 했는데, 신흥무관학교 출신이라면 만주 각 지방의 소학교며 독립운동 단체에서 앞다투어 초빙해 갔다.

신흥무관학교 출신들은 중국 내 한국인 항일운동의 기틀이 되었다.

제1회 졸업생부터 4회 졸업생까지 385명은 백두산 서쪽 나직한 산악지대인 오관하 소배차라는 곳에 새로운 군영인 '백서농장'을 만들었다. 안동에서 온 가족을 끌고 올라온 김동삼이 장주를 맡았는데 역시 중국의 간섭을 우려해 농장이라는 간판을 붙였지만 실질적으로는 제2의 신흥무관학교였다. '만주 호랑이'라 불리던 김동삼 밑에서 훈련된 백서농장의 전사들은 4년 후 서로군정서와 참의부에 흡수된다.

신흥무관학교 출신들은 김좌진이 이끄는 북로군정서로도 대거 이전해 봉오동전투와 청산리전투의 주역이 되었고 윤세주 등 김원봉이 결성한 의열단의 대다수도 신흥무관학교 출신이었다. 김산과 양림처럼 중국공산당 산하 항일유격대에 참여한 이들도 많았다.

한국 무장독립운동사에서 신흥무관학교의 중요성은 아무리 강조해도 지나치지 않았다. 그러나 권위나 명예심에 얽매이지 않는 이회영은 토지 구입부터 건축까지 신흥무관학교의 건립을 주관했음에도 어떠한 직책도 맡지 않았다.

이회영은 신흥무관학교가 합니하에 자리 잡고 얼마 후, 체포 위험을 무릅쓰고 국내로 잠입했다. 국내에서 자금 모금과 지하조직을 위해서였다. 처음 국내에 들어오자마자 체포되었으나 조상 묘에 성묘하러 왔다고 버텨서 3주일 만에 풀려났다. 일본은 양반사대부는 독립운동을 하지 않는다고 선전하고 있었기 때문에 그를 영웅으로 만들고 싶지 않아 풀어준 것이었다.

석방 후 1919년 만세운동이 벌어질 때까지 6년간, 이회영은 국내에 머물며 애국청년들을 선발해 신흥무관학교로 보내는 일을 했다. 이 시기 동안의 활동은 극비라서 기록에 남지 않았는데, 1918년부터는 일본에 의해 강제로 퇴위당한 고종 이희를 중국으로 망명시키는 작전에 들어갔다.

봉건왕정으로 돌아가기 위함은 아니었다. 이희는 무능한 처신으로 나라를 빼앗기고 황제 자리에서도 쫓겨난 보통의 노인이었으나, 여전히 한국인들에게 국권의 상징으로 사랑받고 있는 그를 해외로 빼돌림으로써 일본과의 심리전에서 유리한 고지를 차지하기 위함이었다.

이회영을 깊이 신뢰하던 고종은 해외 망명에 동의했다. 민영달이 5만 원의 거금도 내놓았다. 이회영은 이강년, 홍증식을 북경에 보내 이 돈으로 고종의 거처를 마련하도록 했다. 그런데 돌연 고종이 급사하고 말았다. 고종이 밤중에 식혜를 마신 후 갑자기 복통을 일으켜 괴로워하다가 30분 만에 사망한 것이다. 1919년 1월 21일 이었다.

일본은 급체에 의한 돌연사라고 발표했으나, 시신에서 독극물이 검출되는 등 여러 정황과 증거로 보아 고종은 독살된 것이 확실했다. 고종이 망명을 기도한다는 사실을 알아낸 일본이 죽여버린 것이었다.

고종이 독살되었다는 소식은 전국으로 퍼져나갔고 민중의 분노는 끓어올랐다.

때마침 한 해 전인 1918년 1월에 발표된 미국대통령 윌슨의 민족자결주의에 고무된 여운형 등 중국의 망명인사들이 대규모 만세시위를 기획하던 중이었다. 고종의 죽음은 이를 앞당겼다. 장례식이 열리는 1919년 3월 1일을 기해 전국적인 비무장 만세운동을 벌이기로 의견이 모아졌다.

이회영은 이승훈, 한용운 등과 국내의 만세운동을 상의한 다음, 자신은 만주에서 만세운동을 일으키기 위해 2월에 북경으로 향했다.

1919년 3월 1일 서울 파고다공원을 시작으로 한반도 전역은 물론, 만주 곳곳에서도 만세시위가 벌어졌다. 일경은 참여자를 200만 명으로 집계했으나 2,500만 한민족 전체가 참여했다고 말해도 좋을 만큼 거대한 시위가 4월을 넘어 5월까지 계속되었다.

거국적인 만세운동은 국내외의 독립운동가들을 크게 고무시켰다. 임시정부를 수립하자는 목소리가 높아졌다. 전국 곳곳에 만세운동이 한창이던 3월 말, 임시정부 수립을 위한 임시의정원이 소집되었다. 신설 국가의 헌법을 제정하는 제헌의회였다.

이회영은 4월 11일에 개최된 임시의정원회의에 김동삼, 이시영, 조소앙, 김대지와 함께 동삼성 대표로 참석했다. 그런데 그는 임시정부 수립에 대해서는 부정적이었다. 그는 고국을 떠난 지 오래인 명망가들끼리 임시정부를 만들면 허영과 지배욕에 사로잡힌 운동가들 사이에 분규가 끊이지 않으리라고 보았다. 임시의정원에서 만들 조직은 임시정부가 아니라 독립운동 총본부라고 생각한 그는 '자유연합적 독립운동 지도부'를 구성하자고 제안했다. 여러 독립운동 단체들이 투쟁을 매개로 연합하는 투쟁위원회 형태의 실천조직을 만들자는 뜻이었다.

하지만 임시의정원회의에 참석한 이들은 이회영의 의견에 동조하지 않았다. 다수가 독립운동 지도부가 아닌 임시정부 수립이 시급하다고 보았다. 회의는 내각제 임시정부를 만들기로 하고 그 수반인 국무총리를 선출하는 것으로 뜻이 모아졌다.

이때 현순 목사가 이회영을 국무총리로 추천했는데 부결되는 등 잇단 부결 끝에 최종적으로 이승만이 당선되었다. 처음부터 임시정부 수립에 반대했던 이회영은 국무총리에서 낙선되어 임시정부를 반대한다는 등의 오해와 비방을 뒤로하고 북경 집으로 돌아와 버렸다.

떠난 사람은 이회영만이 아니었다. 이승만에 비판적인 신채호, 박용만, 이시영, 이동녕, 김규식 등도 잇달아 상해를 떠나버림으로써 임시정부는 이승만 계열과 안창호 계열이 주축이 되고 말았다. 양대 계열도 서로 뜻이 달랐기 때문에 화합은 쉽지 않았다.

사심 없이 모든 재산과 삶을 독립투쟁에 바친 말년의 이회영

이때부터 이회영의 북경시대가 시작되었다. 이회영은 자금성 북쪽 고루 근처에 큰 기와집을 빌려 살았는데, 이 집은 운동노선에 상관없이 수많은 독립운동가들이 몸을 의탁해 의식주를 제공받으며 운동의 방향을 상의하는 숙소이자 회의장이 되었다.

이회영과 공감대가 깊었던 류자명, 정화암 같은 무정부주의자들은 함께 살다시피 했고, 노선은 달랐어도 인격적으로는 절친한 안창호 등 임시정부 요인들도 왔다. 고집 센 민족주의자이던 신채호와 김창숙, 공산주의자 홍남표와 성주식도 단골손님이었다. 성품이 온후한 데다 나이도 많은 이회영은 그들의 맏형으로 정신적 지주가 되고 논쟁이 벌어질 때면 훌륭한 중재자가 되었다.

이회영은 품이 넓은 사람이었다. 하루에 적게는 10명에서 많게는 30명 이상이 숙식을 해도 누구에게나 식사와 잠자리는 물론 여비에 김치까지 챙겨주는 세심한 사람이었다. 자연히 이회영의 생활은 점점 어려워졌다. 계속해서 집을 줄여 이사를 다녀야 했고, 중국 상인들로부터 외상으로 사 온 식료품 빚은 점점 늘어나 3천 원에 이르게 되었다. 2년여나 빚을 갚지 못하자 독촉에 지친 상인들이 빚잔치를 하여 탕감해 주는 지경에 이르렀다.

이런 사정은 다른 형제들도 비슷했다. 고국을 떠나올 때 정리한 재산은 독립운동으로 녹아버린 지 오래였다. 이때부터 가난이 이회영 집안의 숙명이 되었다.

1924년경, 이회영은 58살의 나이에 끼니도 잇기 힘든 극빈자가 되어버렸다. 아내도 국내로 돌려보내 홀몸이었다. 그럼에도 이회영은 어떤 방식의 운동으로 한국을 되찾을 것인가 실천적인 고민을 멈추지 않았다.

이 무렵 그를 사로잡은 이론은 무정부주의였다. 무정부주의는
자본주의의 근본모순을 비판하고 사회주의적인 대의를 지향하되
소련에서 실현되고 있는 현실 공산주의의 모순에도 비판적인 노
선이었다. 자본주의든 공산주의든 국가권력을 쥔 계급의 독재를
거부한다는 의미에서 무정부주의라고 불렸지만 국가 자체를 부정
한 것은 아니었다. 개인의 자유를 보장하는 보다 민주적이고 현대
적인 국가를 지향한다고 할 수 있었다.

이회영이 공산주의를 부정적으로 보게 된 것은 이보다 앞선
1920년이었다. 당시 많은 독립운동가들이 1917년 러시아혁명의 성
공에 고무되어 있었다. 소련이 막대한 자금까지 지원해 한국의 독
립운동을 지원하면서 수많은 공산주의자가 탄생했다.

이회영도 공산주의에 관심을 가지게 되었다. 그런데 1920년 직
접 소련을 방문하고 온 조소앙으로부터 노동계급 독재의 실상을
전해 듣고 공산주의를 의심하게 되었다. 가난과 굶주림은 반혁명
세력과의 전쟁 때문이라고 이해할 수 있지만, 절대 권력을 쥔 공산
당이 국민의 사상과 행동을 철두철미 통제하는 것은 용납할 수 없
었다.

게다가 1921년 6월 일본군에 쫓겨 러시아로 건너간 한국인 독립
운동가들이 같은 한국인 공산주의자들과 소련군에 의해 2백여 명
이 살해되고 수백 여 명이 체포되어 감옥에 끌려가는 '자유시사변'
이 터졌다. 희망을 걸었던 러시아 혁명의 배신에 실망한 이회영은
양 체제 모두를 거부하게 되었다.

1924년 4월 20일, 이회영은 북경 자신의 집에서 자신과 같은 생각을 가진 유자명, 이을규, 이정규, 정화암, 백정기 등과 '조선무정부주의자연맹'을 결성했다. 비록 숫자는 소수였으나 연맹은 코민테른의 지시에 의해 움직이는 공산주의를 거부하는 동시에 외교청원과 실력양성을 내세우며 즉각적인 무장투쟁을 회피하는 민족주의 우익에 비판적이라는 점에서 독립운동사상 중요한 단체였다.

맹원들은 이회영 집에 함께 살며 기관지 〈정의공보〉를 발행했다. 극심한 생활고로 중국에서도 최하층 아니면 가축이나 먹는 콩깻묵으로 버티면서도 의지를 잃지 않고 9호까지 발행할 수 있었다. 결국 휴간을 한 후에는 정화암, 백정기 등 넷은 상해로 건너갔다. 네 사람은 1928년 〈정의공보〉의 속간으로 기관지 〈탈환〉을 발행했는데 이 역시 자금난으로 14호에 그쳤다.

연맹의 활동이 한계에 부딪히면서 이회영은 만주로 건너가 무장투쟁에 합류하고자 했다. 그러나 그의 나이 60대 초반이었다. 함께 사는 아들과 동지들은 극력 반대했다. 무장투쟁은커녕 만주의 혹독한 기후도 이기지 못하리라는 우려였다.

1930년 10월 말, 이회영은 아들 이규창과 상해로 갔다. 상해에는 다른 아들 이규학이 전차회사 검표원으로 일하고 있었다. 이회영은 이규학의 집 근처인 정자간에 값싼 방을 한 칸 얻어 이규창과 함께 살면서 식사는 이규학의 집에 가서 해결했다.

임시정부 요인들은 이회영을 반기며 상해에 왔으니 임시정부에서 일해주기를 바랐다. 그러나 이회영은 완강히 이를 거부하고 계속해서 무정부주의 활동을 했다.

상해에는 1930년 4월 류기석 등이 결성한 '남화한인청년연맹'이라는 무정부주의 단체가 있었다. 철저히 개인의 자유와 자율성을 보호하고 존중하는, 무정부주의적인 단체였다. 남화연맹의 강령과 규약은 "우리의 일체 조직은 자유연합의 원칙에 의거한다"로 시작되었다. 연맹원은 자유로이 탈퇴할 수 있었고 개인이나 일부의 행동이 조직적으로 결의되지 않은 것이라 할지라도 아무 간섭도 하지 않는다는 내용도 있었다. 자유를 추구하는 무정부주의자였던 이회영도 당연히 가담했다.

남화연맹이 기관지 〈남화통신〉을 발행해 존재를 알리자 중국인 무정부주의자들이 연대를 제안해 왔고 일본인 무정부주의자들도 합류했다. 이들 3개국 무정부주의자들은 1931년 11월 중순 상해 프랑스 조계에서 '항일구국연맹'을 결성했다. 한국인과 중국인이 각 7명씩, 일본인이 2명이었다.

항일구국연맹의 맹원 중에는 중국군 제19로군과 밀접한 중국인들이 있었다. 그들은 19로군 지도부와 연결되어 극비리에 무기와 활동자금을 가져왔다. 이 무기를 토대로 항일구국연맹은 본격적인 테러 활동에 들어갔다.

첫 번째 테러 목표는 일본과의 화평 노선을 주도하고 있던 중국 정부 외교부장 왕정위였다. 맹원들은 상해 북군역에서 왕정위를 저격하는 데 성공했고, 부상을 입은 왕정위는 병원에 입원했다가 죽었다. 다음 목표는 천진의 일본영사관과 천진항에 정박한 일본 기선이었는데 역시 투탄에 성공했다.

문제가 생긴 것은 중국인 무정부주의자들이 장개석 총통을 암살하자고 제안하면서였다. 만주를 침략한 일본과 화평을 하려 한다는 이유였다. 게다가 그 실행을 한국인 맹원들에게 요구했다.

이회영으로서는 난감한 일이었다. 외교부장 왕정위 저격 사건으로 중국 정부와 등을 지고 있는 상황에서 총통까지 암살한다는 것은 당위성도 약하거니와 자살행위이기도 했다. 그렇다고 거절하기도 어려운 처지였다. 어쩔 수 없이 요구를 수락했으나 실행에 나선 백정기는 장개석을 죽일 기회가 있었음에도 포기하고 말았다. 이 사실이 드러나면서 항일구국연맹은 자연히 해산되었다. 결성 1년 만인 1932년이었다. 남화한인청년연맹은 그대로 존속했다.

1932년 1월 8일, 임시정부 산하 비밀조직인 한인애국단 단원 이봉창이 동경에서 일왕을 향해 폭탄을 던지는 사건이 일어났다. 일왕은 죽이지 못했으나 한국인과 중국인의 반일감정을 크게 고무한 사건이었다. 일본은 이 사건을 기회로 상해의 일본거류민을 보호한다는 명분으로 해군을 파견해 상해를 점령하는 사태가 벌어졌다. 이른바 상해사변이었다.

국제적인 압력으로 일본군은 철수를 했으나 일왕의 생일인 4월 29일 상해 홍구공원에서 전승축하식을 거행했다. 그런데 이 행사장에 한인애국단의 또 다른 단원 윤봉길이 폭탄을 투척해 다수의 일본 장성들을 살상하는 데 성공했다.

두 한국인의 의거로 중국인들의 한국인에 대한 인식이 호전되었다. 이회영은 때를 놓치지 않고 국민당과 교섭하여 자금과 무기의 지원을 약속 받았다. 1932년 가을, 이회영과 국민당 지도부는 만주지역에 한국인들의 항일운동 거점을 마련하는 동시에 관동군

사령관 무토를 사살하기로 합의했다.

이 일을 위하여 이회영은 자신이 직접 만주로 가겠다고 남화한
인청년연맹에 보고했다. 그의 나이 66살이었다. 60년을 넘겨 사는
이도 드물던 시절이었다. 영양실조와 병마에 시달리고 있던 노구
를 이끌고 만주 무장투쟁에 합류하겠다는 말에 모두들 반대하고
말렸다. 하지만 그는 끝까지 만주행을 고집했다. 이번에는 아무도
그를 막을 수가 없었다.

1932년 11월 3일경, 이회영은 상해 황포강 부두에서 기선 남창
호에 홀로 몸을 실었다. 일본의 식민지가 되어있던 만주의 입구인
요령성 대련으로 향하는 배였다. 중국인으로 변장하고, 맨 밑바닥
4등 객실에 탔다. 그런데 배가 대련 천진항을 통과할 때였다. 일본
순시선 두 척이 다가와 남창호를 세우더니 경찰과 헌병이 선실에
올라와 사람을 찾기 시작했다. 그들은 4등 객실에 들어오자마자
곧바로 이회영을 지목해 연행해 버렸다. 11월 5일이었다.

이회영의 대련행을 일경에게 밀고한 것은 다름 아닌 둘째 형 이
석영의 아들 이규서였다. 일본의 밀정으로 일했던 것은 아니고, 이
회영의 운동노선과 달라 그를 제지하기 위해 제보한 것이었다. 이
사실을 알게 된 남화한인청년연맹 백정기 등은 나중에 이규서를
처단해 버린다.

배에서 연행된 이회영은 대련 수상경찰서를 거쳐 일본영사관
감옥에 수감되어 혹독한 고문을 당해야 했다. 이회영은 자신의 만
주행 목적이나 동지들에 대해서 끝까지 침묵을 지키다가 연행 13
일 만인 11월 17일 숨지고 말았다.

자유를 위해 싸운 무정부주의자, 이회영

일본 경찰은 고문행위를 숨기려고 쇠창살에 목매어 자살했다는 거짓 정보를 언론에 흘렸으나 목격자들은 그의 유해가 온통 피투성이였다고 증언함으로서 고문치사 당한 것이 확실했다. 일본 경찰은 이를 숨기려고 그의 시신을 서둘러 화장해 버렸다.

이회영만이 아니었다. 그의 6형제 중 이시영을 제외한 5명은 해방을 보지 못하고 중국에서 사망했다. 특히 형제 중에도 가장 부자였던 이석영은 굶주림에 의한 영양실조로 사망했다. 유일하게 살아 돌아온 이시영은 1948년 대한민국 초대 부통령으로 선출되었으나 대통령으로 선출된 이승만의 전횡과 독재에 항의해 사임했다.

대한민국 정부는 1962년 이회영에게 건국공로훈장 단장을 수여했다.

2

침략의 원흉을 쏘다,
안중근

1879년 9월 2일, 황해도 해주 광석동에서 부유한 양반 가문의 맏아들로 태어났다.

할아버지 안인수는 경남 진해에서 현감을 했던 이로, 성품이 어질고 후덕한 선비였다.

아버지 안태훈은 8살에 사서삼경을 통달해 수재 소리를 들었으며 일찍 진사시에 붙어 안 진사로 불렸다. 진사는 지방관의 거취에 영향을 미치는 등 상당한 권력을 가진 향토 양반이었다. 그는 유교를 공부했으나 고루한 봉건유습에 얽매이지 않는 진보적인 지식인으로 성장했다.

야만족이라 무시하던 일본이 서양의 기술과 제도를 받아들여 불과 20여 년 만에 동양 굴지의 강국으로 발전하는 모습에 충격을 받은 안태훈은 서울에 올라가 박영효, 김옥균 등 개화파 관리들과 교류하며 부국강병의 꿈을 키웠다. 이들 신진 지식인들은 일본의 메이지유신을 모범으로 삼아 강력한 왕권을 바탕으로 한 산업발전을 꿈꾸었다.

왕을 둘러싼 수구파들이 개혁의 장애가 된다고 본 개화파들은 1884년 갑신정변을 일으켜 급격한 변혁을 시도했다. 서울에 주둔하고 있던 청나라군대가 진압하려 할 경우 일본군이 막아주기로 약속한 봉기였다. 그러나 수구파들이 청나라 군대를 불러들이자 일본군은 청과의 전쟁을 우려해 물러나 버렸고, 봉기는 3일 만에 진압되어 버렸다. 김옥균 등 갑신정변의 주동자들은 일본으로 달아나고, 남은 이들은 가족까지 수백 명이 처형당했다. 그중에는 개화파가 일본과 내통했다는 이유로 분개한 민중들에 의해 살해된 이도 많았다.

안태훈은 개화파에서 선발한 70명의 해외 유학생에도 포함되어 있었다. 구사일생으로 서울에서 빠져나와 해주로 돌아왔으나 언제 무슨 일을 당할지 몰랐다. 아들과 가족의 안위가 걱정된 안인수는 집안 살림을 모두 팔고 7,80명이나 되는 대가족을 이끌고 황해도 신천군 청계동 깊숙한 산촌으로 이사를 갔다. 안중근의 나이 6살 때였다.

청계동은 외지고 험한 산골짜기였으나 논밭이 제대로 갖춰져 있고 맑은 물이 흐르는 계곡의 풍광이 아름다워 별천지라 불리는 곳이었다. 타고나기를 활동적이고 급한 성격이던 안중근은 사냥꾼을 따라 들과 산을 누비며 성장했다. 청년이 되어서도 공부는 하지 않고 총을 메고 산에 올라가 짐승 사냥하느라 시간을 보내니 친구들이 고언을 했다.

"너는 아버지처럼 문장으로 세상에 이름을 떨쳐야지, 무식한 하등민이 되고 싶냐?"

안중근은 그러나 당당하게 답했다.

"자네들 말도 옳다. 그러나 내 말도 좀 들어보게. 옛날 초패왕 항우가 말하기를 '글은 이름이나 적을 줄 알면 그만이다.'라고 했다. 그랬는데도 만고영웅 초패왕이 되었다. 나도 학문 가지고 세상에 이름을 드러내고 싶지는 않다. 저도 장부요 나도 장부다. 자네들은 다시는 내게 학업을 권하지 말라."

1894년 전국에서 농민봉기가 일어났다. 왕실의 무능과 관리들의 부패에 분개한 농민들이 반란을 일으켜 탐관오리들과 양반 부호들을 공격하고 나섰다. 이를 이끈 사상은 신흥종교인 동학이었다. 동학교도들은 전라도부터 시작해 삼남지방을 휩쓸고 중부지방으로 올라와 황해도에서도 거대한 반란의 무리를 이뤘다.

안태훈도 수구보수적인 봉건왕조를 개혁하고자 했던 사람이지만, 일본을 비롯한 외세가 서로 한반도를 차지하려고 각축하고 있는 이때 농민봉기로 내부에서부터 붕괴되면 상황을 돌이킬 수 없다고 보았다. 당장 농민군이 안씨 집안이 자리 잡은 청계동에도 몰려왔다.

안태훈은 근동의 포수를 불러 모으고 처자들까지 대열에 합류시켜 70명으로 청계산에 진을 치고 농민군에 맞섰다. 동갑내기 처녀 김아려와 갓 결혼한 16살의 안중근도 아버지와 함께 전투에 참가했다.

밀려온 농민군의 숫자는 셀 수 없이 많았다. 청계산 골짜기는 농민군의 깃발과 창칼로 메워지고 북 소리, 호각 소리, 고함 소리로 진동했다. 70명으로 막는 것은 불가능해 보였다. 그런데 때마침 거센 비바람이 몰아쳐 농민군은 옷이 젖는 바람에 근처 촌락으로 물러났다.

안태훈은 새벽에 40명 선발대를 뽑아 농민군을 공격하게 했다. 이때 안중근도 7명의 정찰대를 꾸려 농민군 야영지에 접근했다. 숲에 엎드려 보니 농민군은 규율이라곤 없는 오합지졸이었다. 비에 젖으면 쓸모가 없는 화승총도 가진 이가 거의 없고 고작 죽창, 괭이와 낫으로 무장한 데다 전투 경험이라곤 없는 평범한 농민들이니 당연했다. 안중근의 정찰대가 숲에 숨어 총을 쏘아대자 서로 밀치고 밟으며 사방으로 흩어져 버리는 것이었다.

동이 트고서야 이쪽이 약세인 것을 안 농민군은 다시 대열을 정비하고 사방에서 공격해 들어왔지만, 안태훈이 이끌고 온 40명이 일제 사격을 가하자 수십 명의 사상자를 남기고 흩어져 버렸다. 안태훈은 몇 필의 말과 수십 개의 총알, 1천 포대나 되는 쌀을 노획했다.

동학농민봉기는 정부의 무능과 관리들의 부패에 항거한 기념비적인 민중항쟁이었지만, 일본군을 조선에 진출시키는 명분을 만들어주었다. 승전한 안태훈이 노획품을 정리하고 있을 때도 농민군을 진압하러 다니던 일본군이 승전을 축하하는 서신을 보내오기도 했다.

농민군은 해주성에서도 크게 패하고 흩어지는데, 이때 동학의 접주 중 한 명으로 황해도 동학군을 이끌던 김구가 청계동으로 숨어 들어와 안태훈의 도움으로 생명을 구하기도 했다. 김구는 훗날 대한민국 임시정부에서 일하면서 안씨 일가와의 인연을 잇는다.

그런데 안태훈이 노획한 천 포대의 쌀을 내놓으라는 이들이 나타났다. 오늘날의 재무부장관 격인 탁지부 대신 어윤중과 황후 민씨의 인척으로 무소불위의 권력을 행사하고 있던 민영준이었다. 두 사람은 농민군이 자신들로부터 빼앗아 간 쌀이니 돌려달라고 했다.

안태훈이 동학군에게 노획한 것이니 돌려줄 수 없다고 하자 막강한 권력을 가진 두 사람은 그에게 누명을 씌워 소송까지 걸어왔다. 어윤중은 얼마 후 토지 소송 문제로 주민들에게 맞아 죽었지만, 대한제국의 온갖 고위직을 갖고 있던 민영준은 포기하지 않고 괴롭히니 당할 수가 없었다. 안씨 부자는 당장 생명을 구하기 위해 홍석구라는 한국 이름으로 개명한 프랑스 신부가 운영하는 성당에 몸을 숨겼다.

성당에 숨어있는 동안 안중근은 독실한 가톨릭 신도가 되었다. 홍석구 신부의 강론을 듣고 성서를 읽으면서 사랑과 믿음을 강조하는 가톨릭 교리에 심취해 버렸다. 성당에 은신한 사이 민영준 일도 흐지부지되었다. 집으로 돌아온 안중근은 마을마다 돌아다니며 가톨릭 사상을 전도했다.

홍석구 신부에게 프랑스어도 배웠는데 말 배우기는 몇 달 만에 그만두었다. 안중근은 한국에도 대학교를 세워 청년들을 가르쳐야 한국을 발전시킬 수 있다고 생각하고 서울의 프랑스인 주교를 찾아갔다. 그러나 주교는 한국인이 공부를 많이 하게 되면 가톨릭을 믿지 않게 될 것이니 다시는 그런 말 꺼내지 말라고 했다. 안중근은 크게 분개했다. 교리는 믿을지언정 외국인은 못 믿겠다는 생각이 들었다. 그는 이유를 묻는 이들에게 답했다.

"일본어를 배운 놈은 일본의 종놈이 되고, 영어를 배운 자는 영국의 종놈이 된다. 프랑스 말을 배우면 프랑스의 종놈이 되니 나는 더 이상 외국 말을 배우지 않겠다."

이때 안중근의 나이 19살, 나이는 젊고 힘은 세고 기골이 커서 호걸이라는 소리를 들었다. 그는 네 가지를 좋아했다. 첫째는 뜻이 맞는 친구와 의를 맺는 것, 둘째는 술 마시고 노래하고 춤추는 것, 셋째는 총으로 사냥하는 것, 넷째는 날쌘 말을 타고 달리는 것이었다.

어느 동네에 의협심 있는 사람이 산다는 말이 들려오면 거리를 따지지 않고 총을 지니고 말을 달려 찾아갔다. 동지가 될 만한 상대면 나이에 따라 형님, 아우를 정한 뒤 함께 밤새 술을 마시며 나라 돌아가는 꼴에 의분강개 하다가 즉석에서 시를 지어 노래로 부르기도 하고 춤도 추며 몇 날 며칠을 함께했다.

이렇게 담대하고 의협심 강한 데다 성급한 안중근에게는 늘 모험이 뒤따랐다.

한번은 금광노동자들에게 맞아 죽을 뻔한 적도 있었다. 한 금광 감독이 가톨릭을 비방해 선교에 장해가 되자 안중근이 대표로 선정되어 그에게 따지러 갔다. 그런데 수백 명의 금광노동자들이 몽둥이와 돌멩이를 들고 몰려와 옳고 그름을 불문하고 안중근을 두들겨 패려 하는 것이었다. 대범한 안중근은 허리춤에 늘 차고 다니던 단도를 뽑아 들어 감독을 인질로 삼아 겨우 그곳을 빠져나올 수 있었다.

오늘날의 복권과 같은 만인계 채표회사의 사장으로 피선되었다가 죽을 고비를 넘기기도 했다. 당첨자를 뽑는 날, 헤아릴 수 없이 많은 사람들이 몰려와 둘러싼 가운데 번호표를 뽑는데 기계가 고장 나 한꺼번에 여러 장이 나와버렸다. 흥분한 군중이 폭동을 일으켜 돌멩이와 몽둥이가 우박처럼 쏟아졌다. 순검과 임원들은 다 도망가고 안중근이 혼자 군중들에 둘러싸여 맞아 죽을 지경이 되었다. 안중근은 늘 품고 다니던 12연발의 권총을 치켜올리고 소리쳤다.

"나를 죽이려 한다면 누구든 이 자리에서 죽여버리겠소! 다시 추첨을 할 테니 진정하고 기다려주시오!"

겨우 기계를 고쳐 다시 번호를 뽑아 위기를 모면할 수 있었다.

남다른 의협심 덕분에 남의 송사를 돕다가 곤욕을 치르기도 했다. 한 옹진군민이 한양에 사는 참판 김중환에게 5천 냥을 빼앗긴 사건이 일어나자 직접 서울에 올라가 김중환을 면담하고 호통을 쳐서 돌려받기로 약속을 받아낸다.

이경주라는 사람이 권세가를 배경으로 둔 자에게 부인과 재산을 빼앗기는 사건이 일어나자 이를 대변해 서울에 올라가 검사에게 호통을 치는 등 약자의 인권을 지키는 일에 누구보다 앞장섰다.

하지만 권력층 전체가 썩어가던 시절이었다. 양심적인 관리도 있었지만 대다수의 관리들이 함부로 학정을 하고 온갖 명목으로 수탈을 해갔다. 백성들은 관리를 원수처럼 보고 도둑처럼 대했으나 횡포가 무서워 대적을 하지 못했다. 백성 중에 관리들의 말에 순종하지 않는 이들은 가톨릭교도였다. 하느님을 믿는 그들은 관리들을 두려워하지 않았기 때문이었다.

관리들은 가톨릭교도들을 외적보다 더 미워하게 되었다. 황해도 관리들은 천주교인들의 행패로 행정이 마비된다며 거짓 보고를 했고, 조정에서는 병사를 파송해 천주교 우두머리들을 체포해 서울로 올려 보냈다. 청계동에도 안태훈을 잡으려고 몇 번이나 병사들이 찾아와 피신해 있어야 했다.

정부가 이 모양이니 외세에 대항할 힘이 있을 수 없었다. 1905년 조선은 끝내 일본의 사실상 식민지로 전락했다. 이 작업을 주도한 것은 일본 총리대신 이토 히로부미였다. 서양에서 공부하고 온 그는 메이지유신을 주도해 일본을 강대국으로 일으킨 장본인이기도 했다.

을사늑약에 충격을 받은 애국지사들은 곳곳에서 단식이나 할복으로 자결을 택했다. 본래 몸이 아팠던 안태훈도 화병으로 병세가 날로 악화되어 1905년을 넘기지 못하고 세상을 뜨고 말았다.

아내 김아려와의 사이에 낳은 세 아이를 포함해 수십 명이 넘는 대가족의 가장이 된 안중근은 1906년 온 가족을 이끌고 항구도시 진남포로 이사를 했다. 양옥 한 채를 지어 살림을 안정시킨 뒤에는 남은 재산을 털어 두 곳에 학교를 세웠다. 삼흥학교와 돈의학교였다.

안중근은 두 학교의 교무를 맡아 애국 청년들을 교육하는 한편으로, 항일운동 자금을 마련하기 위해 평양에 가서 석탄광산에 투자했다가 일본인의 방해로 수천 원을 날리기도 하고, 주민들을 선동해 국채보상운동을 벌이기도 했다.

이듬해인 1907년 봄, 안중근의 집에 낯선 손님 하나가 찾아왔다. 위풍이 당당한 손님은 자신을 김 진사라고 소개하고 말하는 것이었다.

"나는 자네 아버지와 친구다. 그대의 기개를 가지고 이같이 나라의 정세가 위태롭게 된 때에 어찌 앉아서 죽기를 기다리려 하는가?"

"무슨 계책이 있겠습니까?"

"중국 땅 만주와 러시아 땅 블라디보스토크 등지에 한국인 백만여 명이 살고 있으니 그곳에서 활동을 시작하면 될걸세."

무슨 일이든 바로 밀어붙이는 성격인 안중근은 김 진사가 떠나고 곧바로 행장을 차려 북만주로 향했다.

막상 도착해 보니 그곳에도 벌써 일본군이 주둔하고 있어 어디 발붙일 만한 곳이 없었다. 몇 달간 만주를 돌아다녀도 자리를 잡을 수 없어 러시아 영토인 연해주로 넘어갔다. 엔치아라는 곳을 지나 블라디보스토크에 이르니 한국인이 4천여 명이나 살고 있었고 학교와 청년회도 여러 군데 있었다.

연해주 일대에는 '대한의군'이라는 이름의 의병대가 있어 김두성이 총대장을 맡고 이범윤이 부대장을 맡고 있었다. 안중근도 대한의군에 가입해 연해주 각지로 한국인을 만나러 다니며 의병운동에 동참할 것을 설득했다. 청년회에 가입해 임시 사찰로 선출되기도 하고, 엄인섭과 김기룡 같은 애국청년들을 만나 형제의 의를 맺기도 했다. 안중근의 연설은 진실함과 기개가 넘쳤다. 많은 한국인 청년들이 그의 연설에 감동해 의병에 합류했다. 합류하지 못하는 이들은 화승총이나 엽총을 내놓기도 하고 옷과 돈을 희사했다.

대한의군은 200여 명으로 불어났다. 공적을 인정받은 안중근은 참모장 격인 참모중장으로 선출되었다. 30살 때였다.

이듬해인 1908년 6월 대한의군은 두만강을 건너 함경도 경흥을 공격하기로 했다. 참모중장 안중근은 병사와 무기를 비밀리에 두만강 유역까지 수송한 뒤, 전체 대원을 모아놓고 연설했다.

"지금 우리들은 이삼백 명밖에 안 되오. 적은 강하고 우리는 약하므로 적을 가벼이 여겨서는 안 되오. 더구나 병법에 이르기를 '비록 백 번 바쁜 중에서라도 반드시 만전의 방책을 세운 연후엔 큰일을 꾀할 수 있다'고 했소. 이제 우리들이 한 번 의거로써 성공할 수 없을 것은 뻔한 일이오. 그러므로 첫 번에 이루지 못하면 두 번, 세 번, 열 번에 이르고, 백 번 꺾어도 굴함이 없이, 금년에 못 이루면 내년에 다시 도모하고 내년, 내후년, 십 년, 백 년까지도 좋다는 자세로 싸워야 하오. 만일 우리 대에 목적을 못 이루면 아들 대, 손자 대에 가서라도 반드시 대한국의 독립권을 회복한 다음에라야 그만둘 것입니다."

몇 갈래로 나뉘어 두만강을 건넌 대원들은 낮에는 산속에 숨었다가 밤새 걸어 경흥의 일본군을 기습하고 다시 회령으로 이동하며 곳곳에서 일본군과 교전을 벌였다. 그 과정에서 50여 명의 일본군을 살상하고 여럿을 포로로 잡았다.

안중근은 생포한 일본군에게 물어보았다.

"너희 일본 천황은 러일전쟁을 시작할 때 선전서에서 동양평화를 유지하고 대한독립을 굳건히 한다 해놓고 오늘에 와서 남의 나라를 침략하니 이것을 평화독립이라 할 수 있겠느냐?"

일본 병사들은 하나같이 답했다.

"우리도 죽기 싫습니다. 우리도 이역만리 싸움터에서 참혹하게 주인 없는 원혼이 되게 되었으니 어찌 통분하지 않겠습니까? 오늘 이렇게 된 것은 오로지 이토 히로부미 때문입니다. 천황의 뜻을 받들지 않고 제멋대로 권세를 주무르는 이토 히로부미 때문입니다."

말을 마친 일본군 포로는 통곡을 하며 살려달라고 했다. 생명을 존중하던 안중근은 그들을 죽이지 않고, 총 없이 돌아가면 군법에 회부되어 재판을 받아야 한다는 말에 총까지 주어 돌려보냈다. 그의 결정은 다른 의병들의 분노를 일으켰다. 다들 불평하며 따졌다.

"어째서 사로잡은 적들을 놓아주는 거요?"

"현재 만국 공법에 사로잡은 적병을 죽이는 법은 전혀 없소. 어디다 가두어두었다가 뒷날 배상을 받고 돌려주는 것이오. 그런데 우리는 가둘 데도 없으니 훈계하여 반성케 하고 돌려보내는 거요."

의병들의 분노는 가라앉지 않았다.

"적들은 우리 의병을 잡으면 참혹하게 죽이고 있소. 우리도 적을 죽일 목적으로 풍찬노숙을 하는데 몽땅 놓아 보내면 어떻게 하오?"

"우리들까지 저들처럼 야만적인 행동을 하고자 하는 거요? 일본의 사천만 인구를 모두 다 죽인 뒤에 국권을 다시 회복하려는 거요? 이토 히로부미의 포악성을 성토하여 세계에 알려 열강의 동정을 얻은 다음이라야 한을 풀고 국권을 회복할 수 있을 것이오."

간곡히 말했지만 사람들이 따르지 않았다. 일부 장교는 자신을 따르는 대원들을 데리고 타 지역으로 가버렸다.

때마침 대규모 일본군이 몰려왔다. 전력이 약한 의병은 방심한 적을 기습하고 재빨리 후퇴하는 유격전 방식이 아니면 승산이 없었다. 4,5시간이나 일본군 대병력에 쫓기는 사이, 날은 저물고 비가 쏟아져 몇 미터 앞도 알아보기 힘들게 되었다. 의병들은 이리저리 흩어져 얼마나 죽고 살았는지도 알 수 없게 되었다.

날이 밝은 후 집결한 대원은 60명이 겨우 넘었다. 살아남은 이들도 이틀이나 아무것도 먹지 못해 모두들 살아나려는 마음뿐, 사기는 이미 땅에 떨어져 있었다. 흩어진 다른 대원들을 찾으러 다니던 중 또다시 일본군의 매복에 걸리자 남은 이들마저 뿔뿔이 흩어지고 말았다.

안중근의 주위에 남은 대원은 셋뿐인데 그나마도 실의에 빠져 자살하려는 이도 있고, 살고 싶어서 일본군에 투항하겠다는 이도 있었다. 안중근은 이들을 위해 즉석에서 시를 지어 읊어주었다.

사나이 뜻을 품고 나라 밖에 나왔다가
큰일을 못 이루니 몸 두기 어려워라
바라건대 동포들아 죽기를 맹서하고
세상에 의리 없는 귀신은 되지 말게

연해주까지 먼 행군이 시작되었다. 낙오되었던 몇 명이 더 합류한 일행은 며칠간 밥 한 끼니 못 먹고 신발은 떨어져 거의 맨발로 춥고 배고픈 행군을 해야 했다.

일본군은 사방에 깔려있었다. 잔학한 일본인들은 의병에게 밥을 해준 마을 사람들을 집단학살하고 집들을 불태워 버렸다. 사정이 이러니 주민들이 스스로 의병을 신고하기도 하고 어떤 마을에서는 의병을 잡아 일본군에게 넘기려고 두들겨 패기도 했다.

안중근 일행은 민가를 발견해도 들어가지 못한 채 풀뿌리를 캐어 먹고 담요를 찢어 발을 싸매고 냇물을 마셔가며 걷고 또 걸었다. 일본군들에게 발견되어 사격을 당해 달아나기도 하고, 의병을 발견하고는 먼저 불러들여 밥을 해주며 위로하는 고마운 이들도 만났다.

죽을 고생 끝에 40여 일 만에 겨우 러시아 땅 엔치아에 도착하니 옷은 넝마가 되고 얼굴은 피골이 상접해 친구들도 알아보지를 못할 지경이었다. 엔치아에서 열흘 넘게 요양하고서야 겨우 기운을 차리니 블라디보스토크의 한인들이 환영회를 마련해 놓고 안중근을 초대했다. 그러나 안중근은 극구 사양하고 가지 않았다.

"패전한 장수가 무슨 면목으로 여러분의 환영을 받을 수 있겠소?"

건강을 되찾은 안중근은 대한의군 동료들과 함께 다시 의병 모집에 들어갔다. 여럿이 기차를 타고 하바롭스크로 올라가 기선으로 갈아타고 드넓은 아무르강을 따라 수천 리 길을 돌아다니며 한국인들을 만나고 다녔다. 일본군을 물리치기 위해 싸우자고 설득하고, 이를 위한 단체를 조직하고 강연을 하며 돌아다녔다.

하루는 인적이 없는 산길을 지나는데 갑자기 사내 6,7명이 튀어나와 안중근 일행을 공격했다. 그들의 목표는 대한의군 참모중장 안중근이었다. 괴한들이 안중근을 때리고 포박하는 사이 다른 사람들은 달아나 버렸다.

"의병장을 잡았다!"

괴한들은 소리치며 안중근을 윽박질렀다.

"너는 어째서 정부에서 엄금하는 의병 모집을 감히 행하느냐?"

안중근은 당당히 답했다.

"현재 우리 대한제국 정부는 형식으로는 독립해 있지만 내용으로는 이토 히로부미 한 개인의 정부다. 대한민족 된 사람이 정부의 명령에 복종하는 것은 실상 이토에게 복종하는 것이다."

괴한들은 대화를 할 필요도 없이 때려죽여야 한다며 안중근을 눈 위에 쓰러뜨려 놓고 발로 차고 짓밟아댔다. 안중근은 무수히 맞으면서도 필사적으로 고함쳤다.

"당신들이 지금 나를 죽이면 아까 달아난 내 동료들이 다른 동료들 데리고 와서 당신들을 모조리 다 죽여버릴 것이다!"

한편으로는 달래고 한편으로는 항거하자 괴한들은 비로소 그를 풀어주었다. 알고 보니 괴한들은 한국이 서구 강대국의 침략을 당하지 않으려면 일본의 보호를 받아야 한다고 주장했던 일진회원들이었다. 일본의 침략이 노골화되면서 분노한 민중들에게 맞아 죽을 지경이 되자 만주로 도망쳐 나온 것이었다. 그런데 의병장 안중근이 의병을 모집하러 다닌다는 소문을 듣고는 그를 잡아 죽이기 위해 매복하고 있던 것이었다.

다시 한 번 죽음의 고비를 넘긴 안중근은 1909년 1월 엔치아로 돌아와 카리라는 마을에서 믿을 수 있는 동지 12명을 모았다. 참석자는 안중근, 김기열, 백낙길, 박근식, 김태련, 안계린, 이주천, 황화병, 장두찬, 유파홍 등이었다. 안중근은 그 자리에서 말했다.

"우리들이 아무 일도 이루지 못했으니 남의 비웃음을 면하기 어려울 것이오. 뿐만 아니라 만일 특별한 단체가 없으면 어떤 일이고 간에 목적을 이루기가 어려우니 모두 손가락을 끊어 맹세를 합시다."

이미 조국의 독립을 위해 목숨을 바치기로 결의한 12명은 각자 왼손 약지를 끊어 그 피로 태극기 앞면에 대한독립 네 글자를 크게 썼다. 그리고 다함께 "대한독립 만세!"를 세 번 외친 다음 하늘과 땅에 맹세하고 흩어졌다. 12인 단지동맹의 결성이었다.

이후 안중근은 엔치아 일대를 돌아다니며 한인들에게 애국 사상을 강연하고 다녔다. 무장투쟁을 하려는 안중근에게는 답답한 시간이었다. 고향 집이 어렵다는 소식을 듣고 동지 몇 명과 국내에 잠입해 동정을 살피려고 했지만, 여비조차 없어 떠나지 못했다.

안중근이 답답한 마음으로 부질없는 시간을 보내는 사이 여름이 지나 9월이 되었다. 하루는 갑자기 마음과 정신이 울적해지며 초조함을 이길 수 없었다. 도무지 진정이 되지를 않았다. 동지들에게 블라디보스토크로 가겠다고 하니 다들 만류했지만 작별하고 보로실로프에서 기선을 타고 블라디보스토크에 도착했다.

블라디보스토크에는 얼마 안 있어 이토 히로부미가 온다는 소문이 자자했다. 자세한 내막을 알고 싶어 여러 신문을 사보니 조선 초대 총독이 된 이토 히로부미가 만주를 시찰하러 온다는 것이었다.

"여러 해 소원하던 목적을 이제야 이루게 되다니! 늙은 도둑이 내 손에서 끝나는구나!"

안중근은 기뻐하며 대동공보사 사장 유진률 등 여러 동지에게 이토를 사살하겠다고 말하니 다들 찬성하고 우덕순은 직접 함께 하겠다고 했다. 마침 그곳에 와있던 황해도 의병장 이석산을 찾아가 여비 백 원도 마련했다.

안중근과 우덕순은 동지들의 배웅을 받으며 하얼빈행 기차에 올랐다. 기차를 타고 가며 생각하니 두 사람이 다 러시아 말을 모르므로 걱정이 되었다. 하얼빈은 중국 땅이지만 이 시기에는 러시아가 관리하고 있어서 러시아 말을 알아야 경계망을 통과해 이토 히로부미에게 접근할 수 있기 때문이었다.

두 사람은 통역을 구하기 위해 포크라니치나야 역에서 하차해 한약방을 하는 한국인 유경집을 찾아갔다. 그의 집에는 18살 난 아들 유동하가 있었다. 안중근은 유경집에게 부탁했다.

"한국에서 오는 가족을 맞이하러 하얼빈으로 가는데 러시아 말을 모르니 아들에게 같이 가서 통역하게 해줄 수 없겠습니까?"

마침 하얼빈으로 약재를 사러 갈 일이 있던 유경집은 아무 의심 없이 쾌히 승낙했다.

셋은 기차를 타고 다음 날 하얼빈에 도착, 유동하의 삼촌 집에 머물며 계획을 짰다. 확실한 사살을 위해 우덕순은 채가구 역에서, 안중근은 하얼빈 역에서 이토 히로부미를 기다리기로 했다. 안중근은 이를 위해 우덕순을 채가구 역까지 데려다주고 왔다.

1909년 10월 26일 이른 아침, 안중근은 새 옷 대신 수수한 양복 차림으로 사냥모를 쓰고 가슴에 8연발 권총을 품었다. 그리고 비로소 유동하에게 자신의 목적을 말하며 협력해 달라고 했다. 유동하도 평범한 소년은 아니었다. 용감하고 총명한 이 소년은 민족의 적을 사살한다는 말에 즉석에서 승낙하고 조국을 위해 기꺼이 자신의 몸을 희생하겠노라고 맹세했다.

유동하와 함께 하얼빈 역으로 가니 아직 이른 오전 7시였다. 역에는 러시아 고위 관리들과 군인들이 몰려나와 이토 히로부미를 맞이할 준비를 하고 있었다. 두 사람은 찻집에 앉아 두어 잔의 차를 마시며 이토 히로부미가 탄 기차가 오기를 기다렸다.

8시가 넘자 하얼빈 역 안팎은 러시아와 중국의 고관들이며 육해군 장성들, 각국의 외교관과 환영 나온 일본인들로 꽉 찼다. 이토 히로부미가 오는 게 틀림없다고 확신한 안중근은 유동하와 함께 일본인 군중에 섞여 역 구내까지 들어가는 데 성공했다.

그러나 개찰구를 지나 승강장으로 나가려면 러시아 헌병들의 엄격한 검문검색을 받아야 했다. 안중근의 순서가 와서 헌병들이 신분증을 요구할 때였다. 러시아어에 유창한 유동하가 헌병에게 말했다.

"이분은 일본인 신문기자입니다."

헌병들은 일본인이라면 크게 의심하지 않고 통과시켰다. 승강장에 들어간 안중근은 유동하를 집으로 가라고 돌려보내고 홀로 기차가 오기를 기다렸다.

9시가 되자 이토 히로부미가 탄 특별열차가 승강장에 들어왔다. 군악대가 환영 연주를 시작했다. 순간, 안중근의 가슴속에 울분이 솟구쳤다.

"어째 세상일이 이같이 공평하지 못한가? 슬프도다! 이웃 나라를 강제로 빼앗고 사람의 목숨을 참혹하게 해치는 자는 이같이 날뛰고 조금도 꺼림이 없는데, 죄 없이 어질고 약한 인종은 어찌하여 이처럼 곤경에 빠져야 하는가?"

더 생각할 것도 없이 뚜벅뚜벅 앞으로 걸어나갔다. 몇 명의 동양인이 러시아 관리들의 호위를 받으며 걸어오고 있었다. 그중 맨 앞에 오고 있는 누런 얼굴에 흰 수염을 가진 조그마한 늙은이가 눈에 띄었다. 사진으로도 본 적이 없지만 그가 늙은 도둑일 것이라는 직감이 들었다. 늙은이가 막 그의 앞쪽을 지나갈 때 재빨리 권총을 뽑아들었다. 거리는 10미터 정도였다.

탕! 탕! 탕!

안중근의 권총에서 날아간 세 발이 탄환은 모두 늙은이에게 명중했다. 순간, 안중근의 머릿속에는 혹시 다른 자를 쏘았을지도 모른다는 생각이 스쳐갔다. 그래서 다시 뒤쪽의 일본인 무리 중에 앞장서 당당하게 걷는 자들을 향해 방아쇠를 당겼다.

탕! 탕! 탕! 탕!

이 네 발의 탄환 역시 모두 명중했다. 이제 탄환은 마지막 한 발이 남았다. 이제 누구를 쏘아야 할까, 죄 없는 민간인을 잘못 쏘아 다치게 했다면 낭패라는 생각에 잠깐 주춤했다. 그 순간 러시아 헌병들이 그를 덮쳤다. 환영대열은 비명과 고함으로 아수라장이 되어 있었다.

1909년 10월 26일 9시 30분이었다. 헌병들에게 붙잡힌 안중근은 하늘을 향해 외쳤다.

"코레아 후레! 코레아 후레!"

한국어로 하면 못 알아들으니 세계 공용어로 외친 것이다.

안중근의 총탄으로 죽은 일반인은 없었다. 이토 히로부미는 심한 출혈로 30분 만에 죽었고, 하얼빈 일본 총영사, 만주철도 이사 등은 부상을 당했으나 살아났다.

한편, 채가구 역에서 대기하던 우덕순은 아침 6시에 도착하는 이토 히로부미를 저격하려 했으나 헌병들이 모든 길을 차단하고 여관 문 앞까지 봉쇄하는 바람에 기차역에 나가지도 못하고 실패했다. 3시간 후 안중근이 저격에 성공했다는 소식도 모르는 채, 실의에 잠겨 공원 의자에 누워있던 그는 엉뚱하게 헌병의 불심검문으로 체포되고 말았다. 일경은 하얼빈 일대 우체국의 전보, 우편 등 모든 기록을 뒤져 며칠 만에 관련자 30명을 연행해 엄혹하게 취조를 했다.

안중근과 동지들에 대한 재판은 초미의 관심사가 되었다. 매번 재판마다 수백 명의 방청객이 몰려왔다. 안중근은 항구도시 대련에서 45킬로 떨어진 여순형무소에 수감된 채 재판을 받았는데, 동지들에 대해서는 가명을 대거나 행적을 숨겨 보호하려 애썼으나 자신의 생각과 행동에 대해서는 숨김없이 당당히 밝혔다. 그는 언제나 두 손을 앞의 횡목에 걸치고, 극히 평온한 태도로 재판관을 직시하며 심문에 응했다.

사형당하기 5분 전, 의연한 자세의 안중근

안중근은 얼마 남지 않은 시간을 집필에 바쳤다. 그가 옥중에서 쓴 탁월한 저서인《동양평화론》과 자서전, 그를 존경하는 간수들에게 써준 많은 붓글씨들이 후대에 남았다.

1910년 2월 12일 여순의 일본 관동도독부 법정에서 열린 공판에서 안중근은 한 시간에 걸쳐 일본의 만행을 규탄하는 최후진술을 했다. 그는 한국인들은 물론이요 일본의 일반 백성들도 전쟁에 반대하여 평화를 원한다고 역설하며, 백성의 행복을 앗아간 자를 처단한 자신의 행위는 정당하며, 자신은 자객이 아니라 대한의군 참모중장의 자격으로 정의를 행한 것이라고 거듭 강조했다.

이틀 후인 2월 14일 오전 10시에 열린 선고공판에서 안중근은 사형, 우덕순은 징역 3년 유동하는 징역 1년을 받았다. 안중근은 적에게 생명을 구걸하지 않겠다며 항소를 거부했다.

안중근에 대한 사형은 다음 달인 3월 26일 오전 10시, 여순형무소에서 집행되었다. 어머니가 보내온 한복으로 갈아입고 사형장에 들어간 안중근은 입회인들에게 마지막으로 말했다.

"나는 동양평화를 위하여 한 일이니 내가 죽은 뒤에라도 한일 양국은 동양평화를 위하여 서로 협력해 주기를 바란다."

간곡한 부탁을 남긴 그는 잠시 기도를 올린 후, 당당히 사형대에 올랐다. 10시 15분이었다.

이 사건으로 1년간 옥살이를 하고 나온 소년 유동하는 아버지 유경집과 함께 독립운동을 계속하다가 1917년 봄에 체포되어 총살당했다.

3

영원한 임시정부 주석,
김구

1876년 8월 29일 황해도 해주군 백운방에
서 태어났다. 본명은 김창수다.

집안이 몹시 가난해서 9살이 되어서야 서당에 들어가 한문 공부
를 할 수 있었다. 17살이 된 1892년 해주에서 열린 지방 과거시험
인 초시에 응시했다. 초시에 합격해야 서울에서 열리는 본과에 응
시할 수 있었다. 그러나 왕조 말기의 혼란으로 엄정해야 할 과거시
험도 돈과 권력을 가진 이들에 의해 타락한 것을 보고 응시를 포기
했다.

과거를 포기한 김구는 고향 마을에서 어린아이들에게 한문을
가르치며 병법 서적들을 탐독했다. 위기에 빠진 나라를 구하려는
마음으로 손자병법, 육도삼략 같은 중국의 병법을 주로 읽었다. 신
장이 180센티가 넘는 데다 단단한 체격이 장수감이기도 했다.

1894년 동학농민봉기가 일어난 것은 김구가 19살이 되던 해였다. 화승총과 죽창으로 무장한 농민들의 봉기는 전라북도를 시작으로 삼남지방을 휩쓸고 경기도와 강원도를 거쳐 황해도까지 빠르게 올라왔다.

농민군을 이끈 신흥종교 동학은 포와 접을 기초로 조직을 확대했는데 남다른 체격에 용감무쌍한 성격인 김구는 19살에 불과했음에도 입교 몇 달 만에 팔봉 접주가 되어 수백 명의 신도를 이끌게 되었다. 농민군은 김구가 어린 나이에 접주가 되었다고 해서 '아기 접주'라 불렀다.

내우외환에 시달리며 왕권을 지키기에도 벅찼던 고종은 일본군까지 불러들여 농민군을 막게 했다. 최신형 기관총으로 무장한 일본군의 지원을 받은 조선 관군과 양반으로 이뤄진 토벌대는 농민군을 손쉽게 격파해 버렸다.

김구도 접주의 한 명으로 농민군을 이끌고 황해도 해주성을 공격했으나 처절히 패전하고 구월산으로 달아나던 중, 동학군 토벌을 위해 기병한 안태훈 진사의 부대와 조우했다. 안태훈은 훗날 이토 히로부미를 쏘아 죽이는 안중근의 아버지였다. 백성들의 희생을 안타까워하던 두 사람은 교전하지 않기로 밀약을 했고, 김구의 농민군은 무사히 구월산으로 이동했다.

그러나 얼마 안 가 관군이 구월산에 밀어닥쳤고, 김구 부대는 뿔뿔이 흩어지고 말았다. 무사히 살아남았으나 갈 곳이 없던 김구는 신천 청계동의 안태훈 진사를 찾아갔다. 안태훈도 봉건왕조의 무능과 부패에 분개하던 개혁파 지식인이었다. 농민봉기 방식에는 찬성하지 않았으나 김구의 의로운 기운에 감동했던 그는 위험을 무릅쓰고 그를 자기 집에 숨겨주었다.

이듬해인 1895년 9월, 일본인들이 궁궐에 난입해 명성황후를 살해하는 사건이 터지자 전국적인 의병이 일어났다. 김구도 의병에 가담했으나 이번에도 일본군에게 대패해 만주로 밀려났다. 김구는 국경을 건너 삼도구에서 김이언이 이끄는 의병부대에 합류했으나 강계에 주둔한 일본군을 공격했다가 크게 패해 해산하고 말았다.

1896년 2월. 고향 해주로 돌아오던 김구는 치하포의 객주에서 상인으로 위장한 일본군 장교로 의심되는 일본인을 맨손으로 때려죽이고 투옥되었다. 감옥에서 판결을 기다리는 동안 서양 문물에 관한 책들을 읽으며 차츰 개화의식을 갖게 되었다.

감옥살이 1년 6개월 만에 사형이 선고되었으나 고종으로부터 명성황후의 원수를 갚은 애국자이니 석방하라는 특사령을 받았다. 그러나 일본공사의 압력으로 출옥을 할 수 없자, 이듬해인 1898년 3월 탈옥을 감행했다.

탈옥에 성공한 김구는 신분을 감추기 위해 머리를 깎고 승려가 되었다. 충남 계룡산 갑사와 공주 마곡사에서 승려로 생활하며 원종이라는 법명까지 받았다. 그 사이 내우외환의 혼란으로 김구의 탈옥사건은 묻혀버렸다.

승려 생활 2년여 만인 1900년에 환속한 김구는 강화도에 들어가 개화파 인사들과 교류하며 중국이 세계의 제일이고 서양은 야만이라는 고루한 사고를 벗어나기 시작했다. 1903년에는 기독교에 입교하면서 본격적으로 서양식 신문명을 받아들여 신교육운동에 나섰다. 황해도 장연읍에서 신식학교 설립을 주도하고 평안남도 진남포에서 예수교회 에버트청년회에서 총무로 일했다.

1905년, 대한제국이 사실상 일본의 속국으로 전락하자 이준, 이동녕, 이회영, 조성환 등과 함께 을사늑약 무효화를 요구하는 상소운동과 가두집회를 열고 연설을 했다. 수많은 애국지사들의 호소에도 조약은 강행되었고, 김구는 1906년 황해도로 내려가 도내 곳곳의 강습소를 돌아다니며 "한인이 배일하는 이유는 무엇인가?" 같은 제목으로 애국심을 고취하는 연설을 했다.

1907년에는 황해도 안악에 양산학교를 설립했다. 그해 서울 남대문 상동교회를 거점으로 국권 회복을 위한 비밀결사인 신민회가 창립되자 황해도 총감으로 활동했다. 안창호, 이회영 등이 주도하는 신민회는 한국사 최초의 근대정치사상 단체로, 군주제 폐지와 민주공화제를 목표로 내세웠다.

1909년 10월 26일, 동학농민봉기 때 김구를 구해주었던 안태훈의 아들 안중근이 하얼빈 역에서 이토 히로부미를 사살하자, 김구도 사건 관련자로 일본헌병대에 체포되어 해주감옥에 투옥되었다가 불기소로 풀려났다.

대한제국이 일본의 완전한 식민지가 되어버린 1910년, 신민회는 만주에 독립군기지를 건설키로 재확인했다. 황해도 지방의 반일, 애국계몽운동의 대표였던 김구는 양기탁이 소집한 신민회 비밀회의에 참석하고 돌아와 군자금과 독립군 모집에 나섰다.

식민지 지배를 시작한 일본은 반일운동에 대해 무자비한 탄압을 가했다. 김구는 이듬해인 1911년 1월, 신민회 황해도지회 회원 160명과 함께 체포되어 가혹한 고문을 당하고 15년 형을 선고받았다. '신민회 사건' 혹은 '105인 사건'이라 불리는 큰 사건이었다. 게다가 김구에게는 '데라우치 총독 암살음모 사건'까지 뒤집어씌워 2년 형을 추가했다.

수감 4년째인 1914년 7월, 주거지 제한의 조건으로 가석방된 김구는 경찰의 감시 속에 친구인 양산학교장 김홍량의 동산평농장에 감독으로 들어갔다.

농사 감독 일을 하면서도 학교를 세우고 소작인을 교육하는 등 농촌계몽운동을 하며 몇 해를 보내던 김구는 1919년 3.1만세운동이 일어나자 압록강을 건너 상해로 망명했다.

상해에 모인 항일지사들은 거국적인 만세운동의 성과를 모아 대한민국 임시정부를 결성했다. 김구는 신민회 동지인 안창호의 추천으로 경무국장에 임명되었다. 경무국은 내무부 산하의 한 부서로, 임시정부 청사를 지키고 요인들을 보호하는 일을 했다.

김구는 경무국장으로 일하는 한편, 1922년에는 '한국노병회'를 창립해 이사장을 맡았다. 국내외의 지원자를 모집해 10년 안에 1만 명의 독립군과 100만 원의 군자금을 모아 국내로 진격하겠다는 야심찬 계획이었다. 그러나 현실은 녹록지 않았다.

거족적인 만세운동에 놀란 일본이 소위 문화정책을 내세워 한국인에게 기업운영과 신문경영, 학교설립 등을 보장하자 애초부터 일본에 협조적이던 대지주들은 물론이요, 중소 지주들과 지식인들까지 승산 없는 무장투쟁이나 망명 정부를 지원하기보다는 한국인의 힘을 길러야 한다는 문화운동으로 선회했기 때문이었다.

중국 정부의 도움도 받을 수 없었다. 1911년의 신해혁명으로 청나라가 무너지고 중화민국이 수립되었으나 군벌의 난립으로 인한 혼란이 계속되고 있었기 때문이었다. 이 틈을 비집고 들어온 일본이 만주를 잠식하고 있었으나 중국은 이를 물리칠 힘조차 없었다. 오히려 중국 정부는 한국인들이 자신의 영토에 항일운동의 거점을 만들까 봐 감시하고 통제했다.

소련이 식민지 해방투쟁을 지원하면서, 새로 독립운동을 하려는 젊은이의 다수가 공산주의 쪽으로 빠져나가는 바람에 임시정부로 유입되는 젊은이도 드물었다. 임시정부의 경찰국장 격인 김구가 철저히 반공을 내세우면서 그런 현상은 더 심해졌다.

사정이 이렇다 보니 한국노병회는 아무 활동도 하지 못하고 고사해 버렸다. 임시정부조차도 만성적인 자금 부족과 구성원들 사이의 고질적인 파벌 싸움으로 나날이 축소되고 있었다.

하지만 김구는 안팎으로 어려운 처지임에도 변함없이 임시정부를 지키는 한 사람이었다. 이에 따라 1923년에는 내무부 전체를 책임지는 내무총장으로 승진되었고 1926년에는 내각수반인 국무령에 선임되었다. 1929년에는 재중국 거류민단 단장을 겸임하였고 1930년에는 이동녕, 이시영 등과 한국독립당을 결성했다.

하지만 임시정부의 상황은 나아지지 않았다. 이 시기에도 만주 전역에서 크고 작은 항일무장투쟁이 계속되고 있었는데, 상해에서도 비교적 안전구역인 프랑스 조계지에 자리 잡은 임시정부는 점점 유명무실해져 갔다. 점점 노쇠해져 가는 임시정부 요인들은 전차회사나 방직공장에 취업한 자녀들이 벌어오는 생활비로 겨우 연명하는 처지까지 되었다. 사실상 임시정부의 최고 지도자가 된 김구조차도 식비가 없어 교민들의 집을 돌아다니며 식사를 하고 구두가 다 떨어져도 새로 살 수 없는 처지였다.

상황을 바꾼 것은 일본의 만주 침공이었다. 한국인 이민자들을 보호한다는 명목으로 야금야금 만주에 파고들던 일본은 1931년 9월, 본격적으로 만주를 침략했다. 군벌이 이끌던 만주의 중국군은 연전연패로 만주 전역을 일본에게 넘겨주고 말았다. 게다가 중국인들은 한국인을 일본 편으로 인식하고 있었다. 일본군이 점령한 만주에서는 한국인 이민자들이 곳곳에서 공격을 당하고 있었다.

이 위기 상황에서 대한민국 임시정부의 존재를 중국인들에게 널리 알리고, 한국인이 자신의 편임을 인식시켜 임시정부를 회생시킨 사건이 일어난다. 1932년 1월의 이봉창 의거와 4월의 윤봉길 의거였다.

이봉창은 1901년 서울생으로, 집안이 가난해 막노동자와 철도노동자로 전전하다가 일본에 건너가 우연히 일본인의 양자로 들어간 뒤 일본인처럼 산다. 그러나 한국인임이 밝혀질 때마다 모욕적인 차별대우를 받으면서 반일의식을 키운 끝에 항일운동을 결심하고 중국으로 건너온다. 임시정부의 김구를 찾게 된 것은 안중근의 동생 안공근을 통해서였다.

이봉창은 일본인과 똑같은 복장에 일본어도 본토인처럼 유창하게 구사했다. 이를 본 임시정부 요인들은 그를 밀정으로 여겨 내쫓으려 했다. 하지만 김구는 이봉창을 따로 만나 굳건한 항전의 의지를 확인하고 한인애국단 제1호 단원으로 입단시켜 일본의 수도 동경으로 보냈다.

일본인과 다름없는 외관 덕분에 첩첩 경계를 뚫고 무사히 동경에 도착한 이봉창은 1932년 1월 18일, 일왕의 마차행렬을 향해 폭탄을 투척하는 데 성공했다. 비록 일왕을 죽이지는 못했으나 그의 영웅적인 거사는 한국인들을 각성시켰고 중국인들에게도 감동을 주었다.

일본의 수도 한복판에서 이봉창의 의거가 터지고 3개월이 지난 1932년 4월 29일에는 상해 홍구공원에서 또다시 폭탄 투척 사건이 터졌다. 윤봉길의 의거였다.

윤봉길은 1908년생으로, 고향인 충남 예산에서 야학을 개설해 문맹퇴치와 농촌계몽운동을 벌이며 여러 권의 책과 시집을 낸 지식인 청년이었다. 애국계몽운동만으로는 일본의 가혹한 지배를 벗어날 수 없다고 판단한 그는 1930년 상해로 건너가 노동자, 노점상으로 일하면서 항일운동을 모색하던 중 이봉창의 의거 소식을 듣고 자진해서 김구를 찾아가 의지를 밝혔다. 의기투합한 김구와 윤봉길은 일왕 히로히토의 생일인 4월 29일 상해 홍구공원에서 열리는 전승축하기념식에서 일본군 장교들을 공격하기로 결정했다. 수통으로 위장한 폭탄을 준비하는 등 치밀한 준비 끝에 윤봉길의 의거는 대성공해 중국 주둔 일본군 총사령관 시라카와 요시노리 대장을 즉사시키는 등 다수의 일본군 장성과 일본 정부 고관들을 살상했다.

체포된 이봉창과 윤봉길은 혹독한 고문 끝에 둘 다 사형에 처해졌으나 잇단 거사로 인해 한국인에 대한 중국인의 인식은 급변했다. 특히 윤봉길 의거는 중국인들에게 의미가 컸다. 일본군이 상해를 점령한 기념으로 개최한 전승축하기념식에 투탄을 하여 통쾌하게 복수를 했기 때문이었다. 중국 정부의 수반 장개석은 중국의 백만 대군도 못한 일을 일개 한국 청년이 해냈다며 찬사를 보냈다.

이때부터 중국은 임시정부의 독립운동을 적극적으로 지원했다. 1934년에는 흔히 황포군관학교라 불리는 광주의 중앙육군군관학교에 한인특별반을 설치해 한국인 장교를 양성했다. 김원봉 등 의열단 출신들도 특별히 입교 시켰다.

두 차례 거사를 성공시켜 대한민국의 위상을 높이기는 했으나, 임시정부의 절박한 요구인 독립군의 양성은 요원했다.

일본군의 만주 침공 이래, 수많은 한국인 청년들이 중국공산당과 손잡고 활발한 무장투쟁을 벌이고 있었다. 그들은 임시정부를 100여 명의 늙은이들이 권력다툼만 하는 허울 좋은 단체라고 폄하까지 했다.

공산주의 계열을 배제함으로서 임시정부가 약체가 된 것은 사실이었다. 김구는 경무국장으로서 임시정부에 파고들려는 일경의 밀정이나 공산주의자를 여럿 암살한 장본인이었다. 그러나 소련에서 벌어지는 빈곤과 인권유린은 김구로 하여금 반공의 입장에 서지 않을 수 없게 했다. 그는 자서전《백범일지》에 언급했다.

자유와 자유 아님이 구분되는 것은 개인의 자유를 속박하는 법이 어디서 나오느냐에 달렸다. 자유 있는 나라의 법은 국민의 자유로운 의사에서 나오고, 자유 없는 나라의 법은 국민 중의 어떤 일개인 또는 일 계급에서 나온다. 일 개인에서 나오는 것을 전제 또는 독재라 하고, 일 계급에서 오는 것을 계급 독재라 하고 일반적으로 파쇼라고 한다. 나는 우리나라가 독재의 나라가 되기를 원하지 않는다. 독재의 나라에서는 정권에 참여하는 계급 하나를 제외하고는 다른 국민은 노예가 되고 마는 것이다. (…) 지금, 공산당이 주장하는 소련식 민주주의란 것은 이러한 독재정치 중에서도 가장 철저한 것이어서, 독재정치의 모든 특징을 극단적으로 보여주고 있다. (…) 마르크스의 학설에 일점일획이라도 반대는 물론 비판하는 것도 철저하게 금지하여, 이것을 위반하는 자는 죽음의 숙청으로써 대하니, 이는 옛날 조선의 사문난적에 대한 것 이상이다.

일본은 만주를 차지하는 것으로 만족을 못했다. 1937년 7월, 일본군은 중국 내륙을 전격 침공했다. 중일전쟁의 발발이었다.

임시정부는 즉각 군사위원회를 설치하고 광복군을 창설키로 했다. 그러나 일본군이 파죽지세로 밀고 들어오면서 중국 정부마저 떠돌아다니는 처지였다. 임시정부도 몇 년간 이리저리 피난을 다니느라 군사 양성을 할 수 없었다. 1940년 9월 17일 중국 정부를 따라 중경에 안착하고서야 드디어 광복군 총사령부를 창설할 수 있게 되었다.

중경 시대가 되면서 김구는 공식적으로 대한민국 임시정부의 주석으로 선출되었다. 김구는 광복군을 창설해 총사령관에는 지청천을, 참모장에는 이범석을 임명했다. 또한 중국 다섯 곳에 징모

분처를 설치해 대원 모집에 들어갔다.

중국 정부는 중국 내에 광복군 창설을 승인하기는 했으나 여러 가지 조건을 내걸어 활동을 규제했다.

광복군은 훈련과정부터 전투까지 모두 중국군 참모총장의 지휘를 받아야 하며 한국 변경에 근접한 지역에서만 활동할 것, 종전 후 한국에 들어가더라도 별도의 협정이 체결되기 전까지는 중국군의 지휘를 받아야 한다는 모욕적인 조항까지 있었다.

하지만, 남의 나라에서 독립운동을 해야 하는 처지에 그 나라 정부의 통제를 비난할 수는 없었다. 미국으로 건너간 이승만은 미국 정부에 의존할 수밖에 없었고, 소련으로부터 활동자금을 지원받은 공산주의 계열은 소련공산당의 간섭을 받을 수밖에 없던, 나라 잃은 설움이었다.

1941년 12월 8일, 일본이 미국의 진주만을 기습해 태평양전쟁이 발발하자 임시정부는 비로소 대일선전포고를 발표했다. 그러나 광복군 전력은 극히 미미해 실제 대원도 20여 명에 지나지 않았다. 이에 임시정부는 김원봉이 이끌어온 조선의용대와 광복군을 합치기로 결정했다. 김원봉을 공산주의자로 의심해 불신하던 김구로서는 큰 결단이었다.

조선의용대는 1938년 10월에 결성될 당시 전투요원만 140명이었고 이후 계속 늘어났으나, 중경에서 광복군이 출범할 무렵에는 주력이 중국공산당 산하 팔로군 지역으로 이동해 버리고 40여 명만 남아있었다. 때문에 광복군은 장부상으로는 200명이 넘었으나 실제로는 60명이 안 되는 병력으로 출발해야 했다.

어렵게 출범한 광복군은 중국 정부의 통제로 실제 전투에는 참가하지 못하고 훈련만 받아야 했다. 일본의 침략에 맞서 싸우는 과정에서 중국공산당 세력이 엄청나게 커지자 중국 정부는 공산주의를 막는 데 급급해 일본과의 휴전을 추진하고 있었기 때문이었다.

답답해진 김구는 거듭 중국 정부에 독자적인 작전권을 요청했다. 총 한 방 못 쏘고 훈련만 받는 상황이 답답하기도 하거니와, 대일전쟁에 직접 참가해야만 임시정부가 연합국의 일원으로 인정받을 수 있기 때문이었다.

중국 정부는 1945년 5월 1일이 되어서야 김구와 임시정부의 끈질긴 요구를 들어주었다. 임시정부가 광복군의 통수권을 가지며, 향후 중국 정부로부터 제공받는 지원금은 국가 간의 차관으로 처리한다는 내용이었다.

작전권을 넘겨받은 김구와 광복군에게 시급한 것은 국내 진공이었다. 일본의 패전이 확실시되면서, 일본군에 끌려가 중국 전선에 투입되었던 청년들이 속속 탈영해 광복군으로 넘어오면서 국내 진공작전은 현실화되어 갔다. 그러나 불과 3개월 만인 1945년 8월 15일, 일본이 미국에 항복하면서 광복군은 끝내 총 한 방 쏘지 못한 채 귀국을 해야만 했다.

김구는 40년 만에 찾아온 조국의 독립에 반가워하면서도, 임시정부가 전쟁에 직접 참가하지 못해 참전국의 권리를 갖지 못하게 될까 걱정했다. 이전이나 이후에나 미국과 소련은 대한민국 임시정부를 망명 정부로 인정한 적이 없었다.

김구의 예상대로 한반도를 남북을 분단해 진주한 미국과 소련은 임시정부를 포함한 모든 한국인 단체의 입국을 불허하고 개인적인 자격으로의 입국만을 허용했다.

김구가 개인 자격으로 서울에 도착한 것은 1945년 11월 23일, 그의 나이 70세였다.

귀국한 김구는 이승만과 쌍벽을 이루는 독립운동의 최고 영웅으로 대접을 받았다. 그를 존경해 온 수많은 애국청년들은 물론, 친일매국으로 더러워진 반역자들까지 그에게 아부해 살길을 모색하려고 그를 찾아왔다.

반역자의 대표적인 인물은 항일운문화계의 상징이던 이광수였다. 임시정부 의정원의 한 명이었으나 친일로 돌아선 지 오래인 이광수는 김구가 귀국하자마자 찾아와 《백범일지》를 윤문해 주겠다고 자처해 허락을 받았다. 일본군에 비행기를 8대나 헌납한 친일매국노인 최창학은 자신의 호화스런 저택을 희사했고, 김구는 '경교장'이라는 새 택호를 붙여 입주했다. 역시 대표적인 친일 기업가였던 조선일보 사주 방응모도 정치자금을 싸들고 찾아왔고 친일 대지주들이 다수이던 한민당도 김구를 지원했다.

적극적으로 친일파 청산을 주장하던 민족주의 계열과 민족주의 좌파들은 친일매국노들을 너무 쉽게 용인하는 김구를 비판적 시각으로 보았다. 하지만 이승만은 김구보다 훨씬 많은 정치자금을 받고 있었고, 조선공산당도 최대 갑부 중 하나인 화신백화점 사장 박흥식으로부터 거금을 받은 적이 있었다. 오랜 세월 해외에서 활동하느라 국내에 재정적 기반이 없던 항일운동가들이 매국노들로부터 일종의 징수를 했다고도 볼 수 있었다.

해방 4개월 후에야 개인자격으로 귀국한 임정요인들. 가운데가 김구

공산주의 계열과 김구가 정면으로 충돌한 것은 친일파 문제보다도 새로 만들어야 할 국가체제 때문이었다. 해방되고도 3개월이 지나서야 어렵게 귀국한 김구 앞에는 신탁통치 문제가 놓여있었다. 이는 미국이 먼저 제안한 것으로, 한반도가 안정될 때까지 5년간 미국, 소련, 영국, 중국의 네 나라가 공동으로 관리하자는 내용이었다.

일본으로부터 해방되자마자 신탁통치를 한다는 말에 대다수 한국인들이 격렬히 반발했다. 그런데 공산주의자들은 일단 남북을 통일해 임시정부를 수립하고 미·중·소·영 4개국이 공동으로 관리하는 가운데 신탁통치를 할 것인가 말 것인가를 결정하자고 주장했다. 이는 당장 신탁통치를 하자는 내용이 아니었을 뿐 아니라, 38선으로 갈라진 남북을 합칠 수 있는 절호의 기회가 될 수 있었다. 하지만 국민들은 공산주의자들의 주장을 신탁통치 찬성으로 해석하고 격렬한 반대운동에 들어갔다.

귀국한 지 한 달밖에 안 된 김구도 반탁운동의 선두에 섰다. 김구를 따르는 김두환, 이철승 등 반공청년들은 좌익계열 정당과 노동조합, 사회단체들을 공격했고 이 과정에서 많은 사람이 죽임을 당했다. 김구가 직접 테러를 지시했다는 증거나 증언은 없었음에도 반대파들은 배후에 김구가 있다고 믿었고, 미군정도 그를 테러리스트라고 지칭했다.

김구는 공산주의자들만이 아니라 그들과 손을 잡으려는 중도파까지 테러로 제거했다는 의심을 받았다. 이 역시 명확한 근거가 없었음에도, 좌익과 우익의 화합을 주장했던 송진우와 장덕수 같은 이들까지 김구의 지지자들에 의해 암살되었다고 의심하는 이들이 있었다.

항일시기 이봉창과 윤봉길의 거사는 일왕과 일본군 장성을 대상으로 한 유격전 성격을 가졌기에 의로운 일이라 하여 의거로 지칭했으나, 해방 후 정치사상의 차이를 이유로 동족이자 민간인을 살해한 것은 명백히 테러라 할 수 있었다. 때문에 남한의 좌익들은 김구를 제일의 적으로 상정했고, 북한도 3.8선 일대 건물마다 이승만과 김구를 때려잡자는 구호를 써놓았다.

좌익만이 아니었다. 우익들도 김구를 미워했다. 미국과 소련이 각각 자신의 점령지에 자신의 이념을 따르는 단독국가를 세우려는 게 명백해지자 김구는 남한만의 단독정부 수립에 맹렬히 반대하고 나섰기 때문이었다. 남북의 분단이 확실시되던 1948년 2월, 김구는 '삼천만 동포에게 읍고함'이라는 성명을 통해 남한 단독정부 수립에 반대했다.

"미군정 아래에서 육성된 그들은 경찰을 시켜 선거를 독점하도록 배치하고 인민의 자유를 유린하고 있다. 내 나이 73세, 이제 새삼스럽게 재물을 탐낼 것이냐? 더구나 외국 군정 아래에서 정권을 탐낼 것이냐? 나는 통일된 조국을 건설하려다 38선을 베고 쓰러질지언정, 일신의 구차한 안일을 위하여 단독 정부를 세우는 데는 협력하지 않겠다."

김구의 충정과 상관없이, 북한의 공산주의자들도 독자적인 정부 수립에 나선 지 오래였다. 북한은 해방직후에 벌써 토지개혁과 독자적인 화폐를 발행했다. 유엔에서 제시한 인구비례에 의한 총선거가 자신들에게 불리하자 유엔의 입북도 막고 있었다.

이렇듯 남한보다 앞서 단독정부 수립을 준비했으면서도, 북한은 남북이 통일된 단일국가 수립을 위한 노력의 일환으로 1948년 4월 평양에서 '남북한 정당과 사회단체 연석회의'를 개최하면서 김구도 초청했다.

김구는 마지막 희망을 걸고 평양행을 결심했다. 정적들은 물론, 주위에서도 강력하게 이를 반대했으나 그는 고집을 꺾지 않았다. 북한은 예상치 못한 그의 방북에 맞춰 건물마다 써놓았던 김구를 타도하자는 글들을 지워야 했다. 평양에 들어간 김구는 북한이 이미 일인독재의 공산주의 국가가 되어 있음을 확인하고 공식적인 연설은 일체 거부한 채 김일성과의 개인적인 회담만 하고 돌아왔다.

김구가 귀경하고 며칠 후인 5월 10일 남한 단정을 위한 총선거가 실시되었고 8월 15일에는 대한민국 정부가 공식 출범했다. 북한도 곧바로 9월 9일 조선민주주의인민공화국 수립을 선포했다. 통일신라 이래 1,300년간 단일국가를 이루고 살아왔던 한민족은 이렇게 긴 분단시대에 접어들었다.

평생을 항일독립운동에 바쳤건만 결국 같은 민족끼리 원수가 되어 남북으로 분단되는 비극을 목도해야만 한 김구는 노령에도 불구하고 남북을 통일해 완전한 독립 국가를 수립해야 한다는 지론을 포기하지 않았다. 1949년 5월에도 이렇게 소신을 밝혔다.

"동족상잔의 유혈과 국토양단의 위기를 방지하고 자주·민주의 원칙하에 조국의 완전독립을 쟁취하려는 나의 주장과 태도는 변함이 없다."

대한민국의 초대 대통령으로 선출된 이승만은 김구가 분단 현실을 인정하고 자신에게 협조하기를 요구했으나 그는 소신을 꺾지 않았다. 김구는 이승만과의 합작은 통일정부가 설 때만이 가능하다며 협조를 거부했다.

결국 김구는 1949년 6월 26일, 집무실인 경교장에서 육군 현역 장교 안두희가 쏜 총탄을 맞고 사망하고 말았다. 안두희의 테러에 이승만의 심복이던 김창룡이 관여되었다는 사실까지는 밝혀졌으나, 이승만이 직접 지시를 내렸다는 증거는 확인되지 않았다.

장례식은 1949년 7월 5일 서울운동장에서 국민장으로 거행되었으며, 유해는 용산구 효창공원에 안장되었다. 1962년 건국훈장 대한민국장이 수여되었다.

4

민족자강운동의 선구자,
안창호

1878년 평안남도 강서군 초리면 출신이다.

가난한 농민의 3남 1녀 중 셋째 아들이었는데 8살에 아버지를 잃고 할아버지 밑에서 성장했다. 빈한한 살림 때문에 평양과 대동강 일대 이곳저곳으로 이사를 다녔는데 14살인 1891년 평안남도 남부산면 노남리로 이사하면서 뒤늦게 마을의 유학자 밑에서 한학을 공부했다.

1894년 동학농민봉기가 일어나자 왕권 수호에 급급했던 고종은 청나라에 지원군을 요청했다. 이에 한반도의 패권을 두고 겨루고 있던 일본도 군대를 파견했다. 농민봉기는 진압되었으나 두 나라는 조선을 차지하기 위해 전쟁을 벌였다. 청일전쟁이었다.

전쟁은 안창호가 사는 평양에서 가장 치열하게 벌어졌다. 두 나라 군대는 남의 땅에서 아무런 제약 없이 포격전과 시가전을 벌였다. 유서 깊은 천년고도 평양은 양국의 포격으로 파괴되었고, 거리는 비참한 피난민들로 가득했다. 국력이 약하니 남의 나라 군대가 들어와 서로 차지하겠다고 전쟁을 벌이는 수모는 16살의 안창호에게 커다란 충격과 경각심을 주었다.

한민족이 강해져야 이런 모욕을 당하지 않을 수 있다는 자각을 얻은 안창호는 서울에 올라가 신학문을 공부하기로 결심했다.

동네마다 한문을 배우는 서당밖에 없을 때였다. 서양문물을 배우려면 서울 등 주요 도시에서 외국선교사들이 운영하는 학당에 가야 했다. 안창호는 선교사 프레드릭 밀러가 운영하는 서울 중구 정동의 구세학당 보통부에 입학했다. 구세학당 보통부는 3년제로, 수업료와 기숙사비가 무료였기에 진학이 가능했다.

1896년, 18살의 나이로 3년 과정을 졸업한 안창호는 조교를 맡아 학생들을 지도했다. 그런데 가을에 평양의 할아버지로부터 귀향하라는 연락이 왔다. 마을 서당 훈장의 딸 이혜련과 정혼을 해놨으니 내려와 혼인식을 올리라는 것이었다.

이혜련은 당시 13살의 어린 소녀였다. 선교사들로부터 서양의 합리주의 사상을 배운 안창호는 어른들끼리 일방적으로 결정한 조혼을 거부하다가 이혜련이 기독교에 입교하여 신학문을 배운 후에 정식으로 혼인하는 조건으로 약혼을 받아들였다.

같은 해에 독립협회가 결성되었다. 서구식 자유민주주의 제도를 지향하는 서재필 등 개혁파들이 만든 조직이었다. 18살의 나이로 독립협회에 가입한 안창호는 평양에서 독립협회 관서지부를 설립해 민주주의와 민권운동을 시작했다.

이듬해인 1897년 고종은 504년 조선의 역사를 마감하고 대한제 국을 수립했다. 한반도를 차지하려 각축하는 일본과 청나라로부 터 자주성을 지키고 강력한 왕권으로 산업화를 추진하겠다는 선 언이었다.

그러나 사농공상의 신분차별을 토대로 한 유교사상에 빠져있는 보수파 관료들은 산업발전을 주도할 능력이 없었다. 서구식 민주 주의를 도입할 의사도 없으니 자본가가 생성되어 산업을 발전시 킬 여건도 만들지 못했다. 열강들에게 철도부설권, 광산채굴권 같 은 이권을 헐값에 매각해 정부 재정을 채우니 아까운 국부만 빠져 나갈 뿐이었다.

독립협회는 정부의 열강 의존 정책을 비판하고 민족자강을 촉 구하는 집회를 전국적으로 개최했다. 양반, 상민의 구분 없이 각계 각층이 모였기 때문에 만민공동회라고 불렀는데, 평양에서는 쾌 재정에서 대규모 집회가 열렸다.

약관 20살의 안창호는 쾌재정 집회에서 무능한 관료들을 비판 하는 명연설로 갈채를 받았다. 유명해진 그는 여러 지역의 집회에 초청을 받아 뛰어난 웅변으로 청중을 감동시켰다. 그러나 대한제 국 정부는 개혁파들의 요구를 받아들이지 않고 독립협회를 해산 시켜 버렸다.

실망한 안창호는 장기적인 안목으로 평안남도 강서군 동진면에 점진학교와 교회를 세워 계몽운동에 나섰다. 나아가 정식으로 교 육학을 전공하기 위해 미국에 유학 가기로 결심했다.

1902년 9월, 선교사 프레드릭 밀러의 주례로 서울 제중원에서 이혜련과 결혼식을 올린 그는 바로 다음 날, 아내와 함께 인천항에서 미국행 기선에 몸을 실었다. 여비는 여러 지인들의 도움으로 해결했다.

한 달이 넘는 긴 항해 끝에 샌프란시스코에 도착한 안창호 부부는 빈털터리였다. 한국에서 의료선교를 했던 알렉산드로 드류 선교사가 샌프란시스코 차이나타운에서 의사로 일하고 있었다. 안창호는 그의 집에서 집사로 일하며 영어를 배우기 위해 미국 소학교에 다니기 시작했다.

태평양 연안의 신흥도시이던 샌프란시스코에는 한국인들이 늘어나고 있었다. 학생, 노동자, 인삼을 파는 상인들이었는데 미국까지 와서도 상투를 틀고 사는 남자들도 있었다. 그런데 한국인들은 단체가 없다 보니 일본인들에 비해 대우를 제대로 받지 못했다.

안창호는 뜻있는 한인들을 규합해 '샌프란시스코 한인친목회'를 결성하고 회장에 뽑혔다. 미국에 최초로 만들어진 한국인 단체였다. 한인친목회는 실업자들에게 일거리를 주선하고 정당한 임금을 받을 수 있도록 압력을 가하는 등의 활동으로 한국인들 사이에 신망이 높았다.

1904년 한국인 이민자들이 몰려드는 리버사이드로 이사한 안창호는 그곳에서도 한인들의 지도자가 되었다. 그는 오렌지 농장에서 일하는 한인들에게 "오렌지 하나를 따더라도 정성껏 따는 것이 나라를 위하는 길"이라며 성실과 근면, 고국에 대한 애국심을 강조했다.

안창호의 웅변은 설득력이 있었다. 그를 만난 한국인들은 적극

호응했다. 한국인 주거지는 눈에 띄게 깨끗해졌다. 농장에서 일하는 한국인들은 전과 달리 나무에 손상을 주지 않으려고 조심스럽게 오렌지를 땄다. 이를 본 백인 농장주가 한인회에 사무실을 제공하기도 했다.

안창호는 리버사이드 한인회가 안정되자 가족을 그곳에 남겨두고 샌프란시스코에 돌아가 노동소개소를 운영하며 한인의 권익과 민족의식 고취에 힘썼다. 이 역시 성과가 컸다. 고립 분산되어 힘겹게 살아가던 한국인들은 한인회를 중심으로 뭉치며 생활이 안정되었다.

자신감을 얻은 안창호는 미국 전역의 한국인을 대상으로 '공립협회'를 설립했다. 한국이 외세의 압박으로부터 벗어나 자주적인 독립 국가로 서도록 지원하는 것을 목표로 삼은 공립협회는 28살의 안창호를 초대 회장으로 선출했다.

1905년 11월 17일 을사늑약이 체결되고 만 1년이 지난 1907년 1월, 안창호와 공립협회 동지들은 리버사이드에서 비밀결사를 결성했다. '대한인신민회'였다. 단체의 목적은 한국의 개혁에 두었다.

"우리 한국의 부패한 사상과 습관을 혁신하고 국민을 유신하고자 하며, 쇠퇴한 교육과 산업을 개량하고 사업을 유신하게 하여 새로워진 국민이 통일연합, 새로운 자유 문명국을 성립하게 한다."

신민회는 국내에도 비밀결사를 만들기로 하고, 안창호에게 그 책임을 맡겼다. 안창호는 1907년 1월 20일경 샌프란시스코를 출발해 도쿄를 경유하여 2월 20일에 국내로 입국해 조직에 들어갔다.

일경의 주의를 돌리기 위해 공개단체인 서북학회 회원의 자격으로 서울, 대구, 원산 등 전국의 주요 도시를 돌아다니며 구국연설을 하면서 애국지사들을 만나 신민회를 조직했다. 또한 평양에 대성학교와 태극서관, 마산동 도자기회사 등을 설립해 교육 및 산업진흥운동을 전개하며 이를 통해 만난 애국지사들을 신민회로 끌어모았다.

당시 애국지사들의 집결지이던 남대문 상동교회부터 시작해 전국에 조직원이 확보되었는데 비밀결사라서 확실히 공개되지는 않았으나 최소 300명 이상이 가담했다. 그중에는 이회영, 이동녕, 김구, 양기탁, 이승훈 등 장차 독립운동을 이끌 지도자들이 대부분 포함되어 있었다.

안창호만이 아니었다. 수많은 한인들이 일본의 침략 야욕으로부터 국권을 회복하기 위해 국채보상운동 등 자강운동을 벌였다. 그러나 일본은 끝내 광무황제를 강제로 퇴위시키고 대한제국 군대를 해산시켰다.

대한제국 군대가 해산되던 1907년 8월 1일, 해산된 군인들과 일본군의 시가전이 벌어졌다. 이날 안창호는 남대문 세브란스병원 건너편의 지인 집 2층에 있다가 시가전 현장을 목격했다.

대한제국 군대는 이내 총알이 떨어졌고, 일본군은 그들을 뒤쫓아 잔인하게 살해했다. 안창호는 거리로 달려가 아군의 시신을 거두고 부상자를 세브란스병원으로 옮겨 이틀 밤을 꼬박 새며 간호했다. 안창호는 이날의 경험으로 나중에 상해에서 대한적십자사를 재건한다.

안창호의 대중적 명성을 의식한 일본은 그를 회유하려 했다. 이미 많은 조선 관료와 지식인들이 일본의 회유에 넘어가 막대한 돈과 직위를 받으며 친일로 돌아서고 있을 때였다. 조선통감으로 부임한 이토 히로부미는 1907년 11월, 안창호를 직접 만나 '청년내각'을 구성하라고 제안했다. 안창호는 그 자리에서 단호히 제안을 거절해 버렸다.

대한제국의 운명이 촌각을 다투고 있던 1909년 10월 26일, 하얼빈에서 안중근이 이토 히로부미를 처단하는 사건이 벌어졌다.

안중근은 황해도에 여러 학교를 세워 계몽운동을 벌이고 서북학회와 국채보상운동을 하는 등 줄곧 안창호와 같은 길을 걸어온 사람이었다. 안중근의 행적을 추적하던 일경은 블라디보스토크 대동공보사 주필 이강 등 공립회원들이 암살 논의를 함께 했음을 알아내고 공립협회 지도자인 안창호를 사건의 배후인물로 체포했다.

안창호는 연말까지 수감되었다가 석방되었으나 이듬해 봄에 다시 소환되는 등 대중 활동이 무척 어려웠다. 일경이 일거수일투족을 감시하니 국내에서의 활동은 어렵다고 판단하지 않을 수 없었다. 안창호만이 아니었다. 이름이 알려진 항일운동가들은 일경의 밀착감시와 가택연금, 일제검속으로 도저히 국내에서 활동하기가 어려웠다.

신민회는 1910년 3월, 긴급 간부회의를 개최해 해외에 독립운동 기지를 개척해 독립전쟁을 펼치기로 결정했다. 공립협회는 이미 회원들의 희사를 받아 북만주 밀산 지역에 토지를 사들이고 있었다. 안창호는 신민회의 결정에 따라 한 달 후 서울을 떠나 황해도 장연에서 중국인 소금상선을 타고 중국으로 망명했다.

같은 해 8월 29일, 대한제국은 완전히 사라져 일본의 식민지가 되었다. 안창호가 이 소식을 들은 곳은 러시아 연해주의 블라디보스토크였다. 안창호는 한동안 연해주에 머물며 한인들을 만나 단결을 호소하고 독립운동의 기반을 마련하기 위해 애썼다. 러시아 관리들을 상대로 한인의 권리를 보장받기 위한 협상도 하고, 밀산의 개척지와 안중근 가족이 거주하는 목릉에도 들렀다.

1911년 9월에 미국으로 돌아간 안창호는 해외 망명자들의 준정부를 표방하며 결성한 대한인국민회를 이끌어 나갔다. 또한 북미실업주식회사를 설립해 한인의 경제적 능력을 높이려 애썼다.

안창호의 열정적인 활동으로 활성화된 대한인국민회는 1912년 11월 8일부터 중앙대의회를 개최해 민주주의 국가의 헌법에 버금가는 57개 조항의 헌장을 제정하였다.

대한인국민회는 미국으로 이민 오는 한인들을 위한 보증서류를 써주는 등 준정부적인 역할을 수행해 한인들로부터 신망을 얻었다. 이에 힘입어 미국 본토 외에 하와이, 만주, 시베리아 등지에 지방총회를 두고 멕시코와 쿠바, 필리핀 등지에도 조직을 건설했다.

다른 한편으로 안창호는 1913년 5월 13일 샌프란시스코에서 흥사단을 결성했다. 흥사단은 장차 민족을 이끌어갈 지도자를 배출하는 것을 목표로 한 수련단체이자 동맹체였다. 구호로 애국심과 실천을 강조하는 '무실·역행·충의·용감'을 내세웠는데, 이는 교육을 통하여 민족혁신을 이룩하려는 안창호 사상의 반영이었다. 안창호는 늘 말했다.

"나 하나를 건전한 인격으로 만드는 것이 우리 민족을 건전하게 하는 유일한 길이다."

교육의 방법으로는 성실성을 강조했다. 거짓 없고 맑고 깨끗한 마음으로 모든 일에 정성과 진실을 다하는 성실이야말로 자아혁신과 민족개조의 기본이라 보았다. 공부하는 자세로는 점진성을 강조했는데, 자신의 생활을 남에게 의존하지 말고 스스로 개척하여 향상을 기하자는 뜻이었다.

안창호는 이 원칙에 따라 '점진학교'를 맨 먼저 세우고 다음으로 '대성학교'와 '동명학원'을 세웠다. 점진적으로 대성하는 인물을 길러 암흑에 빠진 동양을 밝힌다는 의미였다.

안창호는 뛰어난 연설가이자 특유의 친화력과 솔선수범하는 성실성으로 널리 사랑과 신뢰를 받았다. 그의 조직 운영 방식은 공정하고 민주적이어서 그가 참여한 조직들은 단단한 조직력을 갖고 오랫동안 유지된다. 흥사단도 단시일 내에 캘리포니아 여러 곳에 지부를 건설했고, 필라델피아와 하와이, 멕시코 등지로 확산되었다.

하지만 가장 많은 이민자가 가있는 중국과 러시아에서의 조직 작업은 1914년 제1차 세계대전의 발발로 일대 난관을 맞았다. 일본이 미국과 함께 러시아와 중국의 동맹국으로 참전하면서, 러시아와 중국이 자국 내에서 한인들의 반일 운동을 제재하고 나섰기 때문이었다.

1916년에는 하와이를 방문했다. 태평양 한복판의 하와이군도에는 많은 한국인들이 사탕수수 농장에서 고생하면서 조국의 독립을 위해 기금을 모으고 있었는데 이를 이끄는 이승만과 박용만 사이에는 심한 대립이 벌어져 있었다. 박용만은 그 기금으로 무장투쟁을 준비하려는 반면, 이승만은 미국과의 외교를 위한 자금으로 쓰려 했기 때문이었다. 안창호는 두 사람을 중재하기 위해 하와이에 간 길에 여러 섬에 흩어져 사는 한국인들을 만나 격려하고 지원했다.

1917년 10월에는 멕시코 순방길에 올랐다. 멕시코의 농장에서 일하는 한국인들이 부당한 계약으로 인해 수난을 겪고 있었기 때문이었다. 안창호는 10개월간 멕시코를 돌아다니며 농장주들과의 새로운 계약 체결을 주도하는 한편, 한글학교의 설립, 자치경찰대 조직, 한인회관 건축 등 많은 일을 주선해 멕시코 한인 사회를 크게 변화시켰다.

1919년 3월 1일부터 시작된 거국적인 만세운동에 해외 독립운동도 고무되었다. 안창호는 3월 13일에 열린 대한인국민회 긴급회의에서 독립전쟁을 위해 재외 동포들이 단결할 것을 호소했다. 특히 여성들도 독립운동의 일선에 나서야 한다며 지역마다 산재한 여성단체들의 통합을 호소했다. 이에 따라 미국 내 5개 여성단체가 통합해 대한여자애국단을 결성하게 된다.

대한인국민회는 3월 24일에 열린 중앙총회에서 안창호를 중국으로 파견해 대한민국 임시정부에 참여하도록 결의했다. 안창호는 5월 25일 상해에 도착해 임시정부의 내무총장 겸 국무총리 서리로 취임했다.

임시정부가 세워졌으나 총재 겸 국무총리로 추대된 이승만은 하와이에 있던 상황에서 실질적으로 임시정부의 실무를 책임지게된 안창호가 한 일은 너무 많아 일일이 나열하기 어렵다. 그의 창의력과 꼼꼼한 사무능력, 조직가로서의 탁월함은 하나의 정부를 창조해 내는 데 유감없이 발휘되었다.

안창호는 먼저 재정확보를 위해 국채를 발행하고 인두세를 징수하는 한편, 국내외의 독립운동 자금 모금을 위해 구국재정단을 조직했다. 한국의 역사를 제대로 기록하고자 임시사료편찬위원회를 조직하고 자신이 직접 위원장을 맡아 한국사 편찬사업을 주도했다. 그 결과 몇 달 만에 4권짜리 '한일관계사료집'을 발간했는데 이는 국제연맹에 일본의 부당함을 알리려는 목적도 있었지만 한국과 일본의 근대사를 제대로 정리하여 한인들의 독립의지를 고취시키려 함이었다. 또한 국내와 해외의 독립운동가들 사이의 연락망을 구축하고 만주의 무장독립군을 임시정부 산하로 통합했다. 대한적십자사를 재건하고 상해에 교민학교인 인성학교를 세우고 기관지 〈독립신문〉을 발행했다. 또한 블라디보스토크에 세워진 대한국민의회정부와 국내에 세워진 한성 임시정부를 상해 임시정부로 통합하도록 설득하는 데도 성공했다.

대한민국 임시정부가 수많은 독립운동 단체 중 하나가 아니라 정부의 면모를 갖추는 과정에 안창호의 기여는 절대적이었다.

하지만 안창호의 대동단결 노력에도 불구하고, 임시정부 수립 이전인 1919년 2월에 이승만이 미국 윌슨 대통령 앞으로 보낸 서한이 큰 문제로 부각되었다.

이승만의 서한은 "장차 독립을 보장하는 조건 하에서 한국을 국제연맹 위임통치 아래 둠으로써 일본의 지배로부터 해방시켜 달라"는 내용이었다. 지금은 미국과 일본이 동맹이지만 앞으로 일본이 동양을 제패하려 들면서 서로 적대국이 되리라 예견하고 미국에 한국 문제를 의뢰한 것으로, 안창호가 이끌던 대한인국민회도 이를 수용한 바 있었다.

뒤늦게 이승만의 위임통치안이 알려지면서, 신채호와 김규식 등 무장투쟁파는 일제히 이승만을 비판하고 탄핵운동을 시작했다. 우여곡절 끝에 이승만은 탄핵되어 버렸고, 독립운동 내의 임시정부의 지도력은 큰 타격을 입을 수밖에 없었다.

이 와중에도 안창호는 위기에 처한 임시정부를 구하기 위해 사회주의계열의 지도자 여운형과 함께 국민대표회의 소집을 준비했다. 1923년 1월 3일에 개최된 국민대표회의는 국내외 대표자 140명이 참석해 5월 15일까지 무려 4개월간 63차례의 회의를 벌였다. 그러나 끝내 어떠한 합의도 이끌어내지 못한 채 결렬되었고 실망한 독립운동 세력들은 상해를 떠나버렸다.

결성 당시만 해도 자유주의와 사회주의, 무력투쟁파와 외교파, 만주와 국내까지 거의 모든 독립운동 세력을 망라했던 임시정부는 불과 몇 년 만에 사분오열되고 말았다. 그래도 임시정부는 한국인의 희망이었다. 안창호는 좌절하지 않고 임시정부를 위한 기금 모집에 열성을 바쳤다.

이상촌 건설운동도 병행했다. 그에게 이상촌의 건설은 흥사단 정신과 연결되는 중요한 꿈이었다. 신분 계급 구별 없이 모두가 함께 일하고 함께 나누는 이상촌의 꿈을 위해 안창호는 만주와 화북

지대를 직접 답사했으나 군벌과 비적들이 창궐하는 그곳에 안전한 마을을 건설하기는 어려웠다. 우선 남경에 1,500평의 토지를 구입해 동명학원을 설립하고 인재 양성에 주력하기로 했다.

1924년 말에는 다시 미국에 건너가 전국을 순회하며 한국인들을 만나러 다녔다. 임시정부에 대한 지지와 지원을 호소하기 위함이었다. 1년여 동안 미국 주요 도시를 돌아다니며 한국인들을 만나 임시정부에 세금을 내줄 것과 이상촌 건설에 동참해 줄 것을 호소했다.

상해로 돌아와 보니 박은식이 임시정부 제2대 대통령으로 선출되어 있었다. 또한 미국을 방문 중이던 안창호를 국무총리의 새로운 명칭인 국무령에 임명해 놓고 있었다.

안창호는 정부 각료로서보다 재야에서 자유롭게 활동하며 정부를 지원하는 것이 임시정부에 도움이 된다며 국무령 취임을 거부했다. 대신 임시정부경제후원회를 조직해 모금한 기금을 보내주는 한편, 유일독립당을 추진해 흩어진 독립운동 단체를 집결시키려 노력했다.

유일독립당 조직을 위해 1927년 1월 만주 길림성으로 간 안창호는 여러 독립운동가들을 만나 유일독립당 결성의 당위성을 설득했다. 그러던 1월 27일, 길림성 동대문 밖 대동공사에서 '조선독립운동의 과거와 현재'라는 제목으로 강연을 하고 있을 때 중국 경찰이 들이닥쳤다. 사회불안을 이유로 체포된 안창호는 20일간 구속되었다가 풀려난 후에도 만주 각지를 순회하며 사상과 파벌을 넘은 대동단결을 호소했다.

안창호는 임시정부를 분열시킨 원인을 자유주의와 공산주의의 대립이라고 보았다. 그는 1920년대 내내 독립운동의 발전을 가로막고 있는 고질적인 사상분열을 극복하고자 애썼다. 그는 좌우가 결합해 모든 사상이 자유롭게 보장되는 민주주의 체제이면서 동시에 정치적, 경제적으로 평등한 사회민주주의적인 국가를 세우자고 주장했다. 안창호는 이를 대공주의라 명명했다.

좌파도 우파도 그의 고언을 받아들이지 않고, 오히려 안창호를 비판했지만 불굴의 열정으로 1927년 11월 한국독립당 관내촉성회 연합회가 출범할 수 있었다. 좌파와 우파가 하나의 당에 들어와 좌우합작을 이룬 것이다.

그런데 국제공산당 코민테른은 1928년 7월에 열린 제6차 대회에서 민족주의자들과의 합작을 파기하고 공산주의자들이 식민지 해방운동의 주도권을 잡아야 한다고 결정했다. 자본주의 세계가 대공황을 만나 심각한 경제난을 겪고 있으니 이를 기회로 삼아 사회주의혁명을 추진하자는 급진적인 결정이었다.

코민테른의 결정에 따라 좌파는 일방적으로 우파와의 연합을 파기해 버렸다. 어렵게 만든 유일독립당도 사회주의 세력의 대거 이탈로 반쪽이 되었고 유일독립당 상해촉성회도 1929년 10월 26일 좌파세력들에 의해 해체되고 말았다.

1930년 1월, 잔류한 민족주의자들만으로 유일독립당이 창당되었다. 안창호는 대공주의 정신을 삼균주의로 정립하여 강령에 삽입하고 일본을 한국인과 중국인의 공동의 적으로 규정해 대일전선 통일동맹 결성을 추진해 나갔다.

1931년에는 상해 거주 한인들의 경제적 어려움을 해소하고자 공평사를 창립했다. 공평사는 안창호가 역점을 두고 있던 공동체의 도시형이라고 할 수 있었다. 공평사는 우선 한인 소비조합을 만들어 생활비를 절감하고 장차 공동생산 체제도 계획했다.

자체역량은 취약하고 국제정세는 나날이 불안해지는 상황에서도 고군분투하던 안창호의 활동이 종말을 맞은 것은 1932년 4월 29일이었다. 윤봉길이 상해 홍구공원에서 열린 전승기념 행사에 폭탄을 투척한 당일이었다. 윤봉길 사건으로 프랑스 조계지의 일본영사관 경찰과 프랑스 경찰이 한국인 독립운동가들에 대한 일제 검거에 나섰고, 상해 이유필의 집을 방문하고 있던 안창호도 체포되었다.

국내로 압송된 안창호는 서대문형무소에 수감되었다가 대전형무소로 이감되어 2년 6개월의 옥살이를 하고 1935년 2월에 가출옥했다. 그때 나이 58살, 몸은 허약해질 대로 허약해져 있었다. 그래도 전국을 순회하며 강연을 하려 했으나 일경의 극심한 방해로 중단하고 말았다.

아픈 몸을 이끌고 고향 평안남도 강서군으로 귀향한 안창호는 대보산에 직접 오두막을 지어 대보산장이라 이름 붙이고 은거에 들어갔다. 그러나 일본은 이마저 용납하지 않았다. 만주 점령에 만족하지 못하고 중국 본토까지 차지하기로 결정한 일본은 전면전을 앞두고 한국 내의 모든 반일운동을 말살하려 들었다. 대표적인 사건이 1937년 6월에 일어난 '수양동우회사건'이었다.

수양동우회는 흥사단의 국내지부인 수양동맹회와 동우구락부

모진 고문으로 피폐해진 형무소의 안창호

가 통합해 출범한 사회운동 단체로, 안창호·이광수·주요한·주요섭 등 저명인사들과 지역 지도자들로 이뤄져 있었다. 공통적으로는 장기적인 교육과 계몽을 목표로 삼았지만, 한국의 자주독립이 아닌 일본의 일부로써 한국인의 자치권만을 주장하여 친일파로 지탄받고 있던 이광수까지 들어오는 등 다양한 사조들이 모여있었다. 중국 땅에서 벌어지고 있던 무장투쟁에 비하면 개량적이고 타협적인 운동으로 보일 수밖에 없었지만, 엄혹한 감시망으로 덮인 국내 상황에서 공개적이고 합법적으로 할 수 있는 최선의 반일운동이라 할 수 있었다.

일본 경찰도 이런 사실을 잘 알고 있었다. 일경은 수양동호회를 불순단체로 보고 사찰을 게을리 하지 않았다.

"동우회가 표면으로는 수양단체를 가장하여 교묘히 당국의 취체를 면하고, 이면에서는 조선의 독립을 목적으로 집요한 운동을 계속해 왔다."

1937년 6월, 지도자 안창호를 포함해 이광수 등 전국에서 181명의 수양동우회 회원들이 사회안전법 위반으로 체포되었다. 종로경찰서에 수감된 회원들은 135일간 혹독한 고문을 당했다. 이 과정에서 최윤세와 이기문이 고문치사 당하고 김성업은 불구가 되었다.

이미 몸이 많이 상해있던 안창호도 지독한 고문을 이겨낼 수 없었다. 서대문형무소에 수감되어 재판을 받던 그는 생명이 위독한 상태가 되었다. 책임지기 싫은 일본은 1937년 12월 24일 병보석으로 석방했다.

경성제대 의학부 부속의원에 입원한 안창호는 진단 결과 장결핵, 폐결핵, 결핵성 복막염 등 당시 의술로는 회생이 불가능한 상태였다. 끝내 병을 이기지 못한 그는 입원 3개월 만인 1938년 3월 10일 0시 5분에 사망했다. 만 59살이었다.

안창호의 죽음으로 시위가 일어날지도 모른다고 판단한 일경은 장례식에 소수 친인척만 참석하게 하고 장지인 망우리 공동묘지로 가는 길목에 경찰을 배치해 시위를 사전에 봉쇄했다.

대한민국 정부는 1962년 안창호에게 건국훈장 대한민국장을 추서했다. 1973년에는 서울 강남구 신사동에 도산공원을 조성하고 망우리 공동묘지에 묻힌 유해와 미국에서 사망한 아내 이혜련의 유해를 이장하여 도산공원 묘지에 합장했다.

5

만주벌 호랑이,
김동삼

1878년 6월 23일, 경상북도 안동군 임하면 내앞마을에서 태어났다. 본명은 김긍식이다. 김동삼이라는 이름은 후일 중국에서 독립운동을 할 때 만주의 3개 성을 합쳐 부르는 동삼성에서 따서 지었다.

양반 가문이 많았던 안동은 보수적인 지역이었다. 부자는 아니었으나 유서 깊은 양반가의 일원이던 김동삼도 전통학문인 성리학을 공부했다. 그러나 봉건왕조의 마지막 희망이던 대한제국마저 일본의 강압으로 허수아비가 되면서, 김동삼은 나라를 구하기 위해 나섰다. 20대 중반부터 서울에 드나들며 서양문물에 눈을 뜬 그는 나라를 부강하게 하는 것만이 나라를 구하는 길이요, 이를 위해서는 백성들이 서구의 신학문에 눈을 떠야 한다고 보았다.

김동삼은 고향 안동에서부터 계몽운동에 나섰다. 안동에는 유명한 계몽운동가 류인식이 활동하고 있었다. 류인식은 1904년에 신학문을 배우는 학교를 세우려다 유림의 격렬한 반대로 실패한 바 있었다. 김동삼은 류인식과 함께 학교 건립에 나섰다. 김후병, 하중환 등의 도움으로 1907년 내앞마을에 3년제 중등학교를 세우는 데 성공했다. 교명은 '협동학교'로 정했다.

협동학교를 개교하던 해, 김동삼의 나이는 30살이었다. 평균수명이 짧던 당시에는 장년이었다. 일찍 결혼했으나 부인이 딸을 낳고 사망하는 바람에 박순부와 재혼해 두 아들을 두고 있었다.

협동학교 교장은 집안 종손인 김병식이 맡고, 김동삼은 교사를 거쳐 교감을 맡았다. 타인에게는 관대하고 자상한 조직가였지만, 자기 자신에는 철저히 엄격한 그는 사실상 학교의 운영자로서 제자들에게 깊이 존경받았다.

협동학교는 고루한 성리학에 빠져있던 영남지역이 변하게 되는 계기가 되었다. 〈대한매일신보〉와 〈황성신문〉은 협동학교 설립과 발전상을 보도해 격려했다. 일본의 침략에 분개한 유림들은 신학문을 친일과 동일시해 방해를 계속하고, 예천에서 봉기한 항일의병들이 협동학교 교사들을 살해하는 불행한 사건까지 벌어졌으나 김동삼은 학교 운영을 포기하지 않았다. 또한 비밀결사인 신민회와 대동청년단에 가입해 활동하는 한편, 대한협회를 안동지회를 창설하고 시국강연회를 열어 애국 청년들을 양성했다.

끝내 협동학교를 닫게 된 것은 대한제국이 사라져버린 1910년 8월이었다. 일제는 한국인에 의한 민족주의 학교를 허용하지 않았다. 김동삼은 더 이상 국내에서 인재를 양성한다는 것이 어렵다고 판단하고 만주에 독립운동 기지를 건설해 독립군을 양성해 국내로 진공해야 한다는 결론에 이르렀다.

만주에 무장기지를 만들자는 논의는 이미 신민회 내부에서 제기되고 있었다. 1909년 양기탁의 집에서 열린 신민회 간부회의에 참석한 이회영과 김구, 이동녕, 이승훈 등은 만주에 독립운동기지를 건설하기로 결의한 바 있었다.

김동삼은 먼저 집안 동생인 김만식을 만주로 파견해 기초조사를 시킨 다음, 집안 어른인 김대락과 논의해 망명 계획을 세웠다. 지원자는 내앞마을에서만 150여 명이었다. 평소 김동삼에 대한 신망이 높았던 데다 협동학교를 통해 배출된 애국청년들이 많던 덕분이었다.

김대락의 매부로 안동군 부내면에 살던 이상룡도 전재산을 팔아 자금을 만든 후 고성 이씨 문중 150명을 이끌고 만주에 가기로 했다.

같은 시각, 서울에 살고 있던 신민회 중앙위원 이회영의 6형제와 식솔 60여 명도 만주로 떠나기 위해 막대한 재산을 정리하고 있었다.

세 가문은 1910년 12월부터 경찰의 감시를 따돌리기 위해 차례로 출발했다. 안동 사람들은 추풍령까지 걸어가 경부선을 타고 신의주에서 내렸다. 국경 검문을 피하기 위함이었다. 얼어붙은 압록강을 걸어서 건넌 뒤에는 마차를 빌려 짐과 여자들을 태우고, 남만주 통화현 삼원보까지 한 달이 넘게 걸어갔다.

만주 생활은 추위와의 싸움으로 시작되었다. 한국에서는 겪어보지 못한 영하 2,30도를 오르내리는 혹독한 추위였다. 온방장치도 제대로 없는 오두막에서 살림을 해야 하는 여성들이 더 힘들었다. 김동삼의 부인 박순부를 비롯한 여성들은 언 손을 녹여가며 밤새워 독립군을 위한 옷을 짓고 손톱이 빠지도록 농사일을 해야 했다.

독립운동기지를 건설하기 위해서는 식량을 자급자족해야 했다. 삼원보의 지도자들은 농사를 주도해 나갈 조직으로 경학사부터 만들었다. 버려진 산지를 개간해 밭으로 만들고 들판의 밭에 물을 대어 논으로 개량하는 일들을 함께 하기 위함이었다. 경학사는 재정난 때문에 1년을 버티지 못하고 유명무실해져 버렸지만 대신 부민단을 조직하고, 신지식 교육과 군사훈련을 위해 신흥학교를 세웠다.

국내에서도 그랬지만, 만주의 김동삼이 가장 잘하는 일은 조직이었다. 나라가 망하면서 수많은 사람들이 여러 경로로 드넓은 만주 곳곳에 흩어져 유입되는 데다 인편 외에는 연락할 길이 없다 보니 제각기 단체를 만들게 되었다. 이때까지만 해도 사상이나 노선의 차이로 인한 분열이라기보다 물리적인 거리가 만들어낸 분산이었다. 분열을 원하는 이는 없었다. 다들 통합과 단결을 말했다. 그러나 하나로 뭉치기는 쉽지 않았다. 김동삼이 이 일을 자처하고 나섰다.

돌아다닐 여비조차 변변치 않은 김동삼은 담요 한 장을 둘러메고 딱딱하게 굳은 좁쌀떡을 씹으며 발길 닿는 대로 노숙을 마다하지 않고 광활한 만주벌판을 걸어 다녔다. 혹독한 한겨울에도 방한화를 살 돈도 없어 싸이헤라 불리는 중국 여름신발을 신고 하루에 수십 킬로씩 걸어 한국인 거주지를 찾아다녔다. 사나운 호랑이 같은 인상에 엄격한 원칙주의자이면서도 타인의 의견을 귀담아 듣고 동지들의 잘못에 관대한 그는 널리 신뢰를 얻었고 만주지역 독립운동가들 사이에서 '통합의 화신'이라는 별명으로 불리게 되었다.

만주에 건너간 지 3년이 지난 1914년 가을, 김동삼은 신흥무관학교 제1기 졸업생부터 제4기 졸업생과 분교의 노동야학 졸업생들, 그리고 부민단 단원들까지 385명을 이끌고 독립군 병영 건설에 들어갔다. 여러 집안이 전 재산을 팔아 만주로 이주한 목표를 드디어 이루게 된 것이었다.

김동삼은 통화현 팔리초구 소북대를 병영의 적지로 삼았다. 그곳은 사방 80킬로에 달하는 무인지경의 고원평야로, 길이라고는 산돼지며 곰, 노루가 다니는 오솔길밖에 없는 밀림이었다. 김동삼과 대원들은 울창한 수림을 헤치고 벌목을 하여 밭을 개간하고 대규모 인원을 수용할 수 있는 병영을 지었다. 병영에는 병사실 외에 강당과 식당, 장주실, 훈독실, 총무실, 의무실, 농감실 등을 갖추어 훈련소로서의 규모를 갖추었다.

완성된 병영의 이름은 '백서농장'이라 지었다. 한국독립군 병영이라 부르지 못하고 백서농장이라고 이름 지은 것은 중국 정부가 자신의 영토 안에서 외국의 군사단체를 허가하지 않기 때문이었다. 백서는 백두산 서쪽이라는 뜻이었다.

농장주인 장주는 김동삼이 맡았다. 명칭이 장주일 뿐, 사실상 총사령관이었다. 군사훈련 감독은 훈독인 양규열이 맡고 농사와 작업은 농감인 백광운이 맡았다. 교관은 허식, 김영윤 등이었고 3개 중대의 중대장은 안상목, 박상훈, 김경달이 맡았다.

백서농장은 신민회의 1909년 결의가 실현된 것으로, 독립운동

적에게는 호랑이였으나 동지들에게는 관대했던 무장이자 조직가 김동삼

최초의 무장기지라는 의미가 컸다. 그러나 어떤 경제 지원도 없이 수백 명의 장정들이 손수 밀림과 황무지를 개간해 먹고살면서 군사훈련까지 하기란 쉽지 않았다. 기후와 풍토가 맞지 않는 데다, 만성적인 식량부족으로 영양실조에 걸린 대원들은 온갖 질병에 노출되었다. 위장병과 결핵, 천식, 열병 같은 온갖 육체적 질병에 시달리다 보니 신경쇠약과 불면증까지 괴롭혔다. 대원들의 사기는 나날이 떨어져 치료를 위해서, 혹은 회의에 빠져 무작정 떠나는 이들이 늘어났다. 애써 지은 병영은 점점 비게 되었다.

그러나 백서농장을 떠난 대원들이라 해서 독립운동을 포기한 것은 결코 아니었다. 신흥학교와 백서농장을 거쳐 간 2천여 청년들은 대부분 만주와 중국내륙에서 일어나는 무장독립운동의 주역이 된다. 백서농장 출신의 주력은 '서로군정서'가 되었다.

온갖 어려움 속에서도 수년간 버티던 백서농장이 문을 닫게 된 것은 1919년이었다. 3.1만세운동으로 새로운 국면이 열리자, 부민단은 스스로를 해체하고 새로운 이민자들을 흡수해 '한족회'로 발전했다. 이 과정에서 백서농장도 해체하기로 결정되었고 김동삼도 농장을 폐쇄하고 한족회에 합류했다.

한족회는 만주의 한국인 사회를 대표하는 일종의 자치행정 조직이었다. 독립군을 양성하는 게 궁극적인 목표였지만, 이를 위해서라도 한국인의 단합과 생계 안정이 중요했다. 또한 독립군을 길러내는 과정에서 벌어지는 중국인들과의 갈등을 해결하는 일도 필요하여 만든 것이 한족회였다.

한족회는 백서농장에서 단련된 대원들을 토대로 '서로군정서'

도 결성했다. 대원은 300여 명으로, 김동삼이 참모장을 맡았다. 사령관은 이청천이었다. 이때 북만주에는 서일과 김좌진을 지도자로 하는 북로군정서가 결성되어 있었다. 두 부대는 곳곳에서 일본군과 전투를 시작했다. 군대 양성을 위해 10년이나 고생한 보람이 이뤄진 것이었다. 김동삼은 서로군정서 참모장으로 맹활약을 하면서 '만주벌 호랑이'로 불리기 시작했다.

한편, 거국적인 만세운동으로 고무된 독립운동가들은 4월 10일부터 상해에서 긴급히 회의를 열어 임시정부 수립을 논의했다. 제헌의회 격인 임시의정원회의였다. 김동삼은 의원 29명 중 한 명으로 선출되어 의정원회의에 참석했다. 의정원은 회의 이틀째인 4월 11일 국명을 대한민국으로 정하고 국무총리로 이승만을 선출하는 등 각부 총장을 임명했다. 김동삼은 각부 총장 인선까지 마친 다음 상해를 떠나 활동 본거지인 서간도로 되돌아갔다.

김동삼은 만주로 돌아간 직후인 1919년 5월 서로군정서를 이끌고 두만강을 넘어 국내로 들어와 삼수군 영성주재소를 습격하는 등 곳곳에서 일본군과 치열한 전투를 벌였다. 7월에는 강계군의 삼강주재소와 문옥면사무소를 공격하는 등 식민지 통치기관들을 파괴하고 일본 관헌들을 살상했다. 또한 대표적인 친일파이던 후창군수 계응규를 비롯한 다수의 민족반역자들을 처형했다.

독립군의 국내 진공이 잇따르면서, 일본군은 1920년 여름부터 본격적인 공세를 시작했다. 막강한 무력을 갖춘 일본군 정규군에 밀린 김동삼의 서로군정서는 북만주로 이동할 수밖에 없었다. 김동삼은 7월 말 안도현 삼인방에 도착해 주둔지를 만들고 8월에는 북로군정서 기지를 방문해 공동작전을 논의했다.

일본군은 10월부터는 대규모 병력을 동원해 본격적인 공격을 가해왔고, 두 부대를 포함한 여러 독립군부대들은 청산리 등지에서 일본군을 기습해 피해를 입히는 등 선전했으나 더 이상 중국 땅에서 버티기가 힘들어졌다.

두 달 후인 1920년 12월, 10개의 독립군 부대장들이 밀산에 모여 '대한독립군단'을 결성했다. 일본군의 대규모 공격에 맞서기 위함이었다. 대한독립군단은 병력이 3,500여 명으로 항일무장투쟁 사상 최대의 부대였다. 그러나 재정이 곤란해 실탄을 보급 받지 못하고 식량조차 부족한 상태에서 일본군을 상대할 수는 없었다. 결성이 되자마자 소련공산당이 정권을 잡은 러시아 땅 연해주로 이동해 장기전을 준비하기로 했다.

이때 김동삼은 러시아로 가지 않았다. 누군가는 만주에 남아 계속해서 군사를 모집하고 군사력을 키워야 했기 때문이었다. 김동삼만 아니라 김좌진, 이범석, 김홍일 등 여러 부대장도 러시아로 가다가 중도에 돌아왔다. 소련군이 무장해제를 요구하자 이를 거부한 것이다.

불행히도, 연해주로 넘어간 2천여 명의 대원들은 이듬해 6월 소련군에게 대량 학살당하는 사태를 겪었다. 반혁명 내전을 겪고 있던 소련 정부가 일본과의 전쟁을 피하기 위해 한국 독립군을 무장해제 시키는 과정에서 총격전이 벌어져 600명이 넘게 사망한 것이다. 학살에는 소련공산당에 동조하는 한국인들이 가담해 있었고, 이로 인해 무장독립운동 내의 좌우익 분열은 극심해지고 많은 청년들이 회의에 빠져 독립운동에서 이탈해 버렸다.

이 와중에도 김동삼의 서로군정서를 포함한 대한독립군단은 1921년 만주의 친일 어용단체인 보민회와 일본 거류민회를 습격했으며 1922년까지 유하현과 해룡현의 주요 친일 기관들을 공격, 파괴했다. 1923에는 다시 국경을 넘어 국내로 진공해 강계군 어뢰면의 경찰주재소를 파괴하고, 강계군과 후창군의 영림서와 광산 등 식민지 수탈기구들을 습격했다.

일본군은 독립군의 기세를 꺾기 위해 만주 전역에서 잔인무도한 보복학살을 자행했다. 독립군에게 밥을 해주거나 숨겨준 한국인 마을들을 불태워 버리고, 남자들을 모조리 끌어내 학살했다. 집도 사람도 식량도 모두 태워버려 유격대의 근거지를 없애려는 이른바 삼광정책이었다. 경신년에 벌어졌다고 해서 경신참변이라 불리는 이 잔인한 살육으로 수천 명 이상의 한국인들이 살상당했다.

김동삼은 경신참변으로 삼원보 삼광소학교 교장으로 있던 남동생 김동만을 잃었다. 군대를 이끌고 만주 전역을 돌아다니고 있던 형을 대신해 집안을 돌보던 김동만의 죽음은 온 가족에게 큰 슬픔을 안겨주었다. 그렇다고 집안일을 위해 김동삼이 활동을 멈출 수는 없었다. 김동삼은 집안 일가를 멀리 북만주 주가둔으로 이주시킨 후, 고향에서 사촌동생 김장식을 불러들여 가족을 돌봐달라고 부탁했다. 그리고 자신은 독립군과 독립운동 단체의 통합에 나섰다. 정치조직과 군대가 결합해야 효과적인 투쟁을 할 수 있다는 생각이었다.

김동삼은 우선 남만주 지역의 한국인 사회와 독립군의 통합을 도모하기 위해 1922년 6월 남만통일회를 건설하고 그 산하에 군사 조직인 통군부를 설립했다. 또한 8월에는 전체 만주의 한국인을 대상으로 한 전만한족통일회를 결성했다. 이때 통군부는 통의부로 개편되었는데 그는 통의부 총장을 맡았다.

1923년 1월, 상해에서는 독립운동사상 빼놓을 수 없는 중요한 회의인 국민대표회의가 열렸다. 국내외 독립운동 지도자들의 총회 격인 이 회의는 400명이 참가해 5월 15일까지 무려 5개월이나 계속되었다.

김동삼은 국민대표회의의 의장으로 선출되어 5개월간의 회의를 이끌었다. 이는 그가 독립운동가들 사이에 얼마나 신망이 높은가를 보여주는 것이었다.

하지만 의장 김동삼의 노력에도 불구하고, 국민대표회의는 독립운동가들의 분열을 재확인하는 자리가 되고 말았다. 상해 임시정부를 지지하는 개조파와 새로운 정부를 수립하자는 창조파의 대립은 창조파가 블라디보스토크로 떠나면서 파국을 맞았다.

김동삼은 창조파가 이탈하기 전인 5월 15일 의장직을 버리고 만주로 되돌아갔다. 국민대표회의는 결렬되었으나 만주에서의 통합 노력은 계속되었다. 김동삼은 양기탁, 이상룡과 힘을 합쳐 1924년 10월에 전만통일회주비회를 만드는 데 성공하고 이번에도 의장에 선임되었다.

나아가 11월에는 정의부도 탄생시켰다. 정의부는 참의부, 신민부와 함께 만주의 3대 독립운동 조직으로, 삼원보에 본부를 두었다. 김동삼은 정의부의 외무위원장 등 여러 직책으로 활동했다.

독립운동가들은 이토록 끊임없이 조직을 개편하고 이합집산을 거듭했으나 김동삼은 언제나 분열이 아닌 통합을 위해 노력한 사람이었다. 이 시기 동안 독립군들은 일본과의 마찰을 우려한 중국 정부의 압박으로 전투다운 전투를 하지 못했다. 그러나 김동삼과 동지들에 의해 조직되고 훈련된 인적자원은 장차 일본군의 만주 침략에 맞춰 일어난 수많은 무장투쟁의 기초가 되었다.

1925년에는 정의부를 함께 세운 이상룡이 대한민국 임시정부의 국무총리 격인 국무령에 선임되어 상해로 떠났다. 이상룡은 김동삼을 국무위원으로 임명하고 상해로 오라고 불렀다. 그러나 김동삼은 만주의 항일투쟁 현장을 비울 수 없다며 부임하지 않았다.

이후에도 김동삼은 사분오열된 조직들을 통합하기 위해 민족유일당 결성운동에 나서는 한편 농민조합운동의 한 형태인 '농민호조사'를 결성해 농민들의 상호부조 속에 독립운동 기지를 만드는 등 헤아릴 수 없이 많은 조직 활동을 했다.

그러던 1931년, 흑룡강성의 독립운동가들을 통합하기 위해 하얼빈에 잠입했다가 하얼빈 일본영사관 경찰에 의해 체포되고 말았다. 김동삼은 체포되고부터 곧바로 단식을 시작했고, 일경이 아무리 악독한 고문과 구타를 가해도 입을 열지 않았다.

성장한 두 아들 부부와 9살짜리 딸, 조카 내외가 일본영사관으로 면회를 갔을 때, 족쇄를 끌고 면회실에 들어온 김동삼의 얼굴은 알아보기 힘들 정도로 피폐해 있었다. 충격을 받은 가족들은 아무 말도 못하고 울기만 했다. 그러자 김동삼은 여전히 정기가 살아있는 눈으로 둘러보며 재촉했다.

"왜들 울기만 하는 거냐? 시간이 없으니 이야기라도 해야지."

밖으로만 떠돌던 그는 며느리와 딸을 그때 처음 보았다. 김동삼은 거친 손으로 어린 딸의 손을 어루만지며, 찬찬히 딸을 바라보았다. 며느리와 딸과의 처음이자 마지막 만남이었다.

단식이 계속되어 김동삼이 죽을 지경에 이르자 경찰은 항문에 영양주사를 놓고 식도에 호스를 꽂아 강제로 음식을 주입했다. 살아난 김동삼은 하얼빈 일본영사관 경찰서에 구금된 지 3개월 만에 신의주형무소로 이송되었다. 경찰서에서 나오는 순간, 김동삼은 수갑 찬 양손을 번쩍 들어 외쳤다.

"대한독립 만세!"

이에 구치장 안에 갇혀있던 많은 독립운동가들이 일제히 따라 외쳐 일본 경찰을 당황하게 만들었다.

김동삼이 기차를 타기 위해 하얼빈 역으로 실려 가니 소식을 들은 수백 명의 한인들이 배웅을 나와있었다. 그가 다시 "대한독립만세!"를 외치자 한인들도 따라 소리쳤고, 구경하던 중국인들은 "역시 조선의 의사다!"라며 감탄했다.

평양지방법원에서 10년형을 선고받고 평양형무소 독방에서 고생하던 김동삼은 서울 마포에 있던 경성형무소로 이송되었는데, 어느 형무소에 가든 그는 죄수들에게 혹독하게 구는 간수들에 항의해 단식투쟁을 벌여 수도 없이 고초를 당해야 했다.

김동삼은 독립운동가 중에도 중죄인이라 하여 머리에 용수를 쓰고 있었는데, 다른 감방의 독립운동가들이 통방을 하다 걸려 징벌을 당하거나 하면 맨 앞장서서 집단 단식투쟁을 이끌었다. 간수들은 사망자라도 나오면 책임을 져야 하기 때문에 기진맥진한 죄수들을 끌어내 단식투쟁을 그만두라고 통사정을 했다. 그러면 다들 용수를 쓰고 있는 김동삼을 가리키며 말했다.

"우리는 김동삼 선생의 처분에 따를 것이오."

"김동삼 선생의 허락이 없는 한, 우리는 죽을 때까지 굶을 것이오."

결국 형무소장이 김동삼에게 공식적으로 사죄를 해야 단식이 끝났다.

그러나 만주벌 호랑이라 불릴 정도로 튼튼했던 김동삼도 지독한 고문의 후유증과 영양실조를 이기지는 못했다. 수감되고 7년 만인 1937년이 되면서 더 버티지 못하고 쓰러지고 말았다. 가족들이 면회를 가니 병석에 누운 그는 말했다.

"나는 곧 죽을 것이다. 나라 없는 몸, 무덤은 있어 무엇하느냐? 나 죽거든 시신을 불살라 강물에 띄워라. 혼이라도 바다를 떠돌면서 왜적이 망하고 조국이 광복되는 날을 지켜보리라."

끝내 일어나지 못한 그는 1937년 4월 13일 사망하고 말았다. 그의 나이 59살이었다.

김동삼이 사망했을 때 가족은 머나먼 북만주 주가둔에 있어 유언을 집행할 수가 없었다. 이에 3.1만세운동을 이끈 33인 중 한 명으로, 끝까지 변절하지 않고 있던 승려시인 한용운이 나섰다. 한용운은 만주 망명시절에 만난 김동삼의 인품에 깊이 감명받은 한 사람이었다.

한용운은 자신의 집인 성북동 심우장으로 김동삼을 운구한 후 시신을 껴안고 대성통곡을 했다. 그는 눈물을 쏟으면서 통탄했다.

"뜻밖에 위기를 당했을 때 김동삼 선생이 아니면 그 누구도 해결할 사람이 없다."

이에 주위 사람들이 다른 저명한 독립운동가들의 이름을 들자 한용운은 더욱 단호히 말했다.

"그런 분들 백 명, 천 명이 와도 이분을 당할 수 없다. 그런 분들은 도리어 대사를 그르칠 뿐이다."

김동삼에 대한 존경심은 한용운만의 것이 아니었다. 심우장에서 김동삼의 장례식을 치른다는 소문이 나자 정인보, 홍명희, 김병로, 이인 등 수백 명의 저명인사들이 문상을 왔다.

한용운은 김동삼의 유언대로 시신을 화장해 한강에 유골을 뿌려주었다. 그리고 한용운 자신도 일제에 부역하기를 거부해 식량 배급을 받지 못해 영양실조에 걸려 해방을 보지 못하고 사망했다.

한편, 만주의 가족들은 해방 후에도 그곳에 남았다. 김동삼의 큰 며느리 이해동이 고국으로 돌아온 것은 1989년이었다. 8살에 떠나 85살이 되어서야 돌아온, 꼬박 77년 만의 귀향이었다.

노환으로 사망하기 전, 이해동은 자신의 친정과 시댁 사람들이 겪어야 했던 통한의 세월을 한 편의 시로 남겼다.

기름진 옥토 뒤로 하고 떠난 혹한의 땅
서간도 망명살이 속절없는 세월

풍토병 돌아 황천길 간 친정집 숙부 삼남매
일제에 피살된 시삼촌

친정아버지의 옥살이
시숙 잃은 시숙모의 도진 정신병
냉수 떠놓고 혼약한 열일곱 새댁 몸으로
감당키 어려운 시련의 연속이었어라
만주 호랑이 시아버님
평생에 세 번 뵙고
입쌀밥 한 끼 못해 올린
불초한 며느리라 목이 멨지만

소금 절인 무김치에 좁쌀밥도
배불리 못 먹는 동포들 신세
만주땅 허허벌판 개간하여
근근이 풀칠하며 살아온 세월이었네

여덟 살에 떠난 고국 77년 만에 돌아와 보니
무심한 고국산천 그대로건만
끝내 형무소에서 숨져간 시아버지
꿈에도 고국 땅을 그리던 남편이 눈에 밟혀
내딛는 걸음걸이 휘청대누나

김포공항 입국장에 쏟아지는
카메라 플래시 소리
아버님이시여

낭군이시여 들리시는가!

대한민국 정부는 1962년 김동삼에게 건국훈장 대통령장을 추서
하였다.

6

만주 독립군의 어머니,
남자현

1872년 12월 7일, 경북 영양군 석보면 지경동에서 3남매의 작은딸로 태어났다.

아버지 남정헌은 조선왕조의 고위관직인 통정대부를 지낸 지방유지이자 문하에 70여 명의 제자를 둔 존경받는 유학자였다. 양반집이라도 딸은 한글이나 가르쳐 시집보내는 게 보통이던 시대였다. 하지만 학자인 남정헌은 작은딸인 남자현에게도 한문까지 가르쳤다.

두뇌가 대단히 뛰어났던 남자현은 12살에 《소학》과 《대학》을 마치고 《사서삼경》《논어》《맹자》를 공부했다. 19살이 되던 1891년에는 아버지의 제자 김영주와 결혼했다.

김영주는 남자현보다 11살이 더 많은 건실한 청년으로, 안동의 유서 깊은 유학자 가문 출신이었다. 본래 안동군 일직면 태생인데 영양군 지경리로 이사 와서 남정헌 밑에서 공부하다가 스승의 딸과 결혼까지 하게 된 것이었다.

결혼 4년째인 1895년 을미년, 일본인들이 대한제국의 궁궐에 난입해 명성황후를 칼로 난자해 불태워 죽이는 사건이 터졌고, 단발령이 내려지면서 전국곳곳에서 항일의병이 봉기했다. 을미의병이었다.

경북지역에서도 수많은 의병이 일어났는데 퇴계의 군대라고 할 만큼 조선의 유학자 퇴계 이황의 학문을 추종하는 유생들이 많았다. 그중에는 남자현의 아버지와 남편도 있었다.

단발식 화승총조차 가진 이가 거의 없는 의병들이 막강한 병기로 무장한 일본군을 상대할 수는 없었다. 남편 김영주는 1896년 7월 11일 경북 청송군 진보면 홍구동에서 벌어진 전투에서 전사하고 말았다. 남자현은 남편의 죽음 앞에서 맹세했다.

"나라의 적이 이제는 나의 원수가 되었다. 이제는 저놈들과 하늘을 함께 하지 않겠다!"

남편이 죽었을 때, 남자현은 임신 중이었다. 몇 달 후 태어난 유복자는 아들이었다. 남자현은 아들에게 김성삼이라 이름을 지어주고 홀로 살고 있던 시어머니를 모시고 어려운 살림을 꾸려나갔다.

남자현이 26살이 되던 1907년, 다시 의병들의 봉기가 일어났다. 대한제국 국군의 해산을 계기로 일어난 제2차 의병이었다.

아버지 남정헌은 이때도 의병대장으로 활약했고, 남자현도 그 일원으로 활동했다. 남정헌은 자신의 집을 본부로 삼아 그 많은 의병들의 식사와 잠자리를 책임지고 훈련을 시켰다. 남자현은 의병

모집과 적 정보의 수집, 적후방을 교란하는 일을 맡았다.

이번에도 일본군을 이길 수는 없었다. 전국곳곳에서 수많은 의병들이 안타깝게 희생되고, 살아남은 이들은 만주로 망명했다. 아버지의 제자이자 남편의 동지인 박철호, 남하진 등도 만주로 떠났다.

하지만 홀시어머니와 어린 아들을 부양해야 하는 남자현은 쉽게 떠날 수 없었다. 아들을 키우며 부녀자와 어린이들 교육을 하기로 결심했다. 이를 위해서는 비용이 필요했다. 남자현은 친정집에 잠실을 만들고 동네 처녀들을 모아 누에를 키우고 밤새 베틀로 비단을 짜서 대구로 판매했다. 이렇게 번 돈의 일부를 떼어 가난한 부녀자와 아이들에게 글과 산수, 역사를 가르치는 교수비와 학용품비로 사용했다.

이렇게 바쁘게 살면서도 노약한 시어머니를 잘 돌보고 사망 후에는 3년상까지 잘 치러서 유림으로부터 효부상도 받았다. 다른 한편으로는 만주로 건너가 독립운동을 하고 있던 채찬, 최영호, 이하진, 남성노, 서석진 등 의병운동의 동지들과 연락을 유지하고 있었다.

1910년 말, 옆 동네인 안동의 이상룡과 김동삼이 300명의 대가족을 이끌고 만주로 떠나면서 남자현의 마음은 더욱 만주로 향했다. 채찬 등의 편지를 통해 만주로 간 이들의 소식을 들으며 자신도 언젠가는 만주로 건너갈 결심을 세웠다.

드디어 때가 온 것은 1919년 2월 26일이었다. 서울 남대문통에 사는 김씨 부인이 보낸 편지를 받았는데 이런 내용이었다.

'다음 달 3월 1일 조선민족의 큰 운동이 있을 것입니다. 연희전

문학교 부근의 교회당에서 그날 아침에 만납시다.'

아들 김성삼은 24살의 성인이 되었고 시어머니 3년상도 마쳤으니 이제 아무 부담이 없었다. 남자현은 서울에서 시작될 만세운동에 참가하기 위해 곧장 출발하며 아들에게 말했다.

"나는 내 한 몸 편하자고 피신을 가는 게 아니다. 나는 싸우러 가는 것이 아니라 이기러 간다. 벌판 같은 세상이 내 가슴속에 있는데 어느 벌판이 무섭겠느냐?"

아들도 만주로 함께 가되 일단 자신이 먼저 서울에 가기로 하고 기차에 올랐다. 그녀의 나이 48살이었다.

서울에 도착한 남자현은 연희전문학교 근방의 교회에서 동지들을 만나 독립선언서와 태극기를 나눠 받고 3월 1일 종로에서 시작된 만세운동에 맨 앞장서서 만세를 불렀다.

정동교회 담임목사였던 동갑내기 손정도를 만나 중국으로 가기 위한 준비도 했다. 중국 망명을 위해 목사직을 사임한 손정도는 남자현의 열차수속을 해결해 주었다. 손정도 본인은 4월에 상해로 가서 임시정부에 합류하게 된다.

3월 9일 새벽 경성 역에서 아들 김성삼도 만났다. 김성삼은 안동에서 기차를 타고 올라온 길이었다. 모자는 상인 복장으로 만주행 열차에 올랐다. 무사히 국경을 넘어 중국 안동에 내린 후에는 마차를 타고 길림성 통화현까지 갔다.

통화현에 도착한 모자는 한 시골에 허술한 통나무집을 지었다. 통나무를 우물 정자로 쌓아 벽을 만들고 지붕은 이끼로 덮는 그 지방 특유의 틀방집이었다. 아직 만주에는 벼농사가 거의 없고 평지의 밭은 빌리기가 어려웠다. 원시림 우거진 산비탈에 불을 놓고 옥수수며 메밀을 심어 먹는 화전으로 시작했다. 전기도 석유도 없어 전나무 뿌리를 캐어 불을 붙여 등잔불로 사용했다. 남자현도 옥수수 농사를 지으면서 옥수수를 사료로 삼아 백여 마리의 닭을 키워 팔기도 하고 잡아먹기도 했다. 계란은 그 지역의 전통대로 삼실로 칭칭 감아서 불에 구워 먹었다.

본격적인 활동은 김동삼을 만나면서 시작했다. 김동삼은 죽은 남편과 한 집안 사람으로 남자현보다 5살 어렸지만 경북 지역의 개혁운동가로 유명했던 인물이었다. 이 무렵에는 백서농장 출신들을 주축으로 서로군정서를 설립해 일본군과 곳곳에서 격돌하고 있었다.

이에 대한 일본군의 보복학살은 참혹했다. 일본군은 5백여 명의 보병을 기관총과 야전탄으로 무장시켜 봉천, 왕청 등 남만주 전역을 휩쓸고 다니며 주민들을 학살하거나 생매장하는 악행을 전담시켰다. 한 미국 장로교 선교사가 기록한 당시 상황이다.

'10월 5일 연기가 자욱한 찬랍읍 위성에 가보았다. 사흘 전 새벽 1개 대대 무장군인이 마을을 포위하고 남자라면 노소를 막론하고 끌고 나가 패 죽였다. 겨우 살아있는 사람은 불타는 집이나 짚더미에 던져 태워 죽였다. 이 상황을 울지도 못하고 바라보던 아내와 어머니 가운데는 땅을 긁어 손톱이 뒤집힌 이도 있었다. 사흘을 타고도 다 못 탄 잿더미 속에서 한 노인의 시신이 나왔는데 몸에 총구멍이 세 개나 나있었다. 반쯤 탄 19채의 집에 돌아다녀 보니 할머니와 며느리들이 잿더미 속에서 덜 탄 살덩이와 부서진 뼈를 줍

고 있는 것을 보고 나는 하나님께 기도를 드렸다.'

독립군들은 한국인 이주민의 안전을 위해서라도 밀릴 수밖에 없었다. 많은 독립군이 통화현을 떠나 액목현으로 이동했다. 액목현은 통화현과 같은 길림성이지만 서로 멀리 떨어진 곳이었다. 김동삼 부대의 일원으로 일본군에 대한 정보수집과 독립군 사이의 연락을 맡았던 남자현도 1920년 통화현을 떠나 액목현으로 이주했다.

액목현에 도착한 남자현 모자는 한국인들이 사는 동네에 들어가 얼기설기 나무와 흙을 엮어서 집이라고 할 것도 없는 오두막을 짓고 새 생활을 시작했다. 그런데 한번은 남일본군에 쫓긴 독립군 10여 명이 오두막으로 찾아왔다. 모두들 심한 동상에 걸린 데다 몇 명은 부상을 입고 있었다.

남자현의 오두막은 너무 비좁아서 독립군을 보살필 수가 없었다. 남자현은 마을의 구장인 한국인 집으로 달려가 도움을 청했다. 구장은 일본군의 보복을 두려워하면서도 남자현의 설득에 감화되어 독립군을 받아주었다. 독립군들이 오자 구장은 추위부터 풀어줄 생각으로 따뜻한 방으로 안내했다. 남자현이 얼른 막았다.

"동상자는 그렇게 치료하면 안 됩니다. 이 집에 불을 때지 않는 창고 방이 없는지요?"

남자현은 마당 한쪽에 비어있는 창고로 동상자들을 들어가게 하고는 큰 항아리 4개를 가져오게 해서 찬물을 퍼 담게 했다. 그러고는 동상에 걸린 독립군들에게 차례로 찬물 속에 들어가라고 했다. 사람들이 의아해하자 설명해 주었다.

"나를 믿으시오. 예전에 영양에서 살 때 의병들이 집단 동상으로 우리 집을 찾았을 때 아버지께서 사용한 방법입니다."

독립군들은 차례로 차가운 물속에 들어갔고, 남자현은 마치 아들을 씻기듯 그들의 몸을 닦아주고 30분씩 안마를 해주었다. 십여 명을 그렇게 정성들여 돌봐준 덕분에 온몸에 걸린 동상을 풀게 된 독립군들은 고마움의 눈물을 흘렸다. 다들 아들 또래의 젊은이들이었다. 남자현은 말했다.

"큰일을 하는 사람이 눈물이 웬 말인가? 그대들의 몸과 마음에 나라가 달려있으니 우리에겐 이만한 보람이 어디 있겠는가?"

이날 이후 서간도 일대의 독립군들 사이에 남자현은 '독립군의 어머니'로 불리게 되었다.

남자현이 보통 사람도 흉내 내기 힘든 대담함으로 벌인 일은 한두 가지가 아니었다. 마적단과 담판을 벌인 적도 있었다.

독립운동을 하는 청년 중에는 혈기를 못 이기고 마적단에 가담해 버린 이들도 있었다. 남자현은 이들을 되찾기 위해 마적단 두목 앞으로 편지를 썼다.

'나라 잃은 사람으로 의리마저 잃으면 되겠습니까? 젊은 혈기에 말을 끌고 가버린 우리 독립군대원이 있으니 마필과 함께 되돌려 주시기 바랍니다.'

유려한 한문 문장력에 설득력을 가진 남자현의 편지에 감동한 마적단 두목은 뜻밖에 전갈을 보내왔다. 자신들이 평안북도에 있는 한 경찰서를 털었는데 유치장에 독립군들이 갇혀있기에 독립군과의 의리를 생각해 모두 풀어주었다는 것, 기관총과 탄약을 신

만주 독립군들의 어머니로 불리던 남자현

고 왔으니 독립군 출신 한국인들과 함께 돌려보내 주겠다는 내용이었다. 마적단 두목의 약속대로, 청년들은 무기를 잔뜩 가지고 돌아왔다.

직접 소총을 들고 밀림을 누비며 무장투쟁을 하기에는 나이가 많았던 데다 여자로는 드물게 학식이 높았던 남자현은 액목현에서 주로 교육사업을 담당했다. 그 활동은 괄목할 만했다. 1921년부터 액목현, 화전현, 반석현 등지에 20여 개의 여성교육기관을 만들고 교회도 12곳에 세웠다. 교육과 기도의 내용은 애국심 고취, 독립군의 정신자세, 봉사활동, 문맹퇴치 사업 등이었는데 일반 학문과 중국어도 가르쳤다.

여성도 직접 독립투쟁에 참여해야 한다고 생각해 온 남자현은 '여의군'을 육성하기 위해 애썼고 김동삼은 물론 오동진, 현익철, 이동녕 등이 이를 후원했다. 여의군은 무산되었으나, 몇 년 후인 1925년 만주의 여러 독립운동 조직을 합쳐 정의부를 만들 때 남자현은 정의부 중앙위원회에 여성대표로 참가하게 된다.

남자현이 가장 걱정하고 신경을 썼던 것은 독립군의 단결이었다. 남만주 일대에서 활약하고 있던 독립군들과 단체들의 반목은 심각했다. 남자현은 1919년 4월에 결성된 대한민국 임시정부를 중심으로 항일독립투쟁이 통일적으로 이뤄져야 한다고 주장했으나 분열은 해소되지 않았다.

49살이던 1920년 8월 29일, 이동녕을 비롯해 1천여 명이 참석한 가운데 국치기념대회가 열렸다. 여성을 대표해 단상에 오른 남자현은 돌연 칼을 꺼내 왼쪽 엄지손가락을 잘라버리고 뚝뚝 떨어지는 피로 장문의 혈서를 썼다. 독립단체들의 분열을 질타하고 단결과 화합을 호소하는 내용이었다. 남자현이 글을 다 쓴 다음 직접 큰 소리로 읽어 내려가니 청중들이 오열했다.

하지만 분열은 멈추지 않았다. 1922년 3월에는 환인현에서 독립군끼리 총격전까지 벌이는 사태가 벌어졌다. 남자현은 다시 단지를 했다. 이미 왼쪽 엄지손가락을 잘라낸 그녀가 다시 검지손가락을 자르려 하자 사람들이 말렸다. 남자현은 단호히 말했다.

"내 손가락을 아끼지 말고, 우리 동포를 아끼고 이 나라의 내일이나 아끼시오!"

기어이 단지를 한 남자현은 피맺힌 호소를 했다.

"독립운동계여 단결하라. 우리는 강토를 빼앗은 일본과 싸우러 왔지 동족과 싸우러 온 것이 아니다. 피 한 방울이라도 적을 위해 써야 하거늘 같은 조선인을 해치는 데 쓴다는 것은 너무도 아까운 일이다."

동지들은 그녀의 뜻을 기려 잘린 손가락을 잘 묻어주고 나무로 비석까지 세워주었다. 남자현의 충절에 한때 독립진영의 단결운동이 벌어지기도 했다. 이때부터 만주 항일운동가들 사이에 남자현은 '독립계의 대모' 혹은 '세 손가락의 여장부'라고 불렸다.

교육자이자 종교인으로 만주독립운동의 주역 중 한 명이 된 남자현은 보다 직접 일본에 타격을 주기 위한 방법을 모색하던 끝에 일본총독 사이토 마코토를 처단하기로 결심했다. 55살이 되던 1926년 4월 초였다. 길림에서 박청산, 이청수, 김문거와 함께 일본총독을 처단하기로 뜻을 모은 남자현은 만주를 떠나기 전에 아들 김성삼을 불러서 말했다.

"아들아 오늘 나는 다시 조선에 들어가는데 죽으러 가는 것이나 마찬가지다. 나라가 없으면 살아도 죽은 것이나 진배없으니 나의 죽음을 슬퍼할 필요는 전혀 없다. 이 나라의 혼을 말살하는 사이토의 목숨을 끊어 조선을 부흥시키는 것은 내가 할 수 있는 가장 귀한 일이다."

4월 중순, 남자현은 김문기에게서 권총과 탄환을 전달받고 박청산, 이청수와 함께 무사히 서울로 잠입하는 데 성공했다.

남자현은 혜화동 28번지의 지인 집에 머물며 기회를 노렸다. 정보 수집을 맡은 박청산이 총독 사이토 마코토가 대한제국의 마지막 황제였던 순종 이척이 머물고 있는 창덕궁에 자주 드나든다는 사실을 알아 왔다. 세 사람은 창덕궁 입구에서 대기하다가 순종을 만나러 오는 총독을 사살하기로 결정했다.

뜻밖에 순종이 사망한 것은 4월 26일이었다. 창덕궁에 빈소가 마련되어 조문객이 밀려들었다. 남자현은 인파로 혼란한 틈을 타서 조문하러 온 사이토 마코토를 죽일 수 있는 좋은 기회라고 판단했다. 총독부 고관들이 드나드는 창덕궁의 서남문인 금호문 앞에서 거사하기로 했다.

예기치 못한 사태가 일어난 것은 4월 28일이었다. 남자현이 이날도 권총을 품고 금호문 앞에 가있는데 갑자기 대혼란이 일어났다. 조선총독을 죽이기 위해 찾아온 또 다른 인물인 송학선이 일본인 셋을 살해하고 한 명을 부상시키는 사건이 터진 것이었다.

송학선은 서울 출신으로 어떤 독립운동 조직에도 가입하지 않은 29살의 열혈청년이었다. 일본인이 운영하는 농기계 가게에서 일을 하다가 병이 나서 쉬고 있던 중 순종의 사망을 계기로 거사에 나선 것이었다. 칼을 품고 금호문 앞에 서성이던 송학선은 총독의 얼굴을 몰랐다. 일본인들이 탄 고급 무개차가 오자 총독 일행이라 짐작하고 뛰어올라 순식간에 세 명을 찔러 죽여버렸다. 그리고 달아나다가 조선인 순사 하나를 더 찌르고 휘문고보 인근에서 격투 끝에 체포되었다.

송학선이 찔러 죽인 이들은 총독 일행이 아니라 경성부의회 의원들이었다. 이 사건으로 총독은 군중 앞에 모습을 드러내지 않게 되어 사살할 기회가 사라져버렸다. 게다가 서울의 경계가 극도로 강화되어 남자현이 기거하던 집과 교회에도 경찰이 수색을 나왔다. 남자현은 독립군 전사였다. 상대가 일본인이라 하더라도 하찮은 순사나 민간인을 무차별로 죽일 수는 없었다. 눈물을 머금고 거사를 포기할 수밖에 없었다. 세 사람은 흩어져 제각기 만주로 돌아가야만 했다.

무사히 만주로 돌아온 남자현은 정의부 중앙위원으로 활동을 재개했다. 그러던 어느 날, 독립군 통합 문제를 논의하기 위해 왕청현으로 가서 이청천을 만나고 돌아오는 길이었다. 만주국 경찰관으로 일하던 한국인 홍모에게 체포되고 말았다.

그런데 홍은 남자현을 경찰서로 끌고 가지 않고 자기 집으로 데려가 골방에 가둬놓고 심문을 하는 것이었다. 일본인들 밑에서 경찰로 일하고 있지만 일말의 양심이 남아있던 그는 평소 남자현의 인품에 대한 소문을 듣고 있었기에 실제로 어떤 인물인가 보려고 데리고 간 것이었다.

남자현은 홍의 어떤 질문에도 당당히 답변을 했다. 사람들로부터 "심장과 골수를 찌르는 듯 설득력이 있다"는 말을 듣던 그녀였다. 조국과 민족을 생각하고 동지를 보호하는 남자현의 마음은 홍을 감동시켰다. 나중에는 오히려 홍이 심문을 당하는 것 같은 상황이 되었다.

감화된 홍은 가만히 경찰 서류 한 장을 내밀어 보여주었다. 남자현에 대한 체포영장이었다. 유가현경찰서에서 발행한 것이었다. 남자현은 두려움 없이 당당히 말했다.

"나 하나를 잡아넣는다고 우리 한민족이 사라질 것 같은가? 나는 기꺼이 잡혀갈 수 있지만, 나의 정신은 결코 굴복시킬 수 없다. 나를 체포하는 것은 조선인인 자네 스스로를 체포하는 것과 다름이 없다."

밤새 대화를 나눈 홍은 아침밥까지 잘 대접하고 조심히 가라며 여비 70원을 건네고는 식모를 불러 일렀다.

"이분은 나의 친척 어른이시다. 길을 잘 안내해 드려라."

폐부를 찌르는 남자현의 연설 솜씨가 또 한 번 발휘된 것은 1927년 2월 말에 터진 길림사건이었다. 안창호를 비롯한 독립운동 지도자 47명이 무더기로 중국 관헌에 검거된 사건이었다.

이들이 체포된 곳은 의열단원 나석주의 추도식 자리였다. 동양척식회사 식산은행에 폭탄을 던지고 자결한 나석주의 추도식에는 5백여 명이나 되는 한국인들이 모여 살신성인의 고귀한 애국심을 기렸다. 그러자 일본 영사관 경찰이 중국 길림성 군대에 "공산주의자들이 집회를 하니 체포하라"고 거짓 밀고를 하는 바람에 중국군이 들이닥쳐 연행한 것이었다.

남자현도 양녀 이장청과 함께 추모식에 참석했는데 중국군이 남자만 연행해 가는 바람에 밖에 남게 되었다.

안창호를 비롯한 47명의 연행자는 만주독립운동에 매우 중요한 인물들이었다. 이 무렵 만주의 독립운동가들은 안창호, 김동삼, 오동진 등을 중심으로 민족유일당 건설에 힘을 모으고 있었다. 분열된 민족주의 독립운동가들을 하나로 모으려는 또 하나의 시도였다. 그런데 이들이 체포됨으로써 통합 운동까지 좌절될 위기에 빠졌다.

일본 경찰은 연행자 47명을 자신들에게 넘겨달라고 중국군에 요청했다. 특히 안창호가 넘어가면 최악의 상황이었다. 연행자의 면회를 책임지고 있던 남자현은 이 상황을 어떻게 뚫고 나가야 할지 안창호에게 물었다. 안창호는 밀명을 내렸다.

"정미소를 하는 이기팔 선생을 찾아가시오. 그 정미소를 연락처로 정하고 현 사태를 상해 정부에 연락하도록 하시오."

남자현은 곧장 이기팔을 찾아가 상의한 끝에 '길림사건 비상대책반'을 구성하기로 했다. 중국인들 사이에 반일 여론을 형성시키고, 상해 임시정부로 하여금 중국 중앙정부와 교섭하게 하는 것이 비상대책반의 임무였다. 비상대책반이 열심히 뛰어다닌 결과, 중국의 정치가와 사회단체들은 체포된 한국인들의 편을 들어주었다.

"중국 경찰이 외국의 독립운동가를 감금하고 일본에 넘기는 것은 국가적 품위를 떨어뜨리는 짓이다."

반발 여론이 거세지자 중국군 대원수 장작림이 연행자 47인을 모두 석방시키라는 특명을 내렸다. 길림사건이 해결되자 만주의 한국인들은 만나기만 하면 남자현이 안창호를 구출했다며 칭송했다.

하지만 망명의 시간이 길어지면서 동지들은 하나둘씩 나올 수 없는 감옥에 끌려가거나 고문과 질병으로 사망했다. 동갑내기인 정동교회 손정도 목사는 1931년에 병사했고 김동삼도 같은 해 체포되어 나중에 옥사한다. 모두의 어른이던 이상룡도 1932년에 병사했다.

남자현 자신도 결국 체포되었다. 62살이 되던 1933년 2월 27일이었다. 오후 3시, 품 안에 권총과 칼을 숨기고 하얼빈 도외정양가를 지나던 남자현을 일본 경찰 10여 명이 덮쳤다. 이규동 등과 만주국 건국일인 3월 1일 일본 대사를 암살하려고 준비하는 과정에 정보가 누설되어 사전에 체포된 것이다.

하얼빈 주재 일본영사관 감방에서 1933년 봄과 여름을 보낸 남자현은 8월 6일부터 단식을 시작했다. 물 한 모금도 마시지 않는, 진짜 목숨을 내놓은 단식이었다. 간수가 밥을 넣어주면 그녀는 말했다.

"너희가 주는 밥은 먹지 않겠다. 내가 스스로 죽어 너희들을 이겨야겠다. 조선은 그렇게 호락호락하지 않다. 내 죽음은 끝이 아니오, 이제 시작일 뿐이다. 너희는 사는 것이 곧 죽는 것이오. 나는 죽는 것이 곧 사는 것이다."

단식 11일 지난 8월 17일, 남자현이 완전히 기력을 잃고 인사불

성 상태가 되자 일경은 그녀를 병보석으로 내보내 적십자병원에 입원시켰다. 독립운동의 원로를 옥사시켰다는 비난을 받지 않고자 함이었다.

언론과 가족에게 남자현의 체포사실을 숨겼던 일경은 그제야 외아들 김성삼에게 소식을 알렸다. 아들이 손자와 함께 적십자병원으로 달려갔을 때, 남자현은 조금 정신이 돌아와 있었다. 남자현의 눈가에 눈물이 맺혔다. 그녀는 말했다.

"이제는 됐다."

아들이 오기를 기다렸던 것이다. 그녀는 말을 이었다.

"나를 조선인이 하는 여관으로 옮겨다오."

아들 김성삼은 어머니를 하얼빈 지단가에 있는 한인 여관으로 옮겼다. 소식을 들은 독립운동가들이 줄을 이어 문병을 왔다. 사람들은 하나같이 권유했다.

"지금이라도 식사를 하셔서 원기를 회복하는 것이 어떻습니까? 살아서 싸우셔야지요."

남자현은 답했다.

"사람이 죽고 사는 것은 먹고 안 먹고의 문제가 아니라 정신에 있다."

사람들이 떠나간 늦은 밤, 남자현은 아들과 손자를 가만히 부르더니 자신의 행낭을 꺼내오게 했다. 행낭에는 중국 화폐 249원 80전이 들어있었다. 남자현은 아들에게 돈을 건네며 당부했다.

"이 돈 중에 200원은 조선이 독립되는 날 정부에 독립축하금으로 바쳐라. 남은 돈 49원 80전의 절반은 손자 시련이를 공부시키는

데 쓰고 나머지는 친정에 있는 손자를 찾아 교육시키도록 해라."

마지막으로 그녀는 말했다.

"자는데 깨우지 마라."

잠든 남자현은 이튿날 점심때까지 깨어나지 않았다. 확인해 보니 잠든 채로 숨이 멎어있었다. 1933년 8월 22일, 62살이었다.

마침내 해방이 되고 이듬해인 1946년 3월 1일, 이승만과 김구 등 주요 인사들이 참석한 민족주의 계열의 삼일절 기념식장에서는 특별한 행사가 하나 있었다. 남자현이 유언하고 남긴 독립축하금의 전달식이었다.

대한민국 정부는 1962년 남자현에게 건국공로훈장 복장을 수여했다.

7

조선혁명을 선언하다,
신채호

1880년 충청남도 대덕군 산내면에서 태어
났다. 할아버지 신성우는 1867년 문과에 합격해 사간원과 사헌부
에서 벼슬을 했으나 왕조 말기의 혼란 속에 관직을 버리고 낙향해
가난하게 살고 있었다. 아버지 신광식은 관직에 오르지 못한 채
38살 이른 나이로 사망했다.

아버지를 잃었을 때 신채호는 7살이었다. 할아버지 신성우는 며
느리와 손자들을 데리고 충청북도 청원군 낭성면 귀래리 고드미
마을로 이사했다. 고드미 마을 일대는 고령 신씨의 집성촌으로 신
성우는 이곳에 서당을 열어 아이들을 가르치며 근근이 생계를 유
지했다.

신채호의 어린 시절은 고달팠다. 보릿가루에 쑥을 넣어 끓인 죽
이 일상이었고 형편이 좀 나을 때도 콩죽을 먹으며 살았다. 얼마나

지긋지긋하게 콩죽을 먹었던지 신채호는 성인이 되어서도 콩죽은 먹지를 못했다.

제대로 먹지 못하니 영양부족으로 발육도 늦었다. 몸이 약해 잔병을 달고 살았다. 성인이 되어서도 자그마한 체구에 깡마른 몸매, 뾰족하게 튀어나온 정수리와 못생긴 얼굴 때문에 시골 훈장에나 어울리는 옹졸한 얼굴이라는 말을 들었다. 그러나 눈만은 비범했다. 아무의 말도 듣지 않고 아무것도 두려워하지 않는다는 듯 날카롭고 자신에 찬 눈빛을 갖고 있었다.

두뇌는 대단히 뛰어났다. 할아버지 서당에서 한학을 공부한 신채호는 일찍부터 천재성을 보여주었다. 9살에 중국 고대역사서 자치통감을 통달하고, 14살에는 7권으로 이뤄진 유교 경전 사서삼경을 모두 깨우쳐 신동 소리를 들었다. 어린 나이에 한문으로 된 삼국지와 수호지를 애독하고 한시를 지을 정도였다.

성격은 불같이 강직하고 두려움을 몰랐다. 정의감이 남다른 데다 원리원칙에 철저했다. 당대의 다른 한국인들처럼 신채호는 다양한 이름을 가졌는데, 스스로 지은 필명 중에는 칼과 같은 마음이라는 뜻의 '검심', 붉은 마음이란 뜻의 '단심', 일편단심이란 뜻의 '일편단생', 피가 끓는다는 뜻의 '열혈생'처럼 신념과 고집을 상징하는 이름이 주였다.

할아버지는 그가 18살이 되었을 때 대한제국 학부대신으로 있던 친척 신기선에게 보냈다. 서울에 올라간 신채호는 신기선의 집에 수집되어 있는 장서들을 탐독했는데 뛰어난 이해력과 암기력으로 신기선을 감동시켰다. 신기선은 그를 성균관에 입학시켜 주었다.

왕조시대 최고학부이던 성균관에 들어가서도 신채호의 천재성은 빛났다. 관장과 교수들은 해박하고도 창의성 넘치는 신채호를 총애했다. 신채호는 이름 높은 유학자인 이남규 밑에서 배우며 여러 수재들과 교류했다. 이 무렵 젊은 지식층 사이에 퍼져나가고 있던 서구 문물을 토대로 한 독립협회운동에도 참여해 소장파로 활동했다.

1904년 25살로 성균관을 졸업한 후 고향 마을 근처인 가덕면에 세운 문동학당과 묵정에 있는 산동학교에서 학생들에게 신학문을 가르쳤다.

이듬해인 1905년 2월, 성균관 박사가 되었지만 관직에 나갈 뜻을 버리고 장지연의 소개로 〈황성신문〉 기자가 되어 사설을 담당했다.

바로 그해 11월, 대한제국은 일본에게 외교권을 빼앗기며 일본의 식민지로 한 발을 들여놓았다. 이에 분개한 황성신문 주필 장지연이 '오늘에 목 놓아 크게 운다'는 뜻의 '시일야방성대곡'을 썼는데 뒷부분은 신채호가 쓴 글이었다. 황성신문은 이 사건으로 무기정간이 되었다.

신채호는 이듬해는 〈대한매일신보〉 주필로 초빙되었다. 그는 당당한 시사해설과 사설로 정부를 비판하고 민중을 계몽하는 한편으로, 한국사에 대한 글을 쓰기 시작했다. 사설로는 '한일합병론자에게 고함', '금일 대한국민의 목적지' 등이 있으며 한국사에 대해서는 '수군 제일 위인 이순신전', '을지문덕전' 등 엄청난 집중력으로 많은 글을 썼다. 특히 한국사의 위인들에 대해 관심을 갖고 집필한 것은 국가의 존폐라는 민족적인 위기를 타개할 영웅의 출현을 기다리는 마음에서였다.

신채호는 양기탁, 이동녕, 이회영, 이동휘, 안창호, 이승훈 등과 항일비밀결사 신민회에 가입하고 국채보상운동에 참여하는 등 국내 반일운동의 최일선에서 활동했다.

그러나 대한제국은 1910년 일본의 완전한 식민지가 되었고 한국인에 동정적이던 영국인 베델이 창간한 〈대한매일신보〉도 베델이 사망하면서 일본 통감부에 매각되어 신문 명칭까지 〈매일신보〉로 바뀌어 버렸다. 신채호로서는 더 이상 글을 쓸 수 없게 되었다.

이 무렵 신채호는 첫 부인과도 이혼했다. 본래 생각이 맞지 않아 사이가 소원하기도 했지만, 두 사람 사이에서 태어난 아들이 우유에 체해서 죽는 바람에 더욱 멀어진 결과였다. 해외로 망명해 독립운동에 모든 것을 바치려고 작정한 그는 집을 팔아 아내에게 논을 사주어 친정으로 보내고 홀몸으로 고국을 떠나 기나긴 망명생활을 시작했다.

평안북도 정주에 있던 이승훈이 세운 오산학교를 거쳐 중국 청도에 도착한 신채호는 신민회 동지들과 회합한 후 러시아 블라디보스토크로 이동했다. 연해주로 망명한 운동가들과 항일단체를 결성하려 함이었다.

블라디보스토크에는 이동휘, 윤세복, 이갑 등이 먼저 도착해 있었다. 신채호는 이들과 함께 1913년 광복회를 조직하고 부회장을 맡았다. 광복회는 식민지 시대 최대의 조직으로 알려졌다. 서로 독자적으로 운영이 되고 점조직 형태로 이뤄져 조직의 전체 규모를 정확히 알 수는 없으나 다양한 이름으로 국내 전역에 지회를 두고 있었으며 1945년 해방되기까지 존속했다.

광복회는 주로 영호남 곡창지대의 대지주들을 대상으로 군자금을 모집하고 친일파를 암살하는 활동을 했다. 조선인 부자들에게 자금 액수를 정해 미리 통고문과 고시문을 보낸 후 회원이 비밀리에 찾아가서 징수했는데 거절하거나 경찰에 신고하면 처단해 버렸다. 경북 칠곡군의 대지주 장승원에게 독립운동 자금을 요청했다가 거절당하자 처단해 버리는 등 여러 명의 친일 대지주를 죽였다.

그러나 일본의 식민지 정책에 순응하고 협조해야만 부를 유지할 수 있던 시대였다. 부자들이 광복군의 요구에 호응하는 경우는 드물었다. 통고문을 받은 부자의 대부분이 경찰에 신고했고, 징수를 하러 갔다가 매복한 경찰에게 체포되거나 총격전으로 희생되는 회원이 잇따랐다.

신채호는 광복회 결성을 마친 후 다시 중국으로 건너가 북만주 밀산을 거쳐 1913년 상해로 내려갔다.

이 무렵 상해에는 망명한 독립운동가들의 결사인 '동제사'가 결성되어 있었다. 박은식이 총재를 맡고 신규식이 이사장을 맡은 동제사에는 김규식, 홍명희, 조소앙, 여운형, 조성환 등 저명한 반일 인사들이 참여하고 있었다. 나아가 러시아, 미국, 일본까지 지사를 설치해 300명의 회원이 활동하는 큰 단체가 되었다. 1913년 12월에는 상해 명덕리에 박달학원을 설립해 중국어와 영어 등 외국어 교육과 한국사, 군사훈련 등을 하여 독립운동가를 양성했다. 신채호도 동제사의 일원으로 활동했다.

학자로서 신채호의 가장 큰 관심은 한국사를 제대로 정립하는 일이었다. 역사 바로 세우기도 독립운동의 일환이었다. 신채호는 한동안 만주 봉천성 회인현에서 '동창학교' 교사로 재직하면서《조선사》를 집필했다.

《조선사》는 한국인 스스로 자신을 폄훼하게 만드는 식민지 교육에 맞서 한민족의 우수성과 진취성을 조명했다. 이를 위해 신채호는 한국인의 정신적 상징인 백두산을 등산하고 광개토대왕릉을 답사하는 등 고구려와 발해의 고적지를 돌아보며 한국고대사를 체계화하기에 힘썼다.

다시 북경으로 간 후에는 애국사상을 더욱 체계화하는 집필 작업에 매진했다. 대중적으로 읽히기 위해 '꿈하늘'이란 제목으로 중편소설을 집필하기도 했다. 이 작품은 시대를 앞선 환상소설로, 신채호의 애국적 항일투쟁 의식을 잘 형상화했다는 평을 받았다.

소설 '꿈하늘'은 '한놈'이라는 투철한 민족주의자가 주인공으로, 1907년 어느 날 꿈속에서 영계에 올라가 수나라와의 전쟁을 승리로 이끌었던 고구려 장수 을지문덕을 만나 투쟁과 승리의 사상을 듣고 살수대첩의 현장에 가는 제1장으로 시작되어 시종일관 애국심과 일본과의 적대적인 무력투쟁의 필요성을 설득한다.

소설의 제5장에서는 독립운동의 노선 차이를 신채호 특유의 신랄한 비유법으로 표현하기도 했다. 당시 의견이 분분했던 이승만의 외교론을 '댕댕이지옥'으로, 안창호의 준비론을 '어둠지옥'으로 비판하며 무력투쟁을 통한 독립운동만이 정도라고 주장했다.

1918년에는 여운형, 김규식, 장덕수, 김철 등과 함께 신한청년당을 결성했다. 신한청년당은 "독립을 완성하고 문화적, 도덕적으로 민족을 개혁하여 신대한 민족을 만들면 학술과 산업을 일으켜 실력을 양성하여 대한민족의 신문화가 전 인류에게 행복을 주도록 하겠다"는 취지문을 바탕으로 민주주의와 민족주의, 공화주의를 내세움으로써 이듬해 만들어지는 임시정부의 정신적 모태가 된다.

1919년 3.1만세운동이 일어나자 신채호는 북경에서 '대한독립청년단'을 조직해 단장으로 선출되었고, 4월에는 중국 상해에서 임시정부 구성을 위한 발기인 29인에 참여했다. 신채호 외에 현순, 신익희, 이광수, 조소앙, 이회영, 김동삼, 여운형 등 항일운동의 대표적인 인물들로 구성된 발기인대회는 회의 명칭을 임시의정원으로 하여 임시정부의 기본 헌법을 초안하는 제헌의회 역할을 했다.

임시의정원은 나라 이름을 대한민국으로, 정치제제는 민주공화국으로 하고, 국무총리를 수반으로 하는 내각책임제에 합의했다. 의원 중에는 왕정 체제로 복귀하자는 복벽주의자들도 있었는데 이들을 설득해 현대식 민주주의 제도를 채택한 것이다.

다른 문제들은 잘 합의를 이루었으나 임시정부의 내각 구성을 두고 논란이 일어났다. 서울에서 만들어진 한성 정부의 집정관 총재인 이승만을 국무총리에 선출하자는 주장과 이에 반대하는 주장이 맞선 것이다. 당사자인 이승만은 미국에 있는 상태에서 벌어진 논쟁이었다.

이승만을 반대한 대표적인 의원은 신채호였다. 이전부터 이승만의 외교론을 비판적으로 보던 그는 이승만을 지지하는 청년들로부터 생명의 위협까지 받았지만 뜻을 굽히지 않았다. 그는 이승만 대신 하와이에서 이승만과 대립하며 무장투쟁론을 주장해 온 박용만을 지지했다. 박용만은 이때 북경에 와있었다.

그러나 신채호의 제안은 부결되었고 김규식, 안창호, 이동녕 등의 후보도 모두 부결되어 결국 이승만이 당선되었다. 이에 신채호는 외쳤다.

"이완용은 있는 나라를 팔아먹었지만, 이승만은 있지도 않은 나라를 팔아먹은 자다."

이승만 지지자들이 위협을 가하자 "차라리 나를 죽여라!"고 소리치며 회의장을 나와버렸다.

북경으로 돌아온 신채호는 독립전쟁론을 주장하는 이동휘, 북경에서 군사통일회를 조직해 무장투쟁론을 주장하는 박용만과 뜻을 같이했다. 이들은 임시정부를 해체하고 새 정부를 만들자고 주장하여 창조파로 불렸다. 반면 임시정부 존속을 주장하는 이승만, 안창호 등은 개조파로 불렸는데 임정 요인의 다수는 개조파를 지지했다.

3.1만세운동 직전에 이승만이 국제연맹에 "일본의 통치에서 해방시켜 국제연맹이 한국을 위임 통치해 달라"는 청원서를 제출했다는 사실이 뒤늦게 밝혀지면서 대립은 더욱 심각해졌다. 맨 처음 미국의 동지로부터 이런 내용을 편지로 받은 신채호는 박은식, 김창숙과 셋이서 대성통곡을 하고 이승만 탄핵운동을 시작했다.

대다수의 임정요인은 탄핵에 반대했다. 창조파와 개조파의 대립 와중에도 중립을 지키던 김구도 지금 이승만을 내쫓으면 정부가 망한다며 반대했다. 임시정부 수립 자체에 비판적이던 이회영조차도 박용만이 지나치게 임시정부 비난에만 매달린다며 오히려불신했다. 이승만이 탄핵된 것은 6년 후인 1925년이 되어서였다. 이승만의 독선적인 행동에 분노한 의정원의 결의였다.

결국 신채호는 1919년 10월 임시정부와 결별하고 뜻을 같이하는 김두봉, 한위건 등과 〈신대한〉을 발행했다. 임시정부 기관지 〈독립신문〉에 대응해 만들어진 〈신대한〉은 일본을 비판할 뿐 아니라 임시정부의 노선을 비판하는 데도 많은 지면을 할애했다.

1921년에는 혼자 쓰고 혼자 만드는 개인잡지라고 할 수 있는 〈천고〉를 발행했다. 하늘의 북소리라는 뜻의 이 잡지는 순한문으로, 중국인들에게 반일의식을 고취시키기 위함이었다.

이 무렵 신채호는 몹시 곤궁한 상태였다. 다른 독립운동가들도처지가 비슷했지만 유독 남의 신세를 지기 싫어한 그는 더 어려웠다. 〈천고〉의 제작비가 부족해 희미한 등불 아래 밤새 담배를 피우며 집필했다. 한 편의 서사시 같은 문장 하나하나를 위해 그는 한구절 쓰고 소리 높여 읊고, 또 몇 줄 써내려 가다가 붓을 멈추고 탄식하는 식이었다. 천고의 발간사이다.

천고여, 천고여, 구름이 되고 비가 되어 더러움과 비린내를 씻어다오. 혼이 되고 귀신이 되어 적의 운명이 다하도록 저주해 다오. 천고여, 칼이 되고 총이 되어 왜적의 기운을 쓸어버려 다오. 폭탄이 되고비수가 되어 적을 동요시키고 뒤흔들어 다오. 국내에선 민족의 기운이 고양돼 암살과 폭동의 장거가 끊이지 않고 있다. 밖으로는 세계 추세가 달라져 약소국가들의 자결운동이 계속 일어나고 있다. 천고여, 천고여, 너의 북을 두드려라. 나는 춤을 추리라. 우리 동포들의 사기를 끌어올려 보자꾸나. 우리 산하를 돌려다오. 천고여, 천고여, 분투하라! 노력하라! 너의 직분을 잊지 말지어다.

신채호가 임시정부와 결별한 직후인 1919년 11월, 독립운동 사상 기념비적인 단체가 결성되었다. 22살의 청년 김원봉이 신흥무관학교 출신들을 조직해 결성한 의열단이었다. 세계 굴지의 무장력을 가진 일본과 정면 승부는 불가능하다고 보고 결성한 암살단이었다. 첫 단장은 광복회 밀양 지회장이자 김원봉의 고모부인 황상규였다.

황상규가 체포된 후 단장을 맡고 있던 김원봉은 1922년 북경에 있던 신채호를 찾아와 의열단의 정신을 문서화해 달라고 요청했다. 이에 신채호는 의열단의 근거지가 있던 상해로 가서 폭탄 제조 시설을 살펴보고 한 달 동안 여관방에서 의열단 선언인 '조선혁명선언'을 집필했다. 200자 원고지로 32매에 이르는 장문의 선언이었다.

'조선혁명선언'은 외교론과 준비론을 비판하며 무장투쟁을 주장했다. 또한 한국의 민중들에게 일본의 압제와 싸울 뿐 아니라, 식민지 쟁탈전으로 20세기 인류를 도탄에 빠뜨리고 있는 제국주의 체제를 타파하는 주인공이 되어야 한다는 사회주의적 시각을 담은 민중혁명론을 담고 있었다. 그 일부다.

언론인으로, 혁명가로 투쟁의 원칙을 지켰던 신채호

구시대의 혁명으로 말하면, 인민은 국가의 노예가 되고 그 위에 인민을 지배하는 상전 곧 특수세력이 있어 그 소위 혁명이란 것은 특수세력의 명칭을 변경함에 불과하였다. 다시 말하면 곧 〈을〉의 특수세력으로 〈갑〉의 특수세력을 변경함에 불과하였다. 그러므로 인민은 혁명에 대하여 다만 갑·을 양 세력 곧 신·구 양 상전의 누가 더 어질며, 누가 더 포악하며, 누가 더 선하며, 누가 더 악한가를 보아 그 향배를 정할 뿐이요, 직접의 관계가 없었다. 그리하여 "임금의 목을 베어 백성을 위로한다"가 혁명의 유일한 취지가 되고 "한 도시락의 밥과 한 종지의 장으로써 임금의 군대를 맞아들인다"가 혁명사의 유일미담이 되었거니와, 금일 혁명으로 말하면 민중이 곧 민중 자기를 위하여 하는 혁명인 고로 〈민중혁명〉이라 〈직접혁명〉이라 칭함이며, 민중 직접의 혁명인 고로 그 비등 · 팽창의 열도가 숫자상 강약 비교의 관념을 타파하며, 그 결과의 성패가 매양 전쟁학 상의 정해진 판단에서 이탈하여 돈 없고 군대 없는 민중으로 백만의 군대와 억만의 부력을 가진 제왕도 타도하며 외국의 도적들도 쫓아내니, 그러므로 우리 혁명의 제일보는 민중각오의 요구니라.

신채호는 1922년 1월 초 상해에서 열린 대규모 회의인 국민대표회의에서 창조파를 대표해 개조파의 준비론을 비판했다. 4개월이나 계속된 회의에도 개조파와 창조파의 대립은 끝내 해결되지 못했다. 5월에 회의가 결렬되자 신채호는 북경으로 돌아가 전통 사찰 석등암에 기거하면서 한국고대사 연구와 집필에 전념했다.

신채호는 한국사 연구를 위해 북경 중법대학 도서관에서 중국어

역사 서적을 통독하며 본격적으로 국사 연구를 시작, 1922년《조선
상고사》를 집필했다. 또한 1924년 1월 동아일보에 논문 '조선 고대
의 문자와 시대의 변천'을 게재하고 이듬해 시대일보에 '고구려와
신라의 건국년대에 대하여'를 투고하는 등 수년간 많은 논문을 발
표했다. 그리고 이 논문들을 모아 단행본《조선사연구초》로 출간
했다. 이들 논문들의 핵심은 이렇게 요약되었다.

　국가의 역사는 민족의 소장성쇠의 상태를 가려서 기록한 것이다.
민족을 버리면 역사가 없는 것이며, 역사를 버리면 민족의 그 국가에
대한 관념이 크지 않을 것이니, 아아, 역사가의 책임이 그 또한 무거
운 것이다.

　사상적으로는 점차 무정부주의에 경도되었다. 1923년 이후 이
회영, 유자명 등과 교류하며 무정부주의 사상에 공명한 그는 1927
년 천진에서 '무정부동맹 동방연맹'이 결성될 때 한국 대표로 참가
했다. 무정부주의 사상을 담고 있는 '대흑호의 일석담', '용과 용의
대격전' 같은 글도 발표했다.
　이해에 국내에서 좌우합작이 이뤄져 신간회가 조직될 때 홍명
희, 안재홍의 권유로 발기인에 참여했지만 깊은 관련을 맺지는 않
고 사회주의와 자본주의를 모두 비판적으로 보는 시각을 유지했다.
　이는 각자의 나라 사정에 따라 형성된 외래 사상을 무비판적으
로 도입해 추종할 것이 아니라, 한국의 사정을 중심에 놓고 재해석
해야 한다는 그의 지론에 따른 것이기도 했다.

신채호는 1925년 동아일보에 기고한 '낭객의 신년만필'에 이렇게 썼다.

중국의 석가가 인도와 다르며 일본의 공자가 중국과는 다르며, 마르크스도 카우츠키의 마르크스와 레닌의 마르크스와 중국이나 일본의 마르크스가 다름이다.

우리 조선 사람은 매양 이해 이외에서 진리를 찾으려 하므로 석가가 들어오면 조선의 석가가 되지 않고 석가의 조선이 되며, 공자가 들어오면 조선의 공자가 되지 않고 공자의 조선이 되며, 무슨 주의가 들어와서 조선의 주의가 되지 않고 주의의 조선이 되려 한다. 그리하여 도덕과 주의를 위하여 조선은 있고 조선을 위하는 도덕과 주의는 없다.

아! 이것이 조선의 특색이냐. 특색이라면 특색이나 노예의 특색이다. 나는 조선의 도덕과 조선의 주의를 위하여 곡하려 한다.

신채호는 1928년 4월, 북경에서 '무정부주의 동방연맹 북경회의'를 결성하고 일본의 관공서를 폭파하기 위한 폭탄제조소 설치를 결의했다. 또한 기관지로 〈탈환〉을 발간했다.

신채호가 체포된 것은 그해 5월 8일이었다. 기관지 〈탈환〉의 발행 자금을 조달하기 위해 대만으로 위조지폐를 가지러 가던 중 대만의 기륭항에서 조선총독부 경찰에 의해 체포되었다.

일본 법정은 그에게 징역 10년을 선고해 여순형무소 독방에 수감시켰다. 죄목은 치안유지법 위반과 유가증권 위조죄였다. 재판정에서 신채호는 위조지폐 구입에 대해 당당히 말했다.

"나라를 찾기 위하여 취하는 수단은 모두 정당한 것이니 사기가 아니며 민족을 위하여 도둑질을 할지라도 부끄럼이나 거리낌이 없다."

평생 병약했던 몸이었다. 수감된 지 7년 만인 1935년, 신채호의 건강은 극도로 악화되었다. 형무소 측은 보호자가 있으면 가석방 시키겠다고 했지만 신채호는 보증인이 친일파라는 이유로 거절했다. 면회 온 가족들이 부자 친척을 보증인으로 부탁했으나 친일부역자라는 이유로 거절한 것이다.

이듬해인 1936년 2월 18일, 여순형무소 독방에서 뇌일혈로 쓰러졌으나 그대로 방치되었다가 사흘 만인 2월 21일 감방 안에서 홀로 사망했다. 그의 나이 57살이었다. 사망 원인은 뇌일혈 및 동상, 영양실조, 고문 후유증 등의 합병증이었다.

죽기 얼마 전에 가족들이 면회했을 때 신채호는 유언을 남겼다.

"내가 죽거든 왜놈들 발에 시체가 채이지 않게 화장해서 재를 바다에 뿌려달라."

그러나 그를 존경하고 사랑했던 동지들에 의해 국내로 운구되어 어린 시절의 고향인 충북 청원군 낭성면 귀래리에 안장되었다.

신채호는 북경에서 만난 박자혜와 재혼해 두 아들을 낳았으나 그가 여순형무소에서 숨진 후 큰아들 신두범은 영양실조로 사망했고, 아내 박자혜도 해방을 맞지 못하고 병사했다. 유일한 혈육이 된 작은아들 신수범은 해방 후 평양으로 귀국했다가 한국전쟁 때 월남해 아버지의 고향에 정착했다.

대한민국 정부는 1962년 신채호에게 대한민국건국훈장 대통령

장을 추서했다. 2020년 11월 현재 16,282명의 독립운동가들이 유공
자 서훈을 받았는데 가장 높은 등급인 대한민국장이 30분, 두 번째
등급인 대통령장이 92명이다. 신채호가 받은 대통령장에는 그의
가까운 동지였던 박용만, 신규식, 이동휘, 이동령 등이 포함되어
있다.

8
서울에서 시가전을 벌이다,
김상옥

 1889년 1월, 서울 동대문 근방인 종로구 효
제동에서 태어났다. 아버지는 조선왕조의 마지막 군인이었다. 대
한제국의 군관으로 근무하던 아버지는 왕조의 몰락과 함께 퇴직
해 곡식가루의 불순물을 걸러내는 체를 만들어 생계를 유지했다.
 빈한한 살림이었다. 거의 돈이 되지 않는 체를 만들기 위해서는
온 가족이 동원되어야 했다. 김상옥도 8살 때부터 말총으로 체의
얼개미를 만드는 노동을 했다. 그나마 아버지가 병사하면서 집안
은 더 곤궁해졌다. 김상옥은 14살이 된 1903년부터는 주간학교를
포기하고 남의 대장간에 가서 삯일을 해서 가족을 부양해야 했다.
 대장간 일이란 아침부터 저녁까지 샛노랗게 달궈진 쇠를 두드
려 괭이와 낫, 호미를 만드는 극한노동이었다. 공부에 대한 열의가
대단했던 김상옥은 그 힘겨운 노동의 와중에도 대장간 주인 이지

호에게 한문을 배웠다.

신문명에 대한 열망으로 교회도 나갔다. 처음에는 연동교회에 다니다가 1905년부터는 동대문교회로 옮겼다. 동대문교회 안에 별도로 설치된 신군야학에 다니기 위해서였다.

1907년 들어 신군야학이 동대문교회 신도들과 갈등이 빚어져 운영이 어려워지자 김상옥은 스스로 야학을 만들기로 했다. 마침 양사동보통학교가 어의동공립학교로 통합, 이전되면서 그 자리에 동흥학교가 들어왔다. 18살밖에 안 된 김상옥은 동흥학교에 찾아가 야학을 열게 해달라고 협상해 9월에 동흥야학을 개교할 수 있었다. 가난한 청소년들에게 배움의 길을 열어주면서 자기 자신도 공부를 하기 위함이었다.

1910년 21살이 되었을 때는 미국 유학을 목표로 삼아 황성기독청년회라고 불리던 종로 2가 YMCA에서 운영하는 영어학교 야간반에 들어가 영어 공부를 시작했다.

낮에는 대장간에서 일하고 밤에는 영어 공부를 하는 바쁜 나날이었다. 김상옥은 시간에 맞추기 위해 일을 마치면 집으로 가서 선채로 서둘러 밥 한 술 뜨고 책보를 들고 종로 5가에서 종로 2가까지 먼 길을 뛰어갔다.

서울에서 고등보통학교와 전문학교에 다니는 학생들 중에도 YMCA 야간반에서 영어를 배우는 이들이 많았다. 씩씩하고 활달한 성격에 정의감 넘치는 김상옥은 YMCA 청년부장으로 선출되어 그들과 널리 친분을 갖게 되었다. 학생들의 대다수는 지방에서 올라왔기 때문에 전국적으로 친구가 생긴 셈이었다.

영어반에 다녔지만 영어만 배우지는 않았다. YMCA 강당에서는 주기적으로 당대의 저명인사들의 강연회가 열려 선풍적인 인기를 끌고 있었다. 이상재, 윤치호, 최병헌 등의 강연에는 매번 들어갈 수도 없이 많은 청년들이 몰려와 국제정세와 서양문화에 대한 안목을 넓혔다.

새로운 문명에 심취한 김상옥은 1911년 대장간을 그만두고 동대문 근처에서 기독교서점을 열었다. 하지만 운영난으로 1년 만에 닫은 후에는 직접 책을 싸들고 삼남지방을 돌아다니며 팔았다. 책만 아니라 여러 상비약도 같이 팔았는데 장사를 잘해 2년간 꽤 많은 돈을 모을 수 있었다. 전국을 다니다 보니 YMCA에서 만난 학우들도 많이 만났다. 훗날 만들어지는 '암살단'의 동지가 될 한훈 등 여러 사람과 친해졌다.

1912년 10월에는 행상으로 번 돈을 밑천 삼아 동대문 근처 창신동 도로변에 점포를 빌려 철물점을 차렸다. 영덕철물상회라 이름 지었는데 운영은 주로 형 김춘옥과 동생 김춘원이 맡았다.

독립운동의 길을 모색하던 김상옥은 1913년 경상북도 풍기로 내려가 광복단 결단식에 참석했다. 경상도 지역 항일의병 출신들이 주축이 되어 시작된 광복단의 목표는 무장봉기로 일인들을 내몰고 민주주의 공화국을 세우는 것이었다.

이해 10월에는 동대문교회에서 정진주와 결혼해 두 아이를 낳게 된다. 그러나 독립운동에 모든 것을 바치기로 한 김상옥은 가족에 매이지 못했다. 철물점은 형제들에게 맡기고 광복단 일에 매진했다.

광복단은 1915년 7월, 대구에서 회의를 열어 대한광복회로 확대 개편했다. 총사령에는 박상진, 부사령에는 이석대가 선임되었다. 김상옥이 그랬듯이, 대한광복회원들은 대개 유교 교육과 신교육을 모두 받은 이들이었다. 박상진처럼 중국의 신해혁명에 직접 참여한 이도 있었다. 봉건제가 온존하던 당시로는 진보적인 사람들이었다.

대한광복회는 비밀, 폭력, 암살 등을 행동 강령으로 삼고 무기를 구입하기 위한 군자금은 조선인 부호들로부터 모금하기로 했다. 만주 무장투쟁을 위해 부사령인 이석대를 만주에 파견해 독립군 양성을 담당하게 했는데, 이석대가 전사한 후에는 김좌진을 부사령에 임명했다. 국내외에 도별, 지역별로 지부를 결성했는데 경상도와 충청도, 황해도가 조직이 크고 활동도 활발했다.

독립군 군자금 모금은 뜻대로 되지 않았다. 조선인 부호들이 협조를 거부하고 경찰을 불러 단원들을 체포당하게 만드는 일이 잇달았다. 이에 광복회원들은 친일적인 부자들을 여럿 처단해 버렸고 김상옥도 이에 가담했다.

1916년 5월, 김상옥은 한훈, 유장열 등과 전남 보성군 조성면까지 내려가 조성헌병대 기습 작전에 참여했다. 그리고 이 과정에서 일본에 부역하는 한인 2명을 처단하고 무기를 탈취했다.

이 무렵 동대문 앞 도로가 확장되면서 영덕철물상회도 철거되었다. 김상옥은 철물점을 확장된 새 도로변으로 옮기고 철물점 뒤편의 시유지를 빌려 말총 모자를 제조해 판매하기 시작했다.

말총 모자를 만들게 된 것은 국산품 애용운동의 일환이었다. 단발령으로 강제로 상투가 잘리자 남자들이 짧은 머리를 감추기 위해 모자를 쓰는 게 유행이 되었는데 대개 수입산 모자였다. 국산 말 꼬리털을 이용해 모자를 만들어내니 선풍적인 인기를 끌었다.

김상옥은 말총 모자의 성공으로 자본이 축적되자 양말과 장갑까지 제조해 상당한 돈을 벌어들였다. 노동자 숫자도 50명이나 되었는데 그는 자신이 먼저 노동자들에게 노동조합과 같은 형태의 권익단체를 만들도록 권하고 언제든 요구사항을 제시하도록 보장했다. 육체노동을 천시하고 하층민을 노예처럼 대하던 당시만 아니라, 자본이 노동을 지배하는 현대에도 보기 힘든 일이었다.

모자공장이 잘되자 가을에는 철물점 자리 127평을 매입해 2층 건물을 신축했다. 이 건물은 동대문과 신설동을 잇는 대로에 들어선 최초의 2층집이었다.

김상옥은 새 집의 1층의 바깥채에서는 농기구와 마차를 제작하고 말의 편자를 박는 작업장을 설치하고 2층은 중국식당에 세를 주었다. 그리고 작은 방 하나는 사무실 겸 독립운동 본부로 삼아 국산품애용운동과 대한광복회 활동을 계속했다.

그런데 대한광복회의 활동은 얼마 못 가 벽에 부딪혔다. 의연금 모집을 위해 발송한 통고문들이 발각되고, 친일반역자 살해 사건이 잇따르자 일경의 감시가 집중되더니 1918년 1월 충청지부 회원을 시작으로 전국에서 주요 인물들이 체포되었다. 총사령 박상진을 포함한 5명이 사형을 받으면서 대한광복회 활동은 한동안 침체에 빠졌다.

1919년 3월 1일, 거대한 만세운동의 날이 왔다. 김상옥은 정오에 있을 독립선언서 낭독에 맞춰 철물점과 공장의 작업을 중지시켰다. 직원들에 자신이 미리 만들어 놓은 태극기를 한 장씩 나눠주며 정오에 열리는 탑골공원의 독립선언식에 참여하도록 권했다.

파고다공원에서 열린 독립선언식에 참석한 김상옥은 군중들과 함께 온종일 서울 시가지를 누비며 대한독립 만세를 외쳤다. 문을 연 점포가 있으면 자기 손바닥에 한문으로 쓴 불 '화(火)'를 보여주었다. 시위에 참여하지 않으면 불을 지르겠다는 뜻이었다.

시위는 비폭력, 비무장으로 시작되었으나, 일경은 무력으로 잔인하게 진압했다. 기마경찰이 긴 칼을 휘두르며 시위대에 뛰어들어 피바다를 만들었다. 이날 오후, 김상옥은 동대문 근처에서 여학생을 뒤쫓는 일본 순사를 맨손으로 때려눕히고 일본도까지 노획하기도 했다.

만세운동이 한창이던 4월 1일, 동대문교회 안의 영국인 여성전도사 피어슨의 집에서 비밀회의가 열렸다. 김상옥의 주도 아래 고등고보 학생인 박노영, 윤익중, 신화수, 정설교가 모였다. 혁신단 결성식이었다. 우편배달원인 전우진, 수하동보통학교 교사인 서대순 등도 추가로 가입했다.

혁신단은 우선 기관지 〈혁신공보〉를 발행해 국내외의 항일투쟁 소식을 널리 알리는 일부터 시작했다. 4월 17일 제1호를 시작으로 5월 11일까지는 주 6회를 발행하다가 만세운동이 잠잠해진 후에는 주 1회 발행으로 줄였다.

〈혁신공보〉의 등사는 수하동보통학교 교사인 서대순이 맡았다. 그는 매일 숙직실에서 밤을 새워가며 3천 부를 등사해 새벽 5시에 찾아오는 동지들에게 분배했다. 김상옥도 채소장수로 가장하고 채소 궤짝 속에 신문을 감추어 효제동에서 창신동까지 맡아 몰래 배포했다.

경찰은 만세운동이 가라앉은 후에도 계속 배포되는 〈혁신공보〉를 주목하고 잠복과 미행 끝에 김상옥을 체포하는 데 성공했다. 그들은 김상옥을 40일간이나 가둬놓고 혹심한 고문을 가하며 사실을 추궁했다. 그러나 김상옥은 끝까지 모르는 일이라고 버텼다. 검사는 정황증거로 그를 기소했으나 증거부족으로 기각되어 석방될 수 있었다. 김상옥은 나오자마자 그날로 〈혁신공보〉 발행을 재개했다.

경찰은 다시 10월에 김상옥의 집을 가택 수사했으나 증거를 찾지 못하다가 11월이 되어서야 비밀 인쇄소로 이용하던 수하동보통학교 숙직실을 덮쳐 서대순을 검거함으로서 더 이상의 신문발행은 어렵게 되었다.

1920년 1월 하순, 김상옥은 혁신단 단원들과 논의한 끝에 신문 발행은 이 정도로 끝내고 직접 총독부 고관과 친일파를 처단하는 의혈 활동을 시작하기로 결의했다. '암살단'의 결성이었다.

때마침 만주에서 김좌진과 함께 활동하던 길림군정서 요원 김동순이 군자금 모집을 위해 국내에 파견되어 왔다가 암살단 조직원을 만나 결합하게 되었다. 또한 3월에는 김상옥과 예전부터 절친한 사이로 광복단 충청지구 결사대장을 맡고 있던 한훈을 만났다. 한훈은 상해 임시정부에서 받아 온 총과 폭탄을 소지하고 있었다.

김상옥은 이들과 함께 5월에 정식으로 암살단을 발족시켰다. 그리고 6월에서 8월까지 북한산 등지에서 체력단련과 특공훈련을 했다. 단체 생활에 필요한 비용은 김상옥이 댔다. 김상옥 자신도 똑같이 훈련했는데 그는 특히 사격술에 뛰어나 백발백중의 명사 수가 되었다.

이때부터 동지들은 김상옥을 '동대문 홍길동'이라 불렀다. 3.1만 세운동 때 맨손으로 기마경찰을 때려눕혀 여학생을 구하고 일본 도까지 뺏을 정도로 날렵한 데다 백발백중의 사격술 때문이었다. 영덕철물점을 거점으로 삼아 독립운동을 모의하고 경제적으로 지원하는 것도 홍길동의 산채를 떠올리게 했다.

암살단이 훈련을 마친 직후인 1920년 8월 24일, 미국 상하의원단 42명이 중국을 거쳐 한국에 오게 되어있었다. 암살단은 미국 국회의원들이 내한 기간 동안 조선총독을 비롯한 고관들을 처단하고 일대 시가전을 전개해 한국 문제에 관한 미국과 세계의 관심을 끌기로 했다.

김상옥과 윤익중은 거사 자금을 위해 각자의 집을 저당 잡혀 3천 원을 마련하고 박영효 등 사회 저명인사들과 동대문시장 거상인 박승직 등의 협조를 받아 무기와 트럭 3대를 확보했다.

그런데 거사 당일 오전, 돌연 경찰이 김상옥의 집에 들이닥쳤다. 암살단의 계획을 알고 덮친 것은 아니었다. 일경은 사회적으로 중요한 일이 있을 때마다 요시찰 인물들을 연행해 경찰서 유치장이나 체육관에 가둬놓았다. 예비검속이었다. 이번에도 미국 국회의원들의 방문을 맞아 요시찰 인물인 김상옥을 가둬놓으려고 찾아온 것이었다.

전사 중의 전사였던 김상옥

김상옥은 그러나 그대로 연행될 수 없는 처지였다. 자신이 예비 검속 되어 경찰서에 잡혀있으면 어차피 모든 계획이 무산될 것이었다. 그는 재빨리 2층 창문을 통해 달아나 버렸다.

이 행동이 더욱 경찰의 의심을 샀다. 경찰은 즉시 사무실을 수색해 암살단 취지서와 암살단원 명부를 찾아냈다. 이런 사실도 모르고 총과 폭탄을 전달하러 온 한훈이 그 자리에서 포박되었다. 몇 달이나 준비한 대규모 거사가 수포로 돌아가는 순간이었다.

김상옥은 이후 3개월간 서울의 이곳저곳을 떠돌며 은신했는데 그 사이 김동순, 장규동 등 다른 단원들도 차례로 붙잡혀 갔다. 김상옥이 모든 계획의 주모자임은 명백히 드러나 버렸다. 김상옥은 일단 중국으로 피하기로 결정하고 유득신이 구해 온 여비로 중국 봉천으로 피신했다. 지금의 선양이다.

일본 법정은 잡지 못한 김상옥에게 궐석재판으로 사형을 선고했다. 관헌의 눈에 띄면 곧바로 사살될 상황이었다. 수배 중이 아닌 이들도 삼엄한 국경 검문을 통과하는 것도 대단히 어려운 시대였다. 대범한 김상옥은 그러나 중국에 망명한 지 2개월 만인 1920년 11월, 다시 국내로 잠입했다.

김상옥이 위험을 무릅쓰고 국내로 돌아온 이유는 중국에서 만난 의열단원 최수봉의 밀양경찰서 폭파를 지원하기 위함이었다. 의열단은 1년 전인 1919년 11월 만주에서 결성되어 김상옥은 창립단원에는 들어가지 못한 상태였다.

최수봉은 1920년 12월 27일, 아침 조회가 열리고 있던 밀양경찰서에 두 개의 수류탄을 던졌는데 한 발은 불발되고 한 발은 폭파

되었으나 위력이 약해 아무도 살상하지 못했다. 최수봉은 칼로 목을 찔러 자결을 시도했으나 부상을 입은 채 체포되어 사형에 처해졌다.

다시 중국으로 돌아간 김상옥은 1921년 1월 정식으로 의열단에 가입한 후 임시정부가 있던 상해로 갔다. 그리고 7월에 다시 국내로 잠입했다. 임시정부 재무총장이던 이시영과 상의해 군자금을 모금하는 한편 암살단의 일원인 장규동을 구출해 중국으로 데려가기 위함이었다. 여성인 장규동은 지난 번 사건으로 체포되었다가 석방되었으나 극심한 고문 후유증으로 중병에 걸린 상태였다.

여전히 사형선고가 유효한 상태에서 대범하게도 두 번째 국내 잠입에 성공한 김상옥은 서울과 삼남지역을 돌아다니며 자금을 모금한 후, 죽어가고 있던 장규동을 데리고 상해로 탈출했다.

김상옥과 임시정부 요인들의 극진한 간호에도 불구하고 건강을 회복하지 못한 장규동은 이듬해인 1922년 5월에 사망하고 말았다. 장례식을 위해 김구가 관을 사 오라고 돈을 주자 김상옥은 관 대신 권총을 사 왔다.

"동지의 원수를 갚아야지요, 잘 묻어주는 게 무슨 소용입니까? 동지가 원하는 것도 복수일 것입니다."

김상옥의 말을 탓하는 사람은 아무도 없었다. 다들 감탄하며 다시 돈을 모아 관을 사서 장규동의 장례를 치러주었다.

1922년 11월, 이시영, 이동휘, 조소앙 등 임시정부 요인들과 의열단장 김원봉은 소수 정예대원들을 국내로 보내 조선총독 및 주요 관공서를 공격하기로 결정했다. 이듬해 1월 일본제국의회에 참석하기 위해 동경으로 가기 위해 기차역으로 나올 조선총독을 공격하자는 계획이었다.

이번 거사의 총책임자는 김상옥으로 정해졌다. 임시정부에서는 경찰의 주목을 덜 받는 안홍한과 오복영에게 권총 4정과 실탄 수백 발을 주어 김상옥과 동행하도록 했다. 의열단은 서울에 있던 김한을 통해 김상옥에게 고성능 폭탄을 전달하기로 했다.

김상옥은 한밤중에 압록강 철교를 건너다가 발각될 위험에 처하자 국경경비대 경찰을 사살해 버리고, 신의주에 들어와서는 세관검문소 보초를 격투 끝에 권총으로 머리를 때려 쓰러뜨리고 세 번째 국내 진입에 성공했다.

1922년 12월, 서울에 잠입한 김상옥은 후암동에 사는 여동생 김아기를 찾아갔다. 김아기는 얼마 전에 고봉근과 결혼해 살고 있었다. 김상옥은 여동생 집을 본부로 삼고 '암살단' 동지들을 소집해 거사를 준비했다.

김아기의 집은 남산 기슭의 한적한 산동네라 사람 왕래가 적고 남대문 기차역과 가까워서 조선총독이 기차를 타러 나오는 광경을 감시하기도 유리했다.

김상옥은 예정대로 고성능 폭탄을 가져온 김한, 서대순 등과 조선총독 제거계획을 진행하려 했다. 그러나 상해의 일본 경찰이 암살 계획을 탐지해 국내 경찰에 통보하는 바람에 총독에 대한 경계가 대폭 강화되어 거사의 성공이 불투명해졌다.

총독 폭살이 실패할 수도 있다고 본 김상옥은 우선 경계가 허술한 종로경찰서에 투탄하기로 했다. 그동안 몇 차례의 의열단 거사가 모두 불량 폭탄으로 실패했기 때문에 폭탄을 실험해 보는 의미도 있거니와 현재 위치와 달리 종로 2가 대로변에 있던 종로서야말로 항일운동 탄압의 상징이었기 때문이었다.

1923년 1월 12일 밤 8시 10분, 김상옥이 던진 폭탄은 종로경찰서 서쪽 창문을 깨고 들어갔고 요란한 폭음을 내며 폭발했다. 경찰 3명과 총독부 기관지 매일신보 기자 5명이 부상을 입고 지나가던 기생 한 명과 어린이 한 명도 다쳤다. 사망자는 없었다. 폭탄을 던진 김상옥은 인파 속으로 유유히 사라져버렸다.

식민지 수도 한복판에서, 압제의 상징으로 군림하던 종로경찰서가 폭탄을 맞았으니 총독부는 발칵 뒤집혔으나 범인을 찾지 못했다. 5일이 지나서야 긴요한 제보를 받았다. 김상옥이 은거한 여동생 김아기 집 문간방에 세 들어 살고 있던 여자가 종로경찰서에 다니는 친정오빠에게 집주인과 손님이 수상하다고 제보한 것이었다.

1월 17일 새벽 3시, 권총과 소총으로 무장한 종로경찰서 경찰관 20여 명이 김아기의 집을 소리 없이 에워쌌다. 언제 닥칠지 모르는 경찰의 기습에 대비해 깨어있던 김상옥은 즉시 양손에 하나씩 권총을 쥐고 신발을 신을 겨를도 없이 사격을 하며 튀어나왔다. 경찰들이 놀라 피하는 사이, 김상옥은 이웃집 지붕을 타고 남산 방면으로 달아났다.

일대 시가전이 벌어졌다. 수십 명의 경찰이 권총과 소총을 쏘며 추적했으나 김상옥 하나를 당해내지 못했다. 김상옥은 남산 방향으로 골목길을 타고 뛰어가면서 침착하게 한 발씩 권총을 쏘았고, 일본 경찰은 잇달아 쓰러졌다. 종로경찰서 형사부장 다무라와 경부 이마세 우메다가 죽고 여러 명이 중상을 입었다. 겁먹은 경찰은 자기 몸 숨기기에 급급해 헛총만 쏘아댔고, 맨발의 김상옥은 눈 덮인 남산으로 사라져버렸다.

피해만 입은 채 눈앞에서 김상옥을 놓친 일경은 군대까지 동원해 한겨울의 남산을 포위하고 대대적인 수색전을 벌였다. 맨발의 김상옥은 눈밭을 헤치고 남산 능선을 따라가다가 금호동의 응봉산 능선으로 옮겨 탔다. 응봉산 기슭에는 사찰 안정사가 있었다. 안정사 주지는 김상옥에게 뜨거운 물과 음식을 주고 따뜻한 방에서 재워주었다. 하룻밤을 자고 떠나는 그를 위해 승복과 짚신도 제공했다.

산에는 여전히 눈이 깔려있었다. 김상옥은 경찰을 따돌리기 위해 짚신을 거꾸로 신고 눈을 밟으며 산을 내려와 수유리의 이모 집으로 가서 하룻밤을 잤다.

이대로 달아나면 살 수 있었다. 경찰이 지킨다지만 북한산 능선을 타고라도 서울을 벗어날 수 있었다. 하지만 그는 중국으로 갈 생각이 없었다. 상해를 떠나면서 "절대 굴복하지 않겠다"고 맹세한 그였다. 어렵게 반입해 온 무기를 총동원해 적을 한 명이라도 더 죽이려는 생각뿐이었다.

김상옥은 다음 날인 1월 19일 새벽, 삼엄한 경계망을 뚫고 다시 시내로 들어와 효제동 73번지 이태성의 집에 찾아갔다. 김상옥이 출생한 집은 효제동 72번지로, 바로 이웃집이었다. 따라서 이태성과는 어려서부터 잘 알고 있었거니와 장녀인 이혜수와 자매들도 독립운동을 함께 한 사이였다. 이태성의 가족은 김상옥이 종로경찰서를 폭파하고 시가전을 벌였다는 사실을 알면서도 그를 숨겨주었다.

김상옥은 이혜수 집에 숨어 지내며 은밀하게 동지들과 접촉을 재개하며 손발의 동상을 치료했다. 그러나 사흘 만에 이혜수의 집마저 경찰에 탐지되었다. 상해로부터 효제동으로 온 편지를 김상옥에게 전해준 전우진이 경찰의 수사망에 걸려들어 극심한 고문을 당한 끝에 은신처를 말하고 만 것이었다.

김상옥의 은신처가 확인된 1월 22일 5시 30분, 경기도경은 즉시 서울 시내 4개 경찰서에 비상동원령을 내렸다. 지난번 실패를 교훈 삼은 경찰은 기마대를 포함한 무장경관 400여 명을 동원해 효제동 일대를 겹겹이 포위하고 이혜수의 집으로 접근해 들어갔다. 김상옥이 지붕을 타고 달아나는 것을 막기 위해 주변 가옥의 지붕에도 미리 특공대를 배치했다.

기습 준비를 완료한 일경은 지붕의 경찰 특공대부터 집 안으로 투입했다. 그제야 경찰의 내습을 깨달은 김상옥은 정면으로는 빠져나갈 수 없음을 직감하고 재빨리 벽장으로 올라가 권총을 겨눈 채 벽장문을 닫았다.

곧바로 경찰의 집 안 수색이 시작되었고 경부 하나가 방에 들어와 벽장문을 열었다. 순간, 김상옥은 권총을 쏘아 경부를 사살해버렸다. 그리고 경찰들이 두려워 들어오지 못하는 사이, 벽장 벽을 발로 힘껏 걷어차기 시작했다. 흙벽은 쉽게 뚫리지 않았다. 몇 번이나 걷어차느라 발가락이 부러지고 맨손으로 뜯어내다가 여러 개 손톱이 까져버렸다.

겨우 73번지를 빠져나온 김상옥은 대각선에 위치한 76번지 집으로 뛰어들어 숨으려 했다. 그러나 겁을 먹은 집주인은 김상옥을 들여보내지 않으려고 소리를 지르며 버텼고 소란 탓에 경찰이 몰려왔다. 김상옥은 포기하고 달아나려 했으나 이미 늦었다.

마침 76번지와 자신의 옛집인 72번지 사이의 좁고 긴 공간 안쪽에 재래식 화장실이 있었다. 담으로 둘러싸여 날아오는 탄환으로부터 몸을 보호하기 좋았다. 김상옥은 화장실로 뛰어들어 경찰이 보이는 대로 한 발씩 쏘아 넘어뜨렸다. 김상옥의 정확한 사격 솜씨에 부상자가 잇따르자 경찰은 접근도 못한 채 회유하려 들었다.

"손들고 나오면 살려준다! 손들고 나와라!"

김상옥은 아무런 대답도 하지 않았다. 그리고 경찰이 눈에 띄면 바로 쏘아버렸다. 그는 경찰의 집중사격으로 여기저기 총탄을 맞았지만 정신을 잃지 않은 채 간간이 총을 쏘았고, 대치는 마냥 계속되었다. 이렇게 3시간을 버티는 사이 일본 경찰은 16명이 죽거나 부상당했다.

긴 대치 끝에 탄알이 떨어져 단 한 발밖에 남지 않았을 때, 김상옥은 피에 범벅이 된 몸을 벽에 기댄 채 외쳤다.

"대한독립 만세!"

그러고는 마지막 한 발을 자신의 머리에 대고 쏘았다. 그의 나이 34살, 죽은 그의 손에는 여전히 권총이 쥐여져 있었다.

김상옥이 잠잠해진 후에도 경찰은 겁이 나서 화장실 문을 열지 못하고 어머니 김점순을 불러와서 사망 여부를 확인하게 했다.

검시 결과, 김상옥의 몸에는 11발의 상흔이 있었다. 스스로 쏜

머리의 한 방을 빼고 10발을 맞은 것이었다. 검시관은 김상옥이 오른쪽 둘째손가락으로 권총의 방아쇠를 건 채 힘있게 총을 쥐고 있었다고 기록했다.

대한민국 정부는 1962년 건국훈장 대통령장을 추서했다.

9

큰 배와 같았던 정치가,
여운형

1886년 경기도 양평군 양서면 신원리의 양 반 명문가에서 태어났다.

여운형의 할아버지는 조선을 속국으로 여기고 멸시하고 간섭하는 중국에 대한 반감이 컸던 신지식인의 한 사람으로, 갑신정변을 주도했던 이들과 함께 중국을 정벌할 군사를 모아 훈련하다가 체포되었다. 영의정의 조카라서 겨우 살아나기는 했으나 평안도로 유배되었다가 폐인이 되다시피 하여 귀향했다. 이 일로 여운형의 가족도 충북 단양으로 피난 가서 숨어 살다가 양평으로 돌아왔다.

아버지는 불같은 성격을 가졌지만 고루한 봉건유습에 얽매여 사는 평범한 양반이었다. 반면, 어머니는 체구도 크고 배포도 큰 여성이었다. 기세가 대단하고도 현명해서 여씨 집안의 수십 명 식솔을 휘어잡고 사는 여장부였다.

어머니를 닮아 왕의 골격을 받고 태어났다는 소리를 들을 정도로 우람한 체구에 잘생긴 여운형은 어려서부터 활쏘기와 씨름, 달리기 같은 운동으로 단련했다. 배포가 크고도 인정이 많아서 천대받는 상민이나 하인들의 편에 선 많은 일화를 남겼다.

1894년 동학농민봉기가 전국을 휩쓸 때, 다른 세도가 양반들과 달리 여운형의 집안은 동학 편에 섰다. 할아버지 형제와 아버지 형제가 모두 동학에 가담해 충청도, 강원도에서 관군에 맞서 싸웠다.

농민군이 관군과 일본군에게 패배한 후, 정부의 탄압을 우려한 온 가족이 또다시 충청도 단양의 깊은 산중으로 피신을 갔다가 귀향했는데, 이때 죽을 때 죽더라도 본가로 가자고 집안 남자들을 설득한 이도 여운형의 어머니였다.

여운형의 집은 명문가라도 크게 부유하지는 않았는데 혼란의 시기를 겪으면서 더 어려워졌다. 그래도 인심이 좋아서 찾아오는 손님이며 길손이 끊이지를 않았다. 서울과 강원도를 잇는 도상에 있기 때문이기도 했다. 집 안에는 늘 손님이 있었고, 이를 보며 자라난 여운형도 친구를 좋아하고 누구에게나 잘해주는 품 넓은 사람으로 성장했다. 반상의 차별이 엄했던 아버지와는 달리, 여운형은 상민들과 격의 없이 어울리고 없는 사람이 곤란을 당하면 앞장서서 해결해 주어 존경을 받았다.

여운형이 서구문물을 접한 것은 14살이 되던 1899년이었다. 서울에 올라간 길에 선교사 아펜젤러가 운영하는 배제학당을 견학하고 서구의 신지식을 배워야겠다고 결심했다. 유림인 아버지의 반대를 무릅쓰고 이듬해인 1900년 배재학당에 입학했는데 종교

수업을 강요하는 데 반발해 1년 만에 그만두고 민영환이 설립한 홍화학교로 옮겨 신학문을 공부했다.

홍화학교를 마친 후에는 어려워진 집안을 도우려고 우체국에 취직하려는 목적으로 관립 우체학교에 다녔으나 1905년 을사늑약으로 일본인들이 통신원을 장악하자 졸업을 한 달 앞두고 그만두었다.

이 무렵 서울의 우국지사들이 본부처럼 모이는 곳은 남대문 상동교회였다. 상동교회 전덕기 목사의 덕망 덕분에 이동녕, 이회영, 안창호, 신채호 등 일일이 거론할 필요도 없이 수많은 청년지사들이 모여들었다. 22살의 여운형도 상동교회에 드나들며 장차 독립운동의 중추가 될 인물들을 사귀게 된다.

1907년 일본과의 정미7조약으로 대한제국 군대가 해산되며 각지에서 의병운동이 일어났으나 여운형은 아버지 상중이어서 고향을 떠나지 못했다. 대신 향리의 청년들을 계몽시키는 일부터 하기로 했다. 사랑방에 인근 청소년들을 모아놓고 수학, 지리, 역사 등 신학문을 가르치는 것으로 시작해 마을에 정식학교인 광동학교를 설립했다. 광동학교는 서울 동대문 밖에 세워진 최초의 신식학교였다. 일요일에는 서울에 올라가 상동교회에서 우국지사들과 교류를 했다.

23살이 되던 1908년 아버지의 3년상을 마치고 집안의 가장이 된 여운형은 먼저 가위로 직접 자신의 상투를 잘라버리고는 집안의 종들을 모두 모아놓고 그들이 보는 앞에서 종 문서를 불에 태워버리며 말했다.

"여러분은 이제 자유입니다. 지금부터 각기 자유롭게 행동하시오. 이제부터는 상전도 없고 종도 없습니다. 그러니 서방님이니 아씨마님이니 하는 칭호부터 없애시오. 인간은 날 때부터 평등합니다. 주인이니 종이니 하는 것은 어제까지의 풍습이오, 오늘부터는 그런 낡은 껍데기를 벗어던지고 제각기 자신이 원하는 직업을 찾아가시오."

호적에도 양반, 평민, 상민이 명시되던 시절이었다. 이 사실이 알려지자 양평 일대의 양반들이 들고 일어났다. 편지로 야단을 치는 이도 있고 직접 찾아와 시비를 거는 이도 있었다. 전통 규범을 파괴한다는 것이었다. 설득으로 해결하기 어려운 봉건사상이었다.

이 무렵 국채보상운동이 벌어졌다. 일본에 진 국가채무 2천만 원을 국민의 모금으로 갚자는 운동이었다. 여운형도 이 운동의 연사로 앞장섰는데 타고난 연설 솜씨로 가는 곳마다 대성황을 이뤘다. 그에게 반감을 가졌던 양평의 양반들도 누그러졌다.

1910년, 여운형은 광동학교를 구한국 군대의 상등병이던 황봉연에게 맡기고 강릉으로 내려갔다. 강릉 초당지 옆에 있던 초당의숙에서 인재를 양성하고자 함이었다. 그러나 그해 8월 31일, 대한제국은 결국 일본의 식민지가 되어버렸다. 강릉 지역 반일교육의 산실이던 초당의숙도 강제로 폐쇄되어 버렸다.

이듬해 봄에 올라온 서울은 초상집 같았다. 한숨과 눈물과 곡성의 바다였다. 애국지사들은 감옥에 끌려가거나 해외로 망명하고, 일본에 협조한 고관들은 막대한 땅과 하사금을 받아 떵떵거렸다.

여운형은 생계를 위해 월 20원을 받으며 미국인 선교사 클라크

목사의 조수로 일하면서 독립운동의 길을 모색했다. 그러나 그물
망 같은 감시망이 펼쳐진 국내에서 활동하기는 어렵다고 결론지
었다. 고향에 남은 논 2천 평을 언더우드 선교사에게 저당 잡히고
받은 6백 원으로 동생 여운홍은 미국으로 유학을 보내고 자신은
1913년 가을, 만주로 향했다.

목적지는 신흥무관학교였다. 이회영 일가가 전 재산을 바쳐 세
운 그곳에는 많은 한인 청년들이 굶주림과 추위 속에 훈련을 하고
있었다. 그들의 열의는 대단했다. 그러나 학교를 둘러본 여운형은
자신의 생각과는 많이 다른 것에 실망했다.

여운형은 신흥학교가 의지는 훌륭하지만, 만주에서도 오지인
외딴 벽지에서 실총과 실탄도 제대로 갖추지 못한 채 농사를 지으
며 훈련하는 정도로 세계 굴지의 일본군을 대적하기는 힘들다고
보았다. 그는 자신이 유격투쟁보다는 정치활동에 쓰임새가 있다
고 판단하고 다시 국내로 돌아왔다.

제1차 세계대전이 발발한 해인 1914년, 여운형은 선교사 언더우
드에게 남경의 금릉학교에 추천장을 받아 다시 중국으로 떠났다.
그리고 금릉학교에서 1917년 7월까지 공부했다.

32살로 학업을 마친 여운형은 상해로 가서 미국인 피치 박사가
운영하는 책방에 취직해 생활비를 벌면서 상해에 거주하는 한국
인들의 단체인 교민단의 단장이 되었다. 정치적 수완과 친화력이
좋은 여운형은 교민단장을 하는 동안 3백 명 이상의 한인 청년들
을 미국과 중국의 여러 학교에 입학을 알선해 주는 등 나라를 잃고
망명 나온 한국 교민들이 자리 잡는 데 큰 도움을 주었다.

여운형은 교민단장으로 활동하는 중에도 여러 차례 은밀히 국내에 들어가 이승훈, 이상재 등 국내 운동가들과 국내외 정세에 관한 정보를 교류하고 운동의 방향을 논의하여 국내와 해외의 연결고리 역할을 했다.

1918년 11월, 제1차 세계대전이 종식되고 프랑스 파리에서 강화회의가 열리게 되었다. 무려 3,700만 명의 목숨을 앗아간 제1차 식민지 쟁탈전이 끝나면서 식민지 약소국들은 희망에 들떴다. 1년 전의 러시아혁명과 그 직후 미국 대통령 윌슨이 대독일 선전포고를 하면서 발표한 민족자결주의 14개 원칙이 희망의 근거가 되었다.

여운형을 비롯한 상해의 한국 독립운동가들이 들떠있던 차에 미국 윌슨 대통령의 특사 크레인이 상해를 방문했다. 여운형은 중국 요인을 통해 크레인을 면담해 한국의 처지를 설명하고 파리강화회의에 한국 대표도 참석해 일본의 야만적 침략상을 폭로하게 해달라고 요청했다. 크레인은 즉석에서 적극적 지원을 약속했다.

면담의 주체가 문제였다. 국제 사회에 개인의 이름으로 진정을 할 수는 없었다. 여운형은 곧바로 장덕수, 조동호 등 40여 명의 동지들을 규합해 신한청년당을 결성했다. 한국사 최초의 근대적 정당이었다. 당수는 여운형이 맡았다.

신한청년당은 윌슨 대통령에게 진정서를 보내는 한편, 파리강화회의에 보낼 한국 대표로 김규식을 선정했다. 또한 장덕수, 선우혁, 김순애, 백남규 등을 국내로 파견해 만세운동을 준비했다. 한국인이 독립을 원한다는 사실을 스스로 보여줄 필요가 있었기 때문이었다.

국내 만세운동의 책임을 맡은 당원들은 이승훈 등 교육자들과 여러 학교 학생대표들을 만나는 한편, 기독교와 천도교, 불교까지 종교계 인사들을 만나 33인의 독립선언서 서명인을 모았다. 일본에도 대표를 파견해 2월 8일 동경에서 독립선언서를 발표하게 했다.

여운형 자신은 만주에서의 만세운동을 위해 아편 상인으로 가장하고 3개월간 장춘, 길림, 하얼빈 등 동북삼성 주요 도시를 돌아다니며 독립운동가들을 만났다.

당시 시베리아에는 러시아혁명을 분쇄하려고 백위군을 지원 온 연합국 군대들이 주둔하고 있었다. 여운형은 체코슬로바키아, 미국, 영국, 캐나다 등 연합국 사령관들을 찾아다니며 한국의 독립을 역설하고 일본을 비난하는 전단을 수만 장이나 만들어 연합군 부대에 배포했다.

만주에는 일본 경찰과 밀정들이 바늘의 숲처럼 깔려있었다. 여운형은 그들을 피하기 위해 3개월간 수염을 한 번도 깎지 않아 얼굴이 털로 덮인 서양인 같아 보였다. 국내에서의 만세운동이 성공했다는 소식을 들은 것도 만주에서였다. 만주 곳곳에서도 잇달아 만세운동이 터져 나왔다.

이 모든 활동이 신한청년당 당수인 여운형의 계획으로 시작되었으니 3.1만세운동은 사실상 여운형이 일으킨 거사라고 할 수 있었다. 그러나 겸손했던 여운형은 자신이 만세운동을 발의하고 지휘했다는 사실을 자랑하고 다닌 적이 없었다.

여운형은 임시정부 수립 과정에서도 의정원 의원으로 참석해 여러 가지 반대 의견을 내놓았다. 여운형은 정부가 아닌 정당으로 가자고 주장했다. 정부라면 체면을 유지해야 할 텐데 현재의 형편으로는 너무 빈약하다는 이유였다. '대한'이라는 것도 대한제국 때 잠깐 쓴 명칭에 불과하므로 조선이라는 전래의 명칭을 잇는 게 좋다고 보았다. 이승만을 국무총리로 하자는 의견에 대해서도 신채호와 함께 반대편에 섰다.

여운형은 회의에서 줄곧 소수파 의견을 내놓았고 어떤 직함도 맡지 않았다. 그러나 일단 만들어진 임시정부에 대해서는 적극적인 지원을 아끼지 않았다. 정치가로서의 수완과 인격을 인정받은 그는 상해 외교가에서 신망이 높았다. 그의 외국인 인맥에는 정치가, 학자, 법조인, 사업가, 종교인, 체육인 등 각계각층이 망라되어 있어 임시정부에서 대외적으로 교섭할 일이 있으면 여운형을 찾아 해결하곤 했다.

여운형에 대한 국내외의 신망을 알고 있던 일본 정부에서도 만나자는 제안이 왔다. 1919년 8월이었다. 도쿄로 와서 조선의 정치 문제에 대한 의견을 교환해 보자는 것이었다.

3.1만세운동에 놀란 일본 정부는 현재의 식민지 체제를 유지하되 한국인들에게 어느 정도의 자치권을 허용해서 불만을 완화 시키려 계획하고 있었다. 그리고 다양한 경로로 자치론을 수용할 한국인들을 찾고 있었다.

여운형이 도쿄행을 거절하자 프랑스 영사까지 나서서 설득했고, 안창호와 조동호, 이광수 등도 찬성했다. 그들 중 이광수는 자진해서 자치론에 넘어가게 된다.

반면, 이동휘 등 임시정부의 원로들은 일본 정부와 만나는 자체

연설하는 여운형

를 반대하고 거부하면 폭력으로 막겠다는 협박까지 했다.

고심 끝에 여운형은 그해 11월, 최근우와 신상완을 대동해 도쿄 행을 강행했다. 우리가 임시정부를 만든 이유는 다른 나라 정부와 교섭하기 위해서이니, 일본과의 교섭을 거부할 이유가 없다는 논리였다.

도쿄에 도착한 여운형은 일본 정부의 척식장관을 비롯해 육군 대신, 조선군 사령관, 관동군 사령관 등 최고위 관료들을 두루 만나 조선독립의 당위성을 역설했다.

하지만 그들이 요구하는 자치론에는 절대 안 된다고 못을 박았다. 여운형이 도쿄를 방문한 목적은 자치론을 협상하기 위해서가 아니라, 도쿄의 한국인들을 격려하기 위함이었다. 그는 유학생 등 한인 학생들을 수백 명씩 모아 독립해야 한다는 연설로 열광적인 박수갈채를 받았다.

여운형은 그 존재만으로도 관심을 받았다. 훗날 도쿄에서 그를 취재했던 기자 김을한은 이렇게 썼다.

몽양의 성격은 대담 호협하고 너그러워서 누구에게든지 좋은 인상을 주었으며 용모로나 체격으로나 어디에 내놓더라도 부끄럽지 않은 남자다운 남자였다. 따라서 나는 그를 대할 때마다 여기 '미스터 코리아'가 있다고 생각하였다. 하루는 몽양과 어깨를 나란히 하여 동경에서 제일 번화하다는 긴자 거리를 산보하는데 지나가는 사람마다 놀라고 감탄하는 표정으로 이편을 돌아다보아서 나까지 어깨가 으쓱해졌다. 일본에도 남자는 많지만 몽양만큼 잘생긴 사람은 처음 보기 때문

이었으며, 나도 아는 사람은 어지간히 많지만 그같이 준수한 인물은
아직까지 보지 못했다는 것을 단언할 수 있다.

일본 고위층과의 회담은 여운형의 지론을 설파하는 자리밖에
되지 않았다. 여운형이 상해로 돌아간 후 일본 의회는 한동안 분란
을 면치 못했다. 분노한 일본 의원들은 대정부 질문에서 말했다.
"끝까지 조선 독립을 고집하는 여운형이란 자를 왜 끌어들여 선
전의 기회를 주었으며, 왜 체포해 투옥하지 않았느냐?"
여운형은 전사 아니면 지사 일색이던 한국 독립운동 판에 보기
드문 정치가였다. 그는 독립운동 내부의 다양한 파벌 어느 쪽과도
대화를 할 자세가 되어있었을 뿐 아니라, 심지어 일본까지 포함해
세계의 그 어느 나라와도 협상할 준비가 되어있었다.
그러나 그의 협상에는 절대 불변의 원칙이 있었다. 한국의 독립
과 한국인의 행복을 추구하기 위한 협상이라는 것이었다.
도쿄에서 돌아오고 얼마 후 여운형은 여러 공산주의자들과 교
류했다. 1905년의 제1차 러시아혁명 때부터 적군으로 활동했던 소
련 교포 김만겸을 통해서였다. 김만겸의 소개로 중국공산당의 창
립자이자 중앙위원회 의장이던 진독수, 일본에 공산주의 이론을
처음 도입하는 오스기 사카에 등을 만난 여운형은 마르크스 이론
에 관심을 갖게 되었다.
여운형이 좌익 이론에 호감을 가진 이유는 미국 등 자본주의 선
진국들이 자기 나라 이익만을 추구하는 데 비해 소련은 식민지의
독립운동을 지원하고 나섰기 때문이었다. 자신이 큰 기대를 걸고

만세운동까지 일으켰던 파리강화회의도 실은 자본주의 선진제국들이 전쟁의 전리품을 나누는 자리에 불과하다는 사실을 절감한 때문이기도 했다.

반면, 소련은 잇달아 식민지 독립운동 지원을 약속하는 대회를 열고 있었다. 여운형은 소련교포 이동휘가 결성한 고려공산당에 당원으로 가입한 후, 1921년 모스크바에서 개최한 '원동피압박민족대회'에 김규식 등 30명의 한국 대표를 이끌고 참석했다.

시베리아와 고비사막을 지나는 험난한 여정을 거쳐 모스크바 역에 도착한 한국 대표단은 마중 나온 수만 명 군중의 열렬한 환영을 받았다. 일본은 물론 미국과 중국 등 그동안 한국 독립운동가들이 다녀본 그 어떤 나라에서도 받아보지 못한 대환영이었다. 여운형은 군중들 앞에 연사로 나서서 식민지 약소국의 독립을 주장하는 열변으로 박수갈채를 받았다.

대회에는 한국, 일본, 중국, 몽고, 베트남 등에서 200여 명의 대표가 모였는데 일본은 피압박 민족이 아니니 대회 명칭을 바꾸자는 제안에 따라 '극동민족대회'로 진행했다.

대회 기간 중 여운형은 레닌을 두 번 면담했다. 세계를 뒤흔든 혁명의 지도자이면서도 요란한 박수갈채도 거부하고 참석자의 일원으로 미리 들어와 조용히 앉아있을 정도로 소박한 레닌은 조선의 독립운동을 도와달라는 여운형의 말에 흔쾌히 화답했다.

레닌은 이듬해인 1922년 임시정부 국무총리이자 고려공산당 당수인 이동휘를 통해 40만 루블이라는 막대한 자금을 임시정부로 보낸다. 임시정부는 이 돈의 사용처 문제로 심각한 내분을 겪기도

하지만 공산주의에 대한 호감을 갖게 한 것은 분명했다.

소련에서 돌아온 여운형은 1922년 마르크스의 《공산당선언》을 한글로 번역해 출판했다. 한국어로 발행된 최초의 공산주의 서적인 《공산당선언》은 국내와 해외에서 항일운동을 하던 많은 젊은이들에게 큰 영향을 끼쳤다.

여운형은 상해에서 동방대학교와 복단대학교 영문학 교수로 재직하면서 체육도 가르치고 조선정세와 세계정세에 대한 강연으로 많은 청년들의 인기를 얻었다.

대외적인 활동의 이면으로는 중국 광동에서 피압박민족대회를 열려고 준비했다. 그는 복단대학에 축구단을 결성한 후 원정 대회를 핑계로 싱가포르, 말레이시아, 수마트라, 필리핀 등을 돌아다니며 민족대회 참석자를 조직했다. 또한 가는 도시마다 강연과 언론 취재를 통해 영국, 미국, 일본의 제국주의 야욕을 맹비판했다. 때문에 우익신문들로부터 공산주의자로 비난받기도 하고 경찰에 억류되었다가 강제 출국을 당하기도 했다.

상해에 돌아온 여운형은 결국 1929년 7월 일본영사관 경찰에 체포되었다. 여운형은 체포를 거부하고 격투를 벌이다가 한쪽 귀의 고막이 찢어져 평생 한쪽 귀로만 살게 되었다.

여운형의 서울 호송은 큰 관심을 끌었다. 여운형 관련 기사가 연일 신문에 보도되었는데, 그를 심문한 검사는 동아일보 기자와의 면담에서 이렇게 말했다.

"여운형은 진실한 학구적 인물이라 하겠다. … 그리하여 세계적 정세를 잘 이해하고 미래의 조선이 장차 어떻게 진전될 것이라는 것까지를 관찰하여 그 모든 답변이 정치적 두뇌가 있고 답변이 다 철저하여 진실로 조선의 모든 운동가 중에서 거물이라 아니할 수 없다. 그리고 그가 공산주의 운동에 가담은 했으나 공산주의 '로맨틱' 시대에 참가한 것이므로 공산주의에서는 김준연과 같이 철두철미한 것은 아니라고 여겨진다."

1930년 4월에 시작된 재판에는 김병로, 이인, 허헌 등 10여 명의 한인 변호사들이 자진해서 무료변론을 맡아주었다. 화려한 변호인단 덕분인지 당시 공산당 관련자들은 보통 6, 7년을 받았는데 여운형은 징역 3년만을 선고받았다.

여운형에게 떨어진 징역은 그물 짜기와 종이기구 만들기 같은 노역이었다. 건장했던 여운형은 감옥살이를 하며 건강이 심하게 나빠졌다. 감옥의 조악한 음식으로 이가 부러지고 잇몸이 엉망인데다 소화불량에 걸려 영양실조로 인한 빈혈에 시달려야 했다. 신경통에 치질까지 겹쳐 잠을 거의 못 자는 바람에 검던 머리칼이 반년 만에 하얗게 세고 말았다.

만기 출옥하고 8개월 만인 1933년 3월 조선중앙일보 사장으로 영입되었다. 광산재벌 방응모가 운영하던 조선일보, 전라도 만석꾼 김성수가 운영하던 동아일보와 달리 조선중앙일보는 애국적인 소액지주들로 구성된 신문이었다.

여운형은 사장이 되자 독립운동으로 옥살이를 한 이들을 20명이나 고용하고 민족반역자나 단체들, 특권층의 비위를 용서 없이 적발해 보도했다. 때문에 여러 기자들이 연행되고 여운형도 여러 차례 경찰의 조사를 받았지만 논조는 변하지 않았다. 오히려 여운형의 대범한 투자유치로 취재용 비행기까지 갖추었다.

조선중앙일보가 폐간된 것은 여운형이 사장을 맡고 3년째 되던 1936년, '일장기 말소 사건' 때문이었다.

그해 8월에 열린 베를린 올림픽 마라톤 경기에서 일본 대표로 나간 한국인 손기정이 우승을 했다. 손기정은 조선중앙일보에서 개최한 마라톤 대회에서도 경이적인 기록으로 우승해 사장 여운형과 친한 사이였다. 그런데 마침내 올림픽까지 우승한 손기정의 가슴에는 일장기가 붙어있었다. 울분에 찬 조선중앙일보 기자들은 고의적으로 일장기를 뭉개어 어느 나라 국기인지 알 수 없게 인쇄해 배포해 버렸다.

경찰은 처음에는 이를 눈치 채지 못했다. 그런데 동아일보 기자들이 조선중앙일보를 따라 일장기를 지워 인쇄한 것이 검열에 걸리면서 조선중앙일보도 걸리게 되었다. 총독부를 발칵 뒤집어 놓은 일장기 말소 사건이었다.

두 신문사 기자들이 대거 연행되었다. 일제는 기자들을 해고하고 사장만 바꾸면 조선중앙일보를 살려주겠다고 했다. 동아일보는 휴간을 하는 것으로 순응했으나 조선중앙일보의 주주들은 이를 거부하고 자진해서 폐간을 선택했다.

경찰의 감시로 외국에 나갈 수도 없게 된 여운형은 서울 계동에 얻은 허름한 기와집에 살면서 애국청년이며 우국지사들과 교류하며 독립운동을 모색했다.

일본은 여운형이 석방된 이듬해인 1937년 7월 중국 본토를 공격해 제2차 세계대전에 불을 붙였다. 여운형은 사람들을 만날 때마다 자원도 인력도 부족한 일본이 중국을 상대로 전쟁을 시작했으니 크게 낭패를 당할 것이라며, 한국은 해방이 멀지 않다며 희망을 심어주었다.

일본은 침략전쟁에 한국인들을 동원하기 위해 여운형을 비롯한 한국의 저명인사들에게 협조할 것을 요구했다. 여운형에게는 조선총독이 직접 면담을 요청해 왔다.

하지만 여운형은 일본이 원하는 내용의 시국 강연이나 전쟁을 찬양하는 글쓰기를 일체 거부했다. 총독을 면담하는 자리에서도 화려한 말솜씨로 일본의 중국 침략을 질타하고 침략 전쟁에 협조할 수 없다고 밝혔다. 1940년 들어 한국인들의 이름까지 일본식으로 고치도록 하는 창씨개명을 강요했을 때도 끝까지 거부했다.

일경은 여운형을 보호관찰 명단의 제1번으로 등록하고 감시했다. 일본은 전시체제를 선포하고 식량을 배급제로 바꾸고 경찰의 허가증이 없으면 기차도 타지 못하게 했다. 일본에 협조하지 않으면 식량을 배급받지 못해 가족을 굶겨야 하니 국내 독립운동가의 대다수가 이 시기를 넘지 못하고 친일활동을 할 수밖에 없었다. 반일의식이 있는 지식인들의 수입원이던 신문과 잡지는 모조리 폐간시켜 버리니 견딜 수가 없었다.

여운형은 친일활동을 하지 않으니 생활이 갈수록 더 어려워졌다. 계동 집은 너무 낡아서 비가 오는 날이면 마룻바닥 여기저기에 세숫대야며 놋대야 같은 것을 놓고 천장에서 떨어지는 빗물을 받아야 했다. 하루 한두 끼니 먹는 것도 힘들었다. 그의 집을 찾은 애국 청년들은 빈한하다 못해 비참한 모습에 충격을 받았다.

일본은 타고난 정치가로서 논쟁과 협상에 뛰어난 여운형을 이용해 보려고 애를 썼다. 1940년 봄에는 그를 중국에 보내 일본이 세운 꼭두각시 정부의 수반이 된 왕정위를 도와달라고 요청했다. 여운형은 중국에 있을 때 왕정위와 잘 알던 사이였기 때문이다.

여운형이 중국행을 거절하자 일본 정부는 그를 도쿄로 초청해 전 일본수상과 전 조선총독 등을 만나게 했다. 그러나 여운형은 중국인의 민심에 반하는 왕정위 정부를 도울 수는 없다고 끝까지 거절했다.

서울에 돌아온 뒤에도 일본 외무대신이 면담을 요청하는 등, 일본의 요구는 계속되었으나 누구도 그의 고집을 꺾을 수는 없었다.

1940년 가을에는 새로 부임한 사상검사 사이토가 그를 설득하기 위해 조선호텔로 불러 요청했다.

"대일본제국이 땅에서는 러시아를 격파하고 바다에서는 영국과 미국을 분쇄하고 있으니 협조해 주기 바란다."

여운형은 여러 사람이 듣는 자리에서 큰 소리로 면박을 했다.

"그대가 나를 어린아이인 줄 알고 꾀는가? 우습다. 내가 남양을 시찰할 때 싱가포르에서 영국을 욕했다 하여 추방을 당하고, 필리핀에서 백인의 자본주의를 욕하고 약소민족을 선동하였다고 여행권을 빼앗긴 것은 그대도 잘 알 것이다. 나는 그때 칼 한 자루도 없고 군함 한 척도 없었다. 나는 정의라면 목에 칼이 들어와도 할 말은 하고야 만다. 일본의 육군이니 해군이니 운운하는 것은 나를 위협하는 말이다. 조선민족은 물론 동양민족이나 심지어 일본민족까지를 위하는 인류정의의 싸움이라면 나는 죽도록 협력하고 죽어도 좋다. 그렇지 않다면 군대와 군함의 위력에도 굽히지 않는다. 굽히지 않다가 죽어도 좋다. 나는 영미가 동양을 침략하는 데 분개하는 사람 중의 하나이다. 왜 일본이 영미와 겨뤄보지 못하고 동양인가 싸우는가?"

여운형의 당당한 언변에 사이토 검사는 할 말을 잃고 오히려 그의 인격을 칭송하고 말았다.

여운형이 일본 고관들을 만나기 위해 도쿄에 다녀온 것은 일본에 협조하기 위해서가 아니라, 애국청년들을 만날 기회를 만들기 위함일 뿐이었다. 국내에서도 총독부의 면담을 거절하지 않은 것은 일본의 잘못을 질타할 기회이기 때문이지 그들에게 협조한 것이 아니었다. 일경의 감시에도 불구하고 여운형을 따르는 청년들은 갈수록 늘어날 수밖에 없었다. 이들은 몇 년 후 해방을 맞아 만들어지는 건국준비위원회의 기틀이 된다.

보다 못한 일본은 1942년 12월 21일 밤, 여운형을 사회안전법 위반으로 구속시켜 버렸다. 여운형이 청년들에게 일본은 곧 패망하고 조선은 해방될 것이라고 말하고 다녔다는 이유였다.

여운형의 말을 다른 사람들에게 옮긴 집안 친척들과 애국청년들까지 여럿이 체포되었는데 대개 2,3주일 만에 석방되고 여운형만 징역 1년에 집행유예 3년을 선고받고 6개월 만에 석방되었다.

이런 여운형도 어쩔 수 없이 가입한 단체가 '대화숙'이었다. 대화숙은 항일운동의 전과자들을 모아 친일과 전쟁을 찬양하는 시국연설을 하게 하는 단체였는데 여운형만 아니라 국내에 거주하고 있던 명망 있는 항일운동가들은 거의 다 가입해 있었다. 쌀과

보리, 콩까지 곡물의 개인거래가 일체 불법이 되어 식량배급으로 살아야 하니 어쩔 수 없이 가입한 것이다. 가입해서 형식적으로 전쟁 찬양 연설회에 나가거나 글을 쓰는 이들도 있었지만 마음까지 변한 것은 아니었다. 여운형도 식구들을 굶겨 죽일 수는 없어 가입은 했으나 회장으로 추대하려는 것을 강력히 거부하고, 대화숙에서 하는 수많은 행사 참여와 글쓰기 요구를 일체 거부하고 버텼다.

이렇게 되자 일경의 감시는 더욱 심해지고 괴롭힘을 당했다. 견디다 못한 여운형은 1943년 11월 말, 양주 봉안에 있는 이상촌으로 내려갔다. 집안 친척인 여운혁과 목사 김용기 등이 만든 공동체였다.

이상촌에서 그는 다른 사람들과 똑같이 봄에는 퇴비를 만들고 채소밭에 김을 매고 고추 모종에 물을 주는 등 열심히 일하는 한편으로 그곳까지 찾아오는 애국청년들과 교류했다.

1944년 5월, 조선총독부 정무총감이 여러 수행원을 거느리고 이상촌까지 여운형을 찾아왔다. 서울에 올라가서 학도병 모집에 힘써달라는 요구였다. 여운형은 이 역시 거절하고 돌려보냈다.

총독부의 끈질긴 요구와 정반대로, 정무총감이 돌아가고 3개월 후, 여운형은 '건국동맹'을 결성했다. 눈앞으로 다가오고 있는 일본의 패전에 맞춰 해방된 조국에 새로운 나라를 세우고자 만든 단체였다. 극비리에 연락해 결성식에 참석한 운동가는 조동호 등 8명으로, 친구들끼리 천렵을 하는 것으로 가장했다. 다들 숨도 쉬기 힘들도록 압제를 당하고 있음에도 건국동맹 회원은 전국 각지에 빠르게 늘어났다.

1945년 5월, 유럽 전선에서 독일이 항복하고 미군은 태평양 열도와 동남아의 여러 섬에서 일본군을 초토화시켰다. 중국의 일본군은 중국 정부군과 중국공산당 산하 팔로군의 합동공세로 진퇴양난의 늪에 빠져 허우적거리고 있었다.

일본의 패전이 확실해진 그해 7월, 정무총감이 다시 여운형을 면담해 향후 한국의 치안유지에 나서달라고 요청했다. 사실상 일본인들의 무사귀환을 위한 간청이었다. 이날의 대화를 통해 일본의 패망을 더욱 확신한 여운형은 건국동맹의 확대를 서둘렀다.

8월이 되면서 조선총독은 박석윤을 통해 여운형에게 공식적으로 한국의 치안권을 이양해 달라고 요청했다. 여운형은 이 요청은 수락했다. 일본이 물러간 공백기의 혼란을 막고 순조롭게 건국을 진행하기 위함이었다.

마침내 8월 15일 정오, 일왕의 무조건 항복 선언이 방송되고 한국은 해방되었다. 조선총독은 여운형을 면담해 말했다.

"과거 두 민족이 합하였던 것이 조선에게 잘못됐던가는 다시 말하고 싶지 않다. 오늘날 나누는 때에 서로 좋게 나누는 것이 좋겠다. 오해로 피를 흘리고 불상사를 일으키지 않도록 민중을 지도하여 주기 바란다."

여운형은 일본인의 안전한 귀환을 보장하는 대신 형무소에 수감된 모든 항일운동가의 즉각적인 석방, 서울의 3개월분 식량 확보, 치안권의 완전한 이양, 조선 내 각 사업장에 있는 일본인 노무자들로 하여금 한국의 건설 사업에 협력하도록 하라는 등의 5개항을 합의했다.

합의에 따라 다음 날 오전 10시 전국 형무소에서 모든 항일운동가들이 석방되었다. 여운형은 서대문형무소와 마포형무소에 차례로 가서 수감자 석방의 입회인으로 그들을 환영했고, 오후에는 휘문고보에서 수천 명의 석방자와 군중들 앞에서 연설해 갈채를 받았다.

"우리 민족해방의 제일보를 내딛게 되었으니 우리가 지난날의 아프고 쓰리던 것을 이 자리에서 다 잊어버리고 이 땅에다 합리적, 이상적 낙원을 건설하여야 합니다. 이제 곧 해외의 여러 곳으로부터 훌륭한 지도자들이 들어올 테니 그분들이 올 때까지 우리들의 힘은 적으나 서로 협력합시다."

해방은 되었으나 미군도 소련군도 들어오지 않은 가운데 관공서와 경찰서는 일본 헌병들이 지키고 있었다. 중국, 미국, 소련 등 해외에 산재한 독립운동가들도 아직 들어오지 못한 상태였다. 여운형이 이끄는 건국동맹은 임시정부의 역할을 시작했다.

여운형은 건국동맹을 건국준비위원회로 바꾸고 사상과 정파를 상관하지 않고 다양한 인물들을 받아들였다. 이에 따라 건국준비위원회는 불과 2주일 만에 전국에 150개에 이르는 지부를 세워 치안을 확보하고 중국과 일본에서 돌아오는 귀환민을 환영하고 의식주를 제공하는 역할을 했다.

이를 토대로 9월 6일에는 좌우익을 막론하고 해외에 망명해 있던 독립운동의 지도자를 망라한 '조선인민공화국' 내각을 발표했다. 한반도가 북위 38도를 기점으로 남북으로 분할된 상황에서 미군과 소련군이 들어오기 전에 한국인의 정부를 선포해 놓음으로써 독립을 확고히 하기 위한 조치였다.

하지만 여운형의 구상은 인정받지 못했다. 여운형까지 좌익으로 보고 있던 우익은 인민공화국이 공산당들이 주도한다고 비판했고, 좌익들은 좌익대로 이승만을 대통령으로 지명한 데 불만을 토했다. 무엇보다도, 해외에 망명해 있던 애국자들이 거의 아무도 들어오지 않은 가운데 그들과 상의도 없이 성급하게 조각을 한 것에 대한 비판 여론이 높았다. 결국 이승만을 비롯한 우익들의 참여 거부로 인민공화국 구상은 무산되었다.

이후에도 여운형은 특정 이념에 얽매이지 않고 보수와 진보가 공존하는 민주공화국을 만들기 위해 애썼다. 그는 진보와 보수를 모두 태운 품 넓은 큰 배와 같은 사람이었다. 좌익이든 우익이든 직간접적으로 그의 신세를 지지 않은 이가 없다고 해도 좋았다.

그러나 좌익은 좌익대로, 우익은 우익대로 여운형을 믿지 않았다. 좌익은 여운형을 흔들리는 거인 혹은 흔들리는 배라고 불렀고, 우익은 정체를 숨긴 공산주의자라고 의심했다.

여운형은 그들로부터 7번이나 테러를 당한 끝에 1947년 7월 19일 혜화동 교차로에서 괴한의 총에 맞아 사망했다.

대한민국 정부는 여운형이 좌익 활동을 했다는 이유로 독립유공자 서훈을 거부하다가 민주당 노무현 대통령 시절인 2005년, 뒤늦게 건국훈장 대통령장을 수여했다.

10

사회민주주의운동의 선구자,
조봉암

1899년 경기도 강화군 선원면 지산리에서 태어났다. 가난해도 평화스러운 집에서 4남매의 둘째 아들로 자랐다. 그의 집이 평화로웠던 이유는 아버지가 남달리 순하고 착하기만 해서 아이들에게 잔소리 한마디 않고 원하는 대로 자유롭게 키웠기 때문이었다. 조봉암은 자유로운 가정 분위기 속에서 마음에 구김살 없이 행복하게 자라났다.

아버지는 가난 속에서도 둘째 아들을 보통학교까지 보내주었는데 조봉암은 장난에 빠져 살았다. 아침에 보자기에 책을 싸서 등교하면 책상에 펼쳐놓고는 수업이 끝날 때까지 책은 한 쪽도 열어보지 않고 장난만 쳤다. 성적이 좋을 수가 없었다. 겨우 꼴찌를 면하는 수준이었는데 장난치고 말썽 피우는 쪽으로는 우등생이었다.

조봉암이 어찌나 말썽을 많이 피우는지, 학교에 유리창이 깨지거나 어디서 학생이 울고 있으면 선생들은 물어볼 것도 없이 조봉암을 불러댔다. 집에서도 그랬다. 동네 아이 누가 머리가 터지거나, 누구네 집의 장독이 깨지면 사람들은 확인해 볼 것도 없이 조봉암부터 불렀고 실제로 그가 엮이지 않은 일이 없었다. 조봉암의 어머니는 마을 사람들을 찾아다니며 사과하고 돈 물어주는 일로 허리 펼 날이 없었다.

공부에 게을렀어도 두뇌가 나빴던 건 아니었다. 조봉암은 특히 수리계산에 뛰어났다.

보통학교를 졸업하고 16살에 강화군청에 심부름꾼으로 들어가 열심히 일한 결과 18살에는 월급 10원을 받는 임시직인 고원이 되었다. 조선총독부가 한반도의 모든 토지를 측량해 소유권을 정리하고 있을 때였다. 강화군청도 숫자를 맞추고 통계를 내느라 날마다 수십 명씩 고원을 고용했는데 그중 한 명으로 채용된 것이다.

주판으로 숫자 계산을 하던 시절이었다. 조봉암은 백만 단위까지 최고 속도로 부르는 것도 여유 있게 계산했을 뿐 아니라, 남들은 두세 명이 서로 두세 번씩 검산을 해야 맞는데 혼자 한 번만 주판을 놓아도 정확히 떨어져 10명 몫을 했다.

재능을 인정한 군청 재무주임은 그를 각별히 잘해주었다. 하지만 서무주임과는 번번이 부딪혀 여러 번 싸운 끝에 1년 만에 군청을 나와버렸다.

제대로 된 한국인의 국가를 경험하지 못한 채 일본의 식민지에서 성장한 당시의 대다수 청년들처럼, 조봉암은 한국과 한민족에 대한 애정이나 자부심을 가지고 있지 않았다. 다만 일본인들이 한국인을 천대하고 멸시하는 데 대한 불평과 불만은 갖고 있었다.

비로소 한국이 처한 현실을 절감하고, 또한 한국인에 대한 자부심을 갖게 된 것은 21살이 된 1919년에 터진 3.1만세운동이었다. 전국을 휩쓴 거대한 시위는 한민족이 결코 무기력하고 분열된 민족이 아님을 보여주었다.

조봉암은 강화읍에서 벌어진 만세시위를 주동해 1년간 감옥살이를 하게 되었다. 형무소에서도 조봉암은 대단한 골칫거리였다. 정치범이 많다 보니 때때로 대한독립 만세를 부르는 일이 벌어졌는데 조봉암도 매번 만세를 부르다가 끌려가 양손이 묶여 천장에 매달리고 곤봉과 채찍으로 두들겨 맞아야 했다. 그래도 그는 옥중투쟁을 멈추지 않았다.

어느 날은 대한독립 만세를 부르다가 일본인 간수들에게 포박되어 징벌방으로 끌려가면서도 계속 만세를 불러댔다. 간수들이 약이 바짝 올라 발길로 차고 혁대로 갈기다 못해 협박했다.

"이놈의 자식, 만세 한 번에 혁대 한 대씩이다. 어디 누가 이기나 해보자."

조봉암은 겁을 먹기는커녕, 오히려 소리쳤다.

"죽이려면 죽여라! 만세! 만세! 만세! 만세! …"

조봉암이 몹시 빠르게 만세를 수십 번이나 연달아 외치니 간수들은 기가 막혀 고개를 젓고 말았다.

"참 알 수 없는 자식이로군."

간수들은 기가 막혀 때리기를 포기하고 말았지만 조봉암은 이미 온몸이 피투성이가 되어 기절한 채로 시멘트 바닥에서 하룻밤을 쓰러져 있었다.

감옥살이는 조봉암을 바꾸어놓았다. 어떻게 하면 안정된 직장을 얻어 편안히 살아갈까 하는 정도의 생각뿐이던 그는 한국의 독립을 위해 모든 것을 바치기로 마음먹었다.

독립운동을 위해서는 우선 지식을 쌓고 인맥을 넓혀야 한다고 생각한 그는 형무소에서 나오자마자 서울에 올라가 YMCA 중학부에 다니기 시작했다. 22살에 시작한 공부였다.

이때 연애도 했다. 상대는 고향 강화도의 부잣집 딸로 서울에서 경기여고보에 다니던 김이옥이었다. 3.1만세운동에 참가했던 두 사람은 경찰서 조사실에서 만나 깊은 인상을 받아 조봉암이 1년 옥살이를 하고 나온 후부터 깊은 사이가 되어있었다.

그런데 조봉암이 YMCA 중학부에 다닌 지 얼마 되지도 않아 본인과는 아무 상관이 없는 항일사건으로 평양경찰서에 끌려가는 일이 생겼다. 평양경찰서에서의 15일은 조봉암의 평생에 가장 끔찍한 시간이었다. 그는 평생 수차례의 옥살이와 수십 차례의 유치장 생활을 했지만 평양경찰서 때보다 더 어려운 고비는 없었다.

일본에 대한 끓어오르는 적개심에 사로잡힌 조봉암을 더 슬프게 한 것은 연인 김이옥과의 이별이었다. 반상의 신분계급이 엄존하는 데다, 그보다 더 무서운 빈부격차가 가로막은 사랑이었다. 김이옥은 빈한한 상민의 아들과 결혼하려는 딸에게 분노한 부모에 의해 집 안에 감금되어 버려 더 이상 만날 수가 없게 되었다.

실의에 사로잡힌 조봉암은 평양경찰서에서 곤욕을 치루고 나온 후 YMCA도 그만두고 일본 도쿄로 떠났다. 호랑이 굴에 들어가 호랑이를 잡는 방법을 연구하겠다는 생각이었다.

도쿄에 떨어졌을 때 조봉암의 수중에는 한 푼도 없었다. 그는 고향 친구 자취방에 얹혀살며 조선식 엿을 고아 팔았는데 장사가 그런대로 잘되어 학비를 마련, 주오대학 정치과에 입학했다.

대학시절은 방대한 독서를 할 기회가 되었다. 문학작품으로 시작해 사회과학 방면으로 독서 범위를 넓히던 조봉암은 사회주의에 관한 서적들을 접하면서 갑자기 시야가 넓어지는 감동을 맛보았다. 그는 자서전에 이렇게 쓴다.

읽으면 읽을수록 그것이 완전한 진리이고, 내 마음 가운데 항상 꿈틀거리고 용솟음치던 생각과 100퍼센트 일치되는 때에 무한한 만족과 법열을 느꼈다. 나는 사회주의를 연구하고 사회주의자가 되고 사회주의운동을 하기로 했다.

조봉암이 사회주의에 매료된 이유는 일본이 왜 한국을 침략했는가를 알려주었을 뿐 아니라, 한국이 독립된다 해도 소수 지배계급이 권력을 쥐고 백성 위에 군림하는 나라여서는 안 된다는 것, 신분차별과 빈부격차 없이 모든 사람이 평등하게 사는 나라를 만들어야 한다는 사회주의의 대원칙 때문이었다.

도쿄의 조봉암이 제일 먼저 가입한 단체는 '흑도회'였다. 무정부주의자인 박열, 김약수 등이 주도해 1921년 11월에 결성한 흑도회는 한국의 현실을 양심적인 일본인에게 전달하고 국가적 편견과 민족적 증오가 없는 세계융합의 실현을 목표로 삼은 단체였다.

흑도회는 시나노가와 수력발전소에서 벌어진 한국인 노동자 학살에 항의하는 운동을 벌이는 등 한국인 인권운동에 일정한 역할을 했다. 그러나 회원들이 무정부주의와 공산주의로 갈라지면서 겨우 1년 만에 해체된다.

사회주의에 공감하고 있던 조봉암은 분열 과정에서 무정부주의에 비판적인 입장에 섰다. 그는 무정부주의자들을 사상계의 최첨단을 달리는 선구자임을 뽐내고 우쭐대는 관념적 지식인에 불과하다고 평가했다. 모든 면에서 부정적이고 파괴적인 허황된 말들만 할 뿐, 실질적인 행동은 하지 않는다고 보았다. 조봉암은 무정부주의를 떠나 사회주의의 과격한 형태인 볼셰비즘, 곧 소련식 공산주의운동에 가담했다.

조봉암은 사회주의 사상을 가진 김약수, 정우영, 김찬, 정재달 등과 의기투합해 한국인 유학생을 조직하는 한편으로 자신들의 사상을 알리는 잡지를 발간했다. 경제적으로나 내용적으로나 아직 많이 부족한 상태에서 잡지를 발간하는 데 대한 주변의 우려에 대해서 창간인의 한 명인 김약수는 말했다.

"우리들은 이미 전선에 나선 전사다. 탄환이 한 발밖에 없다고 해서 안 쏠 수는 없다. 이제 우리들은 그 한 발을 쏜다."

아무리 훌륭한 사상으로 무장하고 조직원이 많더라도, 그 어떤 독립운동단체도 세계적인 강대국으로 부상하고 있던 일본을 이길 수는 없었다. 그럼에도 패배를 각오하고 싸워야 하는 것이 약자들이었다. 김약수의 말은 조봉암의 좌우명이 되었다.

조봉암이 국내로 돌아온 것은 도일 3년 만인 1922년 8월이었다.

공산주의 소련이 식민지 약소국의 독립운동에 상당한 자금을 지원하면서 국내에는 혁명조직을 자처하는 여러 정파들이 난립하고 있었다. 중국 상해와 소련 이르쿠츠크에서 제각기 고려공산당을 만들어 정통성을 주장하는 판이었다. 서로 소련으로부터 자금을 받기 위함이었다.

소련공산당은 자금을 지원하는 대신 국제공산당, 곧 코민테른을 통해 세계의 공산당을 지도하고 있었다. 코민테른은 한국 공산주의운동의 심각한 분열상을 질타하며 모든 정파를 연합해 단일 정당을 만들도록 했다. 이를 위해 소련 베르흐네우딘스크에서 연합대회를 열라고 했다.

조봉암은 국내 대표의 한 명으로 연합대회에 참가하게 되었다. 그러나 연합대회는 분열을 더욱 가속화하는 역할만 할 뿐이었다. 파벌싸움에 회의를 느낀 조봉암은 활동을 중지하고 모스크바의 동방노력자공산대학에 입학했다.

동방노력자공산대학은 식민지 지식인들을 불러들여 무상으로 가르치고 숙식에 월급까지 제공하는 공산주의 학교였다. 소련의 여러 종족을 포함해 50여 개 종족이 배우고 있었는데, 한국인으로는 조봉암이 최초의 유학생이었다. 사회과학 이론 공부를 제대로 하지는 못했다. 강의는 러시아어로 진행되었는데 통역을 맡은 한인 교포가 한국말을 거의 못했기 때문이었다. 알아듣기 쉬운 러시아혁명사 정도만 제대로 배웠다.

동방노력자공산대학의 가장 큰 문제는 학생들의 건강이었다. 냉하고 습한 모스크바 공기와 벽난로 연기로 인한 폐병으로 많은 학생들이 중도에 수학을 중지했다. 조봉암도 폐병에 걸려 1년 6개월 만에 학업을 중단하고 한국에 돌아와 서울에 살며 조선일보 기자로 취직했다. 여성 동지이던 김조이와 결혼도 했다.

조봉암이 기자로 들어간 이유는 코민테른의 지시에 따라 국내에 공산당을 결성하기 위함이었다. 그는 같은 조선일보 기자이던 박헌영, 김단야 등 사회주의자들을 조직했고 세 사람은 지방 취재와 지국 관리를 핑계로 전국을 돌아다니며 당원을 모집했다.

마침내 1925년 4월 17일, 오늘의 롯데호텔 자리인 서울 명동 아서원에서 극비리에 조선공산당이 결성되었다. 책임비서에는 안동 출신 김재봉이 선출되었고 이튿날 결성된 조선공산당의 외곽 청년조직인 고려공산청년회의 책임비서로는 박헌영이 선출되었다.

공산당 결성의 실질적인 지도자 역할을 했던 조봉암이 책임비서를 맡지 않은 이유는 모스크바로 가서 코민테른으로부터 당을 승인받는 임무를 맡았기 때문이었다. 고려공산청년회까지 결성한 후 그는 곧바로 소련을 향해 출발했다.

모스크바에 도착한 조봉암은 코민테른에 조선공산당 승인 신청서를 냈다. 결성식 회의록과 참석자 서명, 당 규약 등이 적힌 복잡한 서류였다. 그런데 서울파, 상해파, 이르쿠츠크파 등 고질적으로 파벌싸움을 벌여온 조직들이 모스크바까지 사람을 보내서 승인을 거부하라며 항의하는 소동이 벌어졌다. 조봉암을 신뢰했던 코민테른은 그들의 항의를 일축하고 조봉암의 보고서를 채택했다. 이로써 코민테른으로부터 인정받은 최초의 국내 공산당이 탄생했다.

코민테른으로부터 공식적인 지지와 활동자금을 받은 조선공산당은 활발한 활동을 시작했다. 조봉암이 수학했던 동방노력자공산대학에 2백 명이 넘는 청년들을 차례로 유학 보내고 국내 전역과 일본, 만주에 지부를 만들었다.

그러나 20만에 이르는 경찰과 헌병이 배치되어 그물망처럼 감시하는 국내에서의 활동은 거의 불가능했다. 조선공산당은 4년간 집행부가 4차례나 대량 검거되었는데 그중 3명의 책임비서가 고문치사 되거나 정신이상에 걸려 죽었다. 체포된 간부 중 고문으로 죽은 이도 수십 명에 이르렀다. 공산당 관련자들이 해방되기까지 감옥살이 한 햇수를 합치면 3만 년에 이른다는 말까지 나올 정도였다.

내부의 파벌 대립도 여전했다. 전임 집행부가 구속될 때마다 새로운 파벌이 집행부가 되면서 갈등을 일으켰다. 조봉암은 이러한 파벌의 경쟁이 서로를 자극해 더 열심히 활동하고 당원을 늘리는 긍정적인 역할을 한다는 너그러운 입장으로 여러 파벌과 사이좋게 지내기도 하지만, 고질적인 병임은 분명했다.

결국 코민테른은 1928년 12월, 조선공산당의 인증을 취소하고 기층 민중을 기반으로 새로이 조직할 것을 명령했다. 그리고 이를 주도할 적임자로 조봉암을 선정했다. 이른바 '12월 테제'였다.

조봉암이 12월 테제를 전달받은 것은 만주에서였다. 그는 1926년 만주로 건너가 조선공산당 만주총국을 건설해 책임비서로 활동하고 있었기 때문이었다. '코민테른 극동국 조선위원회' 위원이라는 새로운 직함을 받은 그는 상해로 돌아가 조선공산당 재건의 책임자로 일하기 시작했다.

중국에서 공산당 활동이 금지되면서 모든 활동은 비밀리에 진행되었다. 조봉암은 대외적으로는 한국인 대중단체인 '상해 한인동맹'과 '상해 한인반제동맹'의 지도자로 활동했다.

강화도에서 헤어진 첫사랑 김이옥을 만난 것도 이 무렵이었다. 1927년 어느 날 뜻밖에 김이옥이 상해에 나타난 것이다. 이루지 못한 사랑을 그리워하며 결혼을 거부하고 있던 김이옥이 심한 폐병에 걸려 죽게 되자 마지막으로 아버지에게 조봉암을 만나게 해달라고 애원했고, 어른들이 상해까지 그녀를 데려다준 것이었다.

법적으로는 김조이와 혼인상태였으나, 조봉암은 죽음을 앞두고 찾아온 김이옥을 외면할 수 없었다. 김조이와는 결혼만 했을 뿐, 함께 산 시간이 거의 없었다. 김조이가 2년간 동방노력자공산대학에 유학하고 돌아와 5년의 긴 감옥살이를 하느라 7년이나 떨어져 있어야 했기 때문이었다.

조봉암은 죽어가는 김이옥을 극진히 간호했다. 생활이 극히 어려워 약값을 댈 수 없을 때는 자신이 관리하던 공산당 자금으로 약을 사고 호되게 비판을 당할 정도로 애틋한 간호였다. 덕분에 김이옥은 건강을 조금씩 회복했고, 딸까지 낳았다. 조봉암은 상해의 옛 지명인 '호'를 따서 호정이라 이름 지어주었다.

되살아난 김이옥은 조선공산당 기관지 〈조선지광〉, 〈혁명〉의 편집 일을 하는 등 동지로서도 함께했다. 그러나 조봉암이 체포되자 다시 건강이 악화되어 딸 호정을 데리고 강화도 집으로 돌아간 얼마 후 사망하고 만다.

조봉암이 체포된 것은 1932년 9월 28일이었다. 상해 프랑스 조계지 공원에서 동지들과 회합하려고 나갔다가 밀정의 제보를 받고 잠복하던 일본 경찰 30여 명과 프랑스 경찰 10여 명에 포위되어 체포된 것이다.

박철환이라는 가명으로 활동하던 그는 프랑스 경찰서에 끌려가자 조봉암이 아니고 박철환이라고 우겼으나 11일 만에 일본 경찰에 인계되고 말았다. 두 달간의 조사를 받은 후, 한반도에서 제일 추운 감옥이라는 신의주형무소에서의 7년의 긴 옥살이가 시작되었다.

또다시 옥살이를 시작하면서 그는 결심했다.

'누구든 내게 무리한 욕설이나 따귀 한 대만 때려도 같이 죽을 각오로, 속히 생명을 끊기 위한 기회로 믿고 결사적으로 싸우겠다.'

또한 철두철미한 생활자세로 독립운동가의 명예를 엄격히 지켰다. 그는 신의주형무소 7년간 단 하루도 병감에 누워본 일이 없고 단 하루도 휴역을 한 적이 없기로 유명했다. 오히려 자신이 먼저 형무소의 규칙을 엄수했다. 썩은 음식이든 얼어붙은 음식이든 억척같이 먹었고, 아무리 추워도 운동을 했다. 처음 체포될 때 57킬로였는데 석방될 때 56킬로였을 정도였다. 이는 쉬운 일이 아니었다. 조봉암은 지독한 동상으로 양손의 손가락 끝마디를 모두 잃어야만 했다.

1939년 7월, 41살로 석방된 조봉암 앞에는 엄마를 잃고 친척집을 전전하며 고아처럼 살고 있던 어린 딸 호정이 기다리고 있었다. 감시 때문에 중국으로 도망치기도 쉽지 않았다. 딸을 찾아 인천으로 내려간 그는 인천미강조합 조합장으로 일하게 되었다.

사회민주주의운동의 선구자, 조봉암

미강조합장이라 해서 대단한 직책이거나 친일활동인 것은 아니었다. 쌀을 비롯한 모든 곡류의 개인 거래가 금지된 전시체제라, 이를 배급하는 작은 쌀집에 조합이라는 명칭을 붙였을 뿐이었다. 더구나 미강은 쌀이 아니라 쌀겨를 말했다. 조봉암이 일한 곳도 쌀집도 아니고 쌀겨를 나눠주는 조그만 구멍가게에 불과했다. 직원이라곤 여직원 하나뿐이었는데 그것도 그를 감시하라고 경찰이 알선해 준 여자였다.

조봉암은 쌀겨 배급 일을 하는 동안 빈민들에게 한 줌이라도 더 많이 공급하기에 힘써서 널리 인심을 얻었다. 비록 일제의 승인 아래 쌀겨 배급하는 일을 했지만 사상전향을 하거나 친일활동을 하지도 않았다. 식량이 배급제가 되면서 굶주리게 된 국내의 많은 운동가들이 사상전향을 하거나 전쟁을 선동하는 친일활동에 동원되고 있었다. 만일 조봉암이 전향을 했다면 좋은 선전거리가 되었을 테지만 해방되기까지 그는 어떤 친일활동도 하지 않았다.

오히려 해방을 7개월 앞둔 1945년 1월, 일제는 그를 체포해 형무소에 수감해 버렸다. 해외와 연락을 취했다는 혐의였다. 조봉암이 수감된 동안 어린 딸은 김조이가 돌봐주었다. 5년의 옥살이를 하고 나온 김조이는 다른 남자와 결혼해 살고 있었는데 조봉암이 홀로 딸을 키운다는 소식을 듣고 인천으로 찾아와 재회한 것이다.

해방된 다음 날인 1945년 8월 16일 서대문형무소에서 석방된 조봉암은 인천지역을 대표하는 공산당 지도자가 되었다. 그러나 불과 몇 달 후, 스스로 공산당을 나와 사회민주주의운동을 하겠다고 선포했다.

조봉암의 사상 전환은 갑작스런 일은 아니었다. 1930년대 소련에서 행해진 스탈린의 대숙청을 목도하면서 세계의 많은 사회주의자들이 소련식 공산주의를 비판하고 보다 민주적이고 자유로운 사회주의, 곧 사회민주주의를 지향하게 되었다. 해방직후 조선공산당이 소련공산당의 지시에 좌우되는 현실을 목도한 조봉암도 사회민주주의로 전향한 것이었다.

공개적으로 반공을 표방한 조봉암은 제헌의원으로 선출되었고, 이승만이 대통령으로 선출된 제1공화국에서 농림부장관이 되어 토지개혁을 주도했다. 대지주의 농토를 강제로 환수해 농민들에게 골고루 분배한 조봉암의 농지개혁은 남한의 경제발전과 민주주의의 토대가 되었다.

해방 5년 만에 한국전쟁이 터졌을 때는 국회부의장으로서 북한의 침략을 규탄하고 반공운동에 앞장섰다. 동시에 이승만의 독단적인 정부운영도 맨 앞장서서 비판했다.

토지개혁과 민주화운동으로 널리 국민의 지지를 받게 된 그는 1956년 5월 15일의 제3대 대통령선거에 출마해 2등 30%의 지지를 받았다. 그러자 이승만 정부는 1958년 1월, 그를 북한의 간첩혐의로 체포해 버렸다. 1심재판부는 간첩혐의에 대해 무죄를 내렸으나 2심과 대법원은 이를 다시 뒤집었고 대법원은 1959년 2월 27일 조봉암의 사형을 최종 확정했다.

대법원 판결이 난 날, 함께 구속되었다가 무죄를 받아 석방되는 동지들이 그의 감방 문 앞에 몰려가 이승만 정부에 대한 분노를 토하자 조봉암은 담담히 웃으며 답했다.

북한의 간첩이라는 죄명으로 사형선고 재판을 받는 조봉암. 2011년 무죄판결로 복권되었다.

"동지들, 이 박사가 절대로 나를 살려두지 않습니다. 그러니 절대로 나를 위해서 구명운동 따위는 하지 마시오. 구명운동을 하다가 동지들에게 누가 될지도 모릅니다. 올해 내 나이가 환갑입니다. 어떤 사람은 환갑까지 살지도 못하고 죽은 이도 있고 어떤 이는 병상에 누워서 처참하게 환갑을 맞이하는 이도 있습니다. 그런데 나는 값 있게 환갑을 위하여 옳은 일을 하다가 옳게 죽을 수 있게 되었으니 얼마나 행복합니까? 그러니 동지들은 일체 내 걱정은 하지 마시오. 나는 마지막 순간까지 동지들의 건강과 필승만을 기원하겠소."

간수들이 몰려와 석방자들을 끌고 가자 조봉암은 시찰구로 손을 내밀어 끌려가는 동지들에게 마냥 흔들었다. 신의주형무소에서 혹독한 추위로 손가락 여러 마디가 절단되어 버린, 그 유명한 몽당손이었다.

대한민국 정부는 2011년 1월 20일, 조봉암의 무죄를 선고했다. 사형에 처해진 지 52년 만이었다.

그러나 그의 유족이 신청한 독립유공자 포상은 끝내 각하했다. 인천에서 미강조합장으로 일할 때 그의 이름으로 150원의 전쟁 성금을 냈다는 기록 때문이었다.

11

의열단과 조선의용대의 창립자,
김원봉

　　1938년 10월 10일, 중국 내륙 깊숙한 호북
성의 무한시 악양현에서는 작지만 역사적인 한인 군사단체 결성
식이 거행되었다. 만주의 동북삼성에서는 오래전부터 많은 한인
들이 항일연군에 가담해 중국인들과 함께 전투를 하고 있었지만,
중국 본토에서 한인만으로 이뤄진 부대가 결성된 것은 뜻깊은 일
이었다. 140명의 한인 병사들이 집결한 가운데 훗날 중국의 총리
가 되는 주은래가 격려사를 하고 저명한 혁명시인인 곽말약이 축
시를 읽었다. 조선의용대 결성식이었다.

　사흘 후인 10월 13일 오후 7시에는 악양현 청년회관에서 조선
의용대 창건 경축 오락모임이 열렸다. 중국공산당 기관지 〈신화
일보〉는 이날의 경축식을 몇 면에 걸쳐 특집으로 보도했다.

주석 김 선생이 의용대를 대표하여 자못 명확한 어조로 연설하였다. 그는 다음과 같이 말하였다. 과거 조선인민은 중국의 매차의 혁명에 참가하였는 바, 특히 동북에서 유격전을 벌이고 있는 것은 전형적인 실례로 된다. 그러므로 이번에 중국 당국은 그들이 조선이라는 뚜렷한 기치를 들고 항전사업에 참가하는 것을 허락하였다. 김 선생은 자못 영광스러움을 느끼게 되며 그 의의가 중대하다고 인정하였다.

"우리들의 역량이 작다고 깔보아서는 안 될 것입니다. 조선의 3천만 민중은 모두 우리의 역량입니다. 아니, 전 중국의 4억 5천만 동포들이 모두 우리의 역량입니다."

힘있는 말마디마다가 매 청중의 가슴을 파고들었다.

기사에 나오는 김 주석의 이름은 김원봉, 1898년 경상남도 밀양읍 내이리 출신이다. 할아버지는 역관을 했고 아버지는 개화된 중농이어서 크게 부유하지는 않아도 자식을 학교에 못 보낼 정도로 가난하지는 않았다.

어려서부터 대범하고 정의감이 남달랐던 김원봉이었다. 대한제국 시기에 서당을 나와 밀양공립보통학교에 갓 입학한 1910년, 조선왕조는 무너지고 일본의 식민지가 되었다. 분개한 김원봉은 친구들을 마을 입구에 모아놓고 울분을 토로했다. 이때 동네에서 가장 뜻이 잘 맞는 친구는 윤세주였다. 윤세주는 김원봉보다 두 살 어렸는데 밀양의 대지주 아들로, 착하고도 씩씩한 성격이었다.

이듬해인 1911년 4월 29일은 일왕의 생일을 축하하는 천장절이었다. 학교에서는 행사를 위해 대량으로 일장기를 준비해 두고 있었다. 김원봉과 윤세주는 몰래 일장기를 학교의 재래식 화장실에 처박아 버렸다. 학교에서는 난리가 나서 일본인 교장이 학생들을 불러 심문하고 때렸지만 범인은 밝혀지지 않았다.

이 일이 있은 후 김원봉은 자진해서 학교를 그만두고 인근의 동화학교로 편입했다. 민족주의 독립운동가 전홍표가 세운 학교였기 때문이다. 전홍표는 학생들에게 대놓고 반일정신을 독려하는 사람이었다.

"우리가 목숨이 붙어있는 동안 강도 일본과의 투쟁을 단 하루도 게을리 할 수 없다. 조국 광복을 위해 싸워라."

일경은 결국 김원봉이 편입한 1911년 늦가을에 동화학교를 폐교해 버렸다.

14살의 김원봉은 무장투쟁만이 일본을 몰아내는 길이라 생각하고 《손자병법》 등 병법 서적을 싸들고 전통사찰인 밀양 표충사에 들어갔다. 그의 집에서 멀지 않은 표충사는 임진왜란 때 왜군을 물리치는 데 공을 세운 사명대사와 서산대사를 기리기 위해 세워진 큰 절이었다. 김원봉은 그곳에서 1년간 공부를 하고 체력을 키우며 300년 만에 또다시 조선을 침략해 온 일본군과 싸울 의지를 닦는다.

표충사에서 내려온 후에는 서울에 올라가 중앙학교에 입학했다. 중앙학교는 많은 항일운동가를 배출한 곳이었다. 학교에 다닌 시기는 다르지만, 김원봉은 중앙학교에 다닌 인연으로 평생의 동지가 되는 김두전과 이명건을 만나고, 선배인 김두봉과 윤치영 등 저명한 독립운동가들과 교류하게 된다. 또한 훗날 무정이라는 이름으로 조선의용대를 이끌게 되는 후배 김병희도 알게 된다.

19살이 된 1916년에는 중국 천진으로 건너가 덕화학당에 입학했다. 덕화학당을 선택한 이유는 독일인이 세운 학교였기 때문이다. 당시는 제1차 세계대전 중이었는데 제2차 세계대전과 달리 일본이 미국과 연합해 독일과 싸우고 있었다. 덕화학당에 들어간 것은 독일이 일본의 적국이니 독일과 가까워지려 함이었다. 하지만 덕화학당도 오래 다니지 못했다. 제2차 대전과 달리, 중국이 일본과 손잡고 독일에 선전포고를 하는 바람에 덕화학당도 문을 닫게 된 것이다.

학교가 문을 닫으며 잠시 조선에 돌아왔던 김원봉은 1918년 9월에 다시 중국으로 건너가 남경의 금릉대학 영어과에 입학했다. 미국인이 운영하는 기독교학교였다. 그러나 그 학교도 오래 다니지 못했다. 이듬해인 1919년 3월, 3.1만세운동이 일어난 것이다. 거족적인 반일운동은 김원봉에게도 큰 충격을 주었고 또 투쟁의지를 고무시켰다. 한가하게 공부를 하고 있을 때가 아니라고 판단한 그는 다시 학교를 그만두고 무력투쟁의 길을 모색하게 된다. 무력투쟁의 적지는 만주였다. 남쪽 도시 남경을 떠나 만주 길림성으로 갔다.

1919년 11월 9일, 길림성 파호문 밖의 한 농가에 13명의 한국인 청년들이 모여들었다. 의열단 결단식이었다. 의열단이라는 명칭은 '천하의 정의를 맹렬히 실현한다'는 공약 제1호에서 따온 것이었다. 구성원의 대다수가 밀양과 대구 출신이었고 신흥무관학교 출신이라는 공통점이 있었다. 단장인 의백에는 30살의 밀양 출신

황상규를 선출했다. 김원봉의 나이는 22살로 한참 젊었지만 실질적인 조직과 운영은 그가 주도하고 있었다.

의열단은 공식적으로 테러를 천명했다. 하지만 오늘날 세계도처에서 벌어지고 있는 자살테러와 같은 일반인 무차별 학살과는 달랐다. 의열단이 정한 암살 대상은 일곱 부류로, 7가살이라 했다. 조선총독부 고관들, 일본군 장성, 친일매국노 거물들, 반민족적 토호들, 일경의 밀정이 사살 대상이었다. 파괴 대상으로 삼은 곳은 조선총독부, 동양척식주식회사, 매일신보사, 경찰서 같은 일본의 주요 지배기관이었다.

이듬해인 1920년 봄에 북경으로 본부를 옮긴 의열단은 첫 거사로 조선총독부를 폭파하기로 했다. 그러나 윤세주 등 서울에 잠입한 대원들이 인사동 중국집에 모였다가 악명 높은 친일경찰 김태석에게 체포되는 바람에 실패한다. 모두 16명이 체포된 이 사건은 '암살 파괴의 대음모 사건'으로 크게 보도되는데 의백인 황상규까지 체포되어 어쩔 수 없이 김원봉이 그 자리를 잇게 되었다. 23살 때였다.

김원봉이 의백으로서 처음 계획한 거사는 부산경찰서 폭탄 투척이었다. 부산 출신이라 부산 지리를 잘 아는 박재혁이 책임을 맡았다. 고서적 판매상으로 위장한 박재혁은 1920년 9월 14일, 귀한 고서를 보여준다며 부산경찰서 서장실까지 들어가는 데 성공, 책 속에 숨겼던 폭탄을 서장 하시모토에게 던졌다. 그러나 폭탄은 위력이 약해 서장은 중상만 입었고 박재혁도 다리에 부상을 입었다. 사형선고를 받은 박재혁은 일본인들에게 목숨을 맡기기를 거부하고 9일 동안 물과 음식을 끊어 자결을 택했다.

부산경찰서 사건 후 2개월 후에는 밀양경찰서에 폭탄을 투척했다. 이번 임무는 밀양 출신인 최수봉이 맡았다. 그러나 폭탄은 아무도 살상하지 못했고, 달아난 최수봉은 경찰에 체포되자 칼로 자기 목을 찔렀으나 자결에 실패하고 사형당했다.

다음 목표는 조선총독부였다. 아직 경복궁 앞에 총독부가 지어지기 전이었다. 조선총독부는 남산 아래 예장동에 있었다. 이번 임무를 맡은 단원은 용산철도국 노동자였던 김익상이었다. 김익상은 1921년 9월 12일 오전 10시, 전기공으로 가장해 폭탄 2개를 들고 총독부 2층까지 올라가는 데 성공했다. 그러나 비서실을 총독실로 알고 폭탄을 투척하는 바람에 암살에 실패했다. 다행히 폭발의 혼란을 틈타 총독부를 탈출한 김익상은 무사히 상해로 귀환했다.

의열단은 이후에도 상해 황포탄 부두에서 일본 육군대장을 암살하려다가 실패하고 경기도경 경부였던 조선인 황옥까지 가담해 전국적인 동시 다발 폭동을 시도했으나 다량의 무기를 압수당한 채 실패했다. 가장 나이가 많았던 단원 김지섭은 일왕을 폭사시키려고 동경까지 갔으나 폭탄의 불량으로 실패하기도 했다. 가장 널리 알려진 사건은 김상옥의 종로서 폭탄 투척이었다. 1923년 1월 12일 김상옥이 종로서에 폭탄을 투척한 후 열흘 동안 서울 시내에서 경찰과 추격전을 벌이며 10여 명의 일경을 살상하고 온몸에 총탄을 맞은 채 숨진다.

자금 부족과 무기의 조악함, 일경의 치밀한 감시와 밀정의 활약으로 실패를 거듭했으나, 의열단은 그 존재만으로도 억눌리고 분노하던 식민지 청년들을 크게 고무시켰다. 의열단에 들어오려는 청년들이 줄을 이어서 1924년에는 단원이 70명으로 늘어났다.

그러나 김원봉은 아까운 동지들을 더 이상 헛되이 죽일 수 없다는 결론에 이르렀다. 조국의 독립을 위해 자신의 목숨을 초개처럼 던지는 애국자들을 실패만 거듭하는 테러로 희생시킬 수는 없다는 마음이었다. 의백으로서 대원들을 출정시킬 때마다, 죽음의 소식이 들릴 때마다 눈물을 쏟으며 안타까워하던 김원봉이었다. 조직적인 무장투쟁이 아닌 소수정예 분자의 개별적인 테러 방식으로는 일제를 물리칠 수 없다고 판단한 그는 의열단의 노선을 바꾸기로 결정했다. 형식은 해산이지만, 조직은 그대로 유지하면서 행동 노선을 바꾼 것이었다.

1925년, 장시간 회의 끝에 의열단의 노선을 바꾸기로 합의한 김원봉은 일부 대원들과 함께 중국 광주로 이동했다. 광주에는 중국의 육군사관학교인 중앙군관학교가 있었다. 흔히 황포군관학교라 부르는 곳이었다. 김원봉의 경륜이면 굳이 군사학교에 다니지 않아도 중국군 장교로 임용될 수 있었다. 그러나 김원봉은 다른 대원들과 동등하게 제4기 황포군관학교에 입학했다. 그의 나이 28살 때였다.

의열단 동료 중에는 김원봉의 방향 전환을 비난하는 이들도 있었다. 그러나 김원봉은 결심을 바꾸지 않았다. 절친했던 친구이자 동지인 이명건은 이에 대해 김원봉이 혁명적 테러리스트에서 대중적 혁명가로 발전했다고 본다. 이명건이 독립 후인 1946년 4월 14일자 〈조선인민보〉에 이여성이라는 이름으로 투고한 기사다.

일제의 야수적 폭압은 절망과 질식의 심연 속으로 민중을 쓸어 넣어 오로지 아부와 추종을 강제하고 있었다. 당시 서슬이 푸른 '의열단' '김원봉'의 혁명적 활동은 그 비굴한 추종을 거부하는 총이요 폭탄이었다. 전의를 잃은 민중에게 준 정문의 맹침이었고 또 단결의 호령이기도 하였다. 과연 왜놈과 친일파의 악랄한 착취자와 현상 유지자들은 모조리 떨었으며 또 이에 자극되어 일어선 기다(幾多)의 혁명 운동자가 있었던 것도 기억하지 않으면 안 될 것이다.

그러나 '열사'들의 비장한 희생 몇몇 사사(死士)부대의 기습적 전술만으로 어찌 일제의 충천지세를 막을 수 있는 것이냐? 김씨는 드디어 그의 혁명전략을 전환하게 되었으니 그것이 곧 의열단의 해산이요 민족혁명당의 출현이었다. 그는 군중적 조직으로써만 인민적 반항으로써만 일제에 가장 힘 있는 공격력을 가질 수 있다는 것과 이것만이 결정적 승리를 가져올 수 있는 것이라는 것을 깨달은 것이다. 이리하여 그는 혁명적 '테러리스트'에서 대중적 혁명운동자로서 커다란 비약이 있었다.

중국에서 군사조직을 만들기 위해서는 사회주의자들과의 교류가 필수적이었다. 3.1만세운동을 계기로 일어났던 만주 무장투쟁의 주력은 민족주의자에서 사회주의자로 바뀌고 있었다. 1917년의 러시아혁명으로부터 영향을 받은 많은 젊은이들이 사회주의를 받아들여 열정적으로 독립운동에 투신했다. 1921년에 결성된 중국공산당과 1925년에 결성된 조선공산당이 그 원동력이 되고 있었다. 반면, 민족주의운동은 일제의 문화정책에 동화되면서 무장투쟁보다 개량적인 교육운동으로 돌아서고 있었다.

김원봉은 평생 공산당에 가입하지 않은 민족주의자였다. 그러나 그는 독립운동에 있어서 사회주의자들의 역할을 인정하고 중시했다. 그래서 그는 자신이 공산당원은 아니지만 공산당을 용인해 함께 독립운동을 할 수 있다고 하여 스스로를 '용공주의자'라고 자칭했다.

1926년 황포군관학교를 졸업한 김원봉은 장개석 정부와 밀접한 관계를 맺으면서 동시에 사회주의자들과의 교류를 넓혀간 끝에 1929년 독립군 양성을 위한 학교를 개설할 수 있었다. 군벌 퇴치를 위해 국민당과 공산당이 손을 잡고 있던 시기라, 학교 건물과 운영자금은 장개석 정부가 댔는데, 학교 명칭은 '레닌주의 정치학교'였고 책임자는 조선공산당 간부 안광천이었다.

아직 중일전쟁이 일어나기 전이었다. 장개석 정부는 일본과의 외교 마찰을 피하기 위해 정치학교를 대외비로 감추고 건물도 이리저리 옮기게 했다. 그 와중에도 김원봉이 이끄는 레닌주의 정치학교는 수십 명 단위로 수차례 졸업생을 배출, 국내에 밀파해 노동운동을 주도하게 하는 등 사회주의 방식의 투쟁을 벌였다.

김원봉은 스스로 용공임을 밝히고 사회주의자들을 포용하려 애썼지만, 사회주의자들도 그를 포용했던 건 아니었다. 1935년 7월 4일, 민족혁명당이 결성되어 김원봉은 최고 책임자인 총서기에 선출되었다. 민족혁명당은 좌우를 막론하고 9개의 독립운동 정파를 하나로 묶은 조직이었다. 그러나 일부 사회주의자들은 민족주의와의 합작에 매우 부정적이었다. 중국공산당과 국민당의 합작이 깨지고 내란이 계속되던 시기여서 더 그랬다. 그들은 김원봉을 끌어내리고 민족혁명당을 공산당으로 만들려고 기도하다가 김원봉의 반대로 실패하자 집단으로 탈당하는 등 거듭 내분을 일으켰다.

공산당과 국민당이 다시 합작한 것은 일본의 전면침략이 시작된 후였다. 이는 중국에서 항일운동을 하던 한국인들에게는 좋은 기회가 되었다. 이전에는 남의 나라 영토에서 독립운동을 하는 처지였으나 이제는 중국 정부와 합동으로 대일전을 치룰 수 있게 되었다.

김원봉은 새로운 상황에 맞춰 장개석 정부의 지지와 지원 속에 한국인만으로 이뤄진 부대를 조직할 수 있었다. 1938년 10월 10일 무한에서 결성한 조선의용대였다. 이미 만주와 화북지대에서는 중국공산당 산하 동북항일연군에 많은 조선인들이 간부와 사병으로 들어가 있었지만, 장개석 정부가 통제하는 중국 내륙에서는 최초의 조선인 부대였다.

조선의용대가 결성되었을 때 무한은 일본군의 공격으로 무너지기 직전이었다. 김원봉은 조선의용대원 140명을 2개 지대로 편성해 무한 보위전투에 투입했다. 중국 정부군은 조선의용대에게 항일선전, 전선원호, 부상병 이송 등의 사업을 맡겼다.

무한은 조선의용대가 결성되고 2주일 만에 일본군의 손아귀에 떨어지고 말았다. 중국 정부군의 후퇴가 결정된 것은 10월 28일이었다. 의용대원들은 일본군이 무한 시내를 전부 점령하기 2시간 전까지도 건물의 벽과 길바닥에 페인트로 항일 구호를 썼다. 이를 본 혁명시인 곽말약은 말했다.

"보라, 중국인들은 다 도망쳤지만 조선 사람들은 끝까지 남아서 싸우고 있다!"

무한에서 철수한 조선의용대는 최전선 곳곳으로 분산되어 '진지선전대', '유격선전대'라는 명칭으로 일본군 와해공작과 포로교육 사업에 종사했다.

김원봉은 본부대를 이끌고 광서성 계림으로 이동해 대원 모집과 훈련을 계속했다. 중국 곳곳에서 조선의용대에 가입하려는 젊은이들이 모여들어 대원은 300명에 이르렀다. 그중에는 훗날 연변 조선족자치구의 존경받는 지도자가 되는 이화림, 조선의용군 정치위원이 되는 김명시 외에 임철애, 장수연, 김위, 김화순 등 여성도 여럿이었다. 이화림은 훗날 당시 상황을 이렇게 말했다.

1939년 3월 나는 조선의용대 본부의 소환령을 받고 본부가 자리 잡은 계림으로 갔다. 그때 김구 선생은 서안에서 광복군을 세웠다. 그리하여 중경에 있던 어떤 사람들은 서안으로 갔지만 장수연, 김위, 김화순 등 여성들을 포함한 우리 일행 40명은 계림으로 갔다.

계림에 이르러보니 조선의용대는 약 300명의 당당한 진용을 이루었고 3개 지대와 부녀대로 나뉘어있었다. 조선의용대 본부는 임철애를 부녀대 대장으로, 나를 부녀대 부대장으로 임명했다.

일본군 진지에 대한 선전전과 거리 벽보, 농민들에 대한 선전전은 모든 전투지에서 거의 매일 이뤄졌고 직접 전투에 참가한 횟수도 헤아릴 수 없이 많았다.

조선의용대는 1939년 봄만 해도 호남성 북부에서 벌어진 34회의 전투에 참가하고 통신시설 파괴 40여 차례, 탱크 등 적 시설물 파괴 공작에도 6회나 참가했다. 그해 겨울에는 호북성 북부와 강서성 건단가의 습격전에 참가했으며 증조산에서는 12차례나 반소탕전에 참가해 파괴 임무를 수행했다. 1940년 2월에 벌어진 항주성 내 파괴공작과 하남성 임현 일대의 파괴공작도 조선의용대를 널리 알린 사건이었다. 많은 대원이 중국군의 결사대에 참가해 일본군과 직접 육박전을 벌였고 어떤 대원들은 사복정찰대에 참가해 적진 정찰을 수행하기도 했다.

중국 정부군과 함께 3년간 수많은 전공을 올리던 조선의용대는 1941년 들어 큰 변화를 겪게 되었다. 중국공산당이 대일항전을 통해 백만 대군으로 성장하자 장개석 정부는 다시 반공으로 돌아서면서 일본과의 휴전협상을 서둘렀다. 전투에 소극적이 되다 보니 정부군은 싸움마다 패주하여 오늘의 후방이 내일 아침이면 전선이 되는 상황이 되었다.

이에 반발한 조선의용대 내 공산당원들은 의용대를 공산당 전투지구로 이동하자고 주장했다. 김원봉으로서는 사회주의자들을 받아들이는 용공정책을 택하기는 했지만 여전히 민족주의자인 자신이 조직하고 훈련한 부대를 고스란히 공산당에게 보내기란 쉬운 일이 아니었다. 그러나 이보다 더 중요한 것은 한 명이라도 더 일본군을 죽이는 일이었다.

보는 대로 죽이리라는 의열단의 신조를 그대로 지키고 있던 김원봉은 전투가 벌어지는 곳으로 대원들을 보내기로 승인했다. 하지만 이는 대단히 위험한 일이었다.

1941년 1월 6일, 정부군 20만 대군이 중국공산당 산하 신사군 1만 여 명을 포위 공격해 8,000여 명을 학살하는 환난사변이 터졌다. 의용군이 정부군을 떠나 공산당 지역으로 가려 한다는 사실이 발각되면 전원 총살시키고도 남을 살벌한 분위기였다.

김원봉은 자신을 포함한 본부대원들은 정부군 측에 남고 선발대 140명만 공산당 지역으로 보내기로 결정했다. 이는 정부군을 속이려는 목적도 있지만, 일본의 패전에 대비해 중국 정부와의 협상력을 유지하기 위함이기도 했다. 김원봉은 의용대원들을 타 지역으로 출정 보내는 것으로 거짓 보고해 통행증까지 끊어주었다.

3개 지대로 나누어 계림을 출발한 140여 명의 대원들은 온갖 우여곡절을 겪은 끝에 1941년 7월 중국공산당 팔로군 전선사령부가 있는 태항산 전투지구에 도착한다. 중국공산당은 이들을 대대적으로 환영하고 연안에서 팔로군 작전과장 겸 포병대장으로 활약하고 있던 무정을 보내 이들을 이끌도록 했다. 명칭도 조선의용군으로 바꾸었다.

이를 두고 김원봉이 조선의용대의 지휘권을 무정에게 빼앗겼다며 분개하는 이들도 있었다. 그러나 김원봉은 일본과의 싸움을 위해서라면 자신의 직위나 권위 따위는 전혀 신경 쓰지 않는 순수한 애국심으로 행한 일이었다.

주력을 태항산으로 보낸 계림 본부에는 60여 명의 대원이 남아 있었다. 나머지 대원들은 여러 정부군 부대에 흩어져 있었다. 그런데 계림마저 일본군에 밀리면서 김원봉은 임시정부를 비롯한 조

1941년 3.1절 기념식 후 오른쪽이 김원봉. 가운데는 조소앙과 신익희, 맨 왼쪽이 김구

선인 망명객들이 모이고 있던 중경으로 거처를 옮기게 되었다.

중경에는 중국 정부와 주요 기관들도 피난 와있었다. 중국 정부는 자신들의 자금지원으로 결성된 대한민국 임시정부 산하 광복군이 사실상 이름만 남아있음을 지적하고 조선의용대와 통합할 것을 종용했다.

당시 광복군은 군대라는 명목이 유지되기 어려울 정도로 빈약한 상태였다. 1942년 당시 광복군은 3개 지대가 있었는데 1,2지대는 각각 10여 명밖에 안 되었고 5지대도 몇십 명에 지나지 않았다. 조선의용대는 주력이 팔로군 진영으로 넘어가 있었지만 아직 조선의용군으로 명칭이 바뀌기 전이어서 서류상으로는 200명의 대원을 갖고 있었다.

임시정부 주석인 김구는 난색을 했다. 철저한 반공주의자이던 그는 용공을 자처하는 김원봉을 신뢰하지 않았다. 《백범일지》에도 김원봉은 본심을 알 수 없는 음험한 자라고 써놓을 정도였다. 그러나 군사 작전권을 쥐고 있는 중국군사위원회의 종용과 광복군의 빈약한 현실을 고려해 통합을 하게 되었다.

통합은 조선의용대가 광복군 제1지대로 편입하는 형식으로 이뤄졌다. 광복군 총사령관은 지청천, 참모장은 김홍일이 맡는 등 현 체제를 유지하는 가운데 김원봉은 제1지대장 겸 부사령관을 맡았다.

조선의용대가 합류하기는 했으나, 광복군은 여전히 빈약했다. 김원봉의 제1지대는 서류상으로는 200명이 넘었으나, 실제로는 60여 명에 불과했다. 얼마 후 제2지대도 80명으로 재조직되어 이범석이 지대장을 맡는 등 광복군도 나름대로 애를 썼다. 그러나 3년 후 해방이 되기까지, 광복군은 그야말로 일본군에게 총 한 발 쏘지 못한 채 훈련만 받다가 끝나고 만다.

마침내 일본의 패전을 맞은 1945년 8월 15일, 김원봉은 중경 남안에 있었다. 남안은 중경성과 강을 사이에 두고 있는 작은 마을로, 임시정부 요인들을 비롯한 한국인들이 모여 살던 곳이었다.

그날 정오, 조선과 일본에는 일왕의 항복 연설이 방송되었지만 남안의 한국인들은 알지 못했다. 김원봉도 아무것도 모르는 채 저녁 7시 경 강을 건너 중경성에 들어갔다가 수많은 중국인들이 항전승리 만세를 부르며 거리마다 인산인해를 이루며 폭죽을 터뜨리는 광경을 보고서야 제2차 세계대전이 종식되었음을 알았다.

김원봉은 서둘러 남안 마을로 돌아가 동포들을 한자리에 모이게 하여 연합국의 승리로 조국이 해방되었음을 알렸다. 만세 함성과 감격의 눈물 속에 남안 마을에서도 밤새 축제가 벌어졌다. 하지만 조국으로 돌아갈 수 있다는 기쁨이 전부는 아니었다. 귀국한 김원봉은 당시의 심정을 이렇게 써놓는다.

그때 나의 심경은 단순한 감격보다는 어떤 공허감과 참괴한 생각뿐이었다. 그것은 우리가 절치액완하며 일제를 우리의 힘으로 굴복시키지 못하고 결국 연합군의 힘으로 조국이 해방되었다는 것이다.

당시 나는 임시정부의 군무부장으로 있어 일제가 투항전야까지 될 수 있는 대로 임정 영도 아래 무장혁명군을 조직하려 하였으나 그것조차 뜻을 이루지 못하고 남의 힘을 입어 조국 해방이 되게 되었다는 것은 참으로 견디기 어려운 감회였다.

이러한 심정은 김구도 마찬가지였다. 그리고 두 사람의 우려는 현실이 되었다. 김원봉이 임시정부 군무부장이자 광복군 부사령관이라는 공적 자격을 인정받지 못하고 개인의 자격으로 고국에 돌아온 것은 1945년 12월 3일, 중국으로 망명한 지 꼬박 26년 만이었다. 김구도 임시정부 주석이 아닌 개인으로 입국해야 했다.

임시정부 요인들을 맞이한 곳은 반쪽이 되어버린 조국의 남쪽이었다. 미국과 소련에 의해 북위 38도를 기점으로 남북이 분단된 것이다.

분단된 한반도는 식민지시대보다 더 심한 고통에 빠졌다. 소련식 계급독재가 적용된 북한은 공포 속에서나마 체제가 안정되었으나, 자유주의를 토대로 한 남한은 좌익과 우익의 격돌로 극심한 혼란이 계속되었다.

김원봉은 좌우 양쪽의 편협한 적대감을 완화시키기 위해 애썼다. 그는 친일매국노는 배척하고 좌우의 통합을 지향하는 '민주주의민족전선'의 의장을 맡았다. 조선공산당에 가입하지 않고 독자적으로 인민공화당을 창당했다. 그러나 우익은 그를 좌익으로 간주했다.

약관 22살에 의열단을 조직해 48살에 귀국할 때까지 26년 동안, 김구보다도 많은 거액의 현상금까지 내건 일경의 집요한 추적에도 신출귀몰하던 김원봉이 난생 처음 체포된 것은 1947년 4월 9일이었다. 미군정의 포고령 위반이라는 죄목이었다.

김원봉을 체포해 따귀를 때리고 욕을 퍼부으며 고문대에 올려

치욕을 준 것은 울산 출신의 악명 높은 친일경찰 노덕술이었다. 악질 경찰 김태석과 함께 의열단 동지들을 고문했던 자로, 의열단의 7가살 중에도 상위에 오른 자였다.

석방된 김원봉은 분노를 참지 못해 사흘 밤낮을 통곡했다. 그가 철창에 갇힌 사이 둘째 아들이 태어났는데 철창 안에서 태어났다고 하여 쇠 철에 뿌리 근 자를 붙여 '철근'이라 이름 지었다.

우익들로부터 지속적인 암살 위협에 시달리던 김원봉이 월북의 길을 택한 것은 석방되고 1년 후인 1948년 4월이었다. 북한에서 개최한 남북연석회의에 참석하러 평양에 갔다가 돌아오지 않은 것이다.

북한 정부는 김원봉을 크게 환영해 국가검열상과 노동상 등 고위직에 임명했다. 그러나 10년 만인 1958년 9월에 숙청되어 기록에서 사라졌다. 그에 대해 북한에 남아있는 마지막 기록은 '소시민적 기회주의자이며 개인 영웅주의자'였다. 청산가리를 먹고 자살했다고 알려졌으나 1960년대 초반까지도 살아있는 모습을 보았다는 남파공작원의 증언도 있다.

남한에 남은 김원봉의 가족은 떼죽음을 당했다. 한국전쟁이 터지면서 밀양에 살던 이복동생 4명이 빨갱이라고 끌려가 총살되었다. 여든이 넘었던 김원봉의 아버지는 식량을 구할 길이 없어 굶어 죽었다.

대한민국 정부는 2020년 현재까지 김원봉의 독립유공자 서훈을 거부하고 있다. 해방 후 그가 월북해 북한의 고위직에 있었다는 이유이다.

12

의열단의 정신,
윤세주

　　　　　　　　　　　1900년 6월, 경상남도 밀양군 성내 노하골
에서 태어났다. 오늘의 밀양시 내이동이다.

　할아버지 윤병흡은 조선왕조 말기에 사헌부 감찰을 지냈고 아
버지 윤희규는 1893년 무과에 급제해 여러 벼슬을 하다가 1906년
대한제국 황실 시종원의 시종으로 근무했다. 해마다 김장 때면 소
금 7포대를 쓰고 일주일 동안 김치를 담가야 할 정도로 큰 집안이
었다.

　윤세주의 집에서 한 집 건너가 김원봉의 집이었다. 동네에는 또
래 친구가 7,8명이고 김원봉이 윤세주보다 2살이 많았으나 둘은
특별히 친밀해서 어려서부터 가장 친한 친구로 허물없이 지냈다.

　두 친구는 4년제 2학급의 밀양공립보통학교도 한 학년 차이로
같이 들어갔다. 윤세주가 입학하고 반년이 안 된 1910년 8월 대한

제국이 망하자 윤세주와 친구들은 동네 어귀에 모여 다 같이 통곡을 했다. 윤세주와 김원봉은 매주 6시간씩 있는 일본어 시간이면 교실에서 나와버렸다.

입학하던 해 11월 3일, 일왕 메이지의 생일이라 하여 학교에서는 축하식을 위해 일장기를 잔뜩 만들었는데 윤세주와 친구들은 밤중에 일장기를 거두어 재래식 화장실 똥통에 처박아 버렸다. 일본인 교장은 다음 날 학생들을 불러 때리고 벌주며 누가 그랬는지 자백을 강요했으나 다들 끝까지 의리를 지켰다.

이 사건이 있은 후 김원봉은 일본인에게 배우기 싫다며 자퇴하고 밀양의 애국지사들이 운영하는 민족학교인 동화학교로 갔다. 윤세주는 학교에 남았으나 김원봉과 계속 교류했다. 김원봉은 윤세주와 친구들을 모아 '연무단'이라는 단체를 만들어 언젠가 독립운동을 위해 체력단련을 하고 조선의 위인전과 중국의 병법 고전들을 함께 읽었다.

일경이 김원봉이 다니는 동화학교가 재단법인으로 등록하지 않았다는 이유로 강제 폐교를 해버리자 연무단이 앞장서서 모금운동을 하기도 했지만 결국은 문을 닫고, 김원봉은 서울로 떠났다.

윤세주도 1914년 3월 밀양공립보통학교를 졸업한 후 서울로 올라가 3년제 중등학교인 오성학교에 입학했다. 오성학교는 반일 분위기가 강했다. 개교 초기 학감이 북로군정서 사령관이 되는 김좌진이었고 1910년에는 조선총독 데라우치 암살시도 사건에 관련되어 교사와 학생 다수가 체포되어 중형을 받기도 했다. 윤세주가 입학하던 해에는 저명한 한글학자 주시경이 교사로 있었다. 결국 일경은 윤세주가 졸업한 이듬해인 1918년 오성학교도 폐교시킨다.

오성학교를 졸업하고 밀양 집에 내려간 윤세주는 1918년 가을 창녕 출신의 하소악과 결혼을 했다. 그리고 반년 후 3.1만세운동을 맞았다.

서울에서의 만세 소식을 접한 윤세주와 친구 10여 명은 부북면 면사무소에 몰래 들어가 훔쳐 온 등사기를 들고 읍내 뒤편 아북산에 올라가 병풍을 쳐놓고 밤새 독립선언서 수백 매를 등사했다. 이를 여성 기독교인들이 만든 종이 태극기 수백 장과 함께 윤세주의 집에 숨겨놓았다.

3월 13일 오후 1시, 내일동 장터에 모인 윤세주와 친구들이 '독립만세'라고 쓴 깃발을 펼쳐 들고 태극기를 흔들며 "대한독립 만세!"를 외치니 순식간에 1천여 명의 주민들이 몰려나왔다. 윤세주는 군중들 앞에서 독립선언서를 꺼내 낭독하고 맨 앞에서 가두행진을 이끌었다.

시위대가 밀양읍내를 돌기 시작하자 주민들이 쏟아져 나와 합류했다. 시위대가 3천 명에 이르자 일본 경찰과 헌병들이 출동해 구타와 연행을 시작, 80여 명이 체포되었다. 윤세주는 잡히지 않고 달아나 다음 날 시위를 준비했다.

윤세주와 친구들의 주도 아래 시위는 이튿날에도 벌어졌다. 그러나 경찰이 처음부터 무지막지하게 진압하면서 200명밖에 모이지 못했고, 부산의 군용철도 엄호대까지 출동해 삼엄한 경계를 펼치면서 더 이상 확산되지 못했다.

윤세주는 두 번째 날에도 무사히 달아날 수 있었다. 일경은 체포한 주동자들을 조사하는 과정에서 윤세주가 주범임을 확인하고 수배 상태에서 재판에 넘겼다. 윤세주는 궐석재판에서 징역 1년 6개월을 선고받았다.

수배자가 된 윤세주는 스스로 〈독립신문〉 경남지국장이 되어 3.1만세운동의 확산을 위한 선전활동을 했다. 〈독립신문〉은 외부에서 받은 신문이 아니라, 윤세주가 직접 기사를 쓰고 제작해 배포한 독자적인 신문이었다. 독립신문이라 이름을 지은 것은 3.1만세운동이 발발하면서 서울 천도교에서 만든 〈조선독립신문〉, 만주 용정에서 만든 〈독립신보〉 등에서 기사를 따왔기 때문이었다.

수배 중에도 대담한 항일활동을 하던 윤세주는 1919년 7월경 윤치형, 배동선과 함께 만주로 떠났다. 독립군 양성소인 신흥무관학교에 입학하기 위해서였다.

윤세주가 도착했을 때 신흥무관학교는 고산자 하동 대두자에 있었다. 맨 처음 자리 잡았던 유하현 삼원포 추가가와 두 번째 자리 잡은 통화현 합니하의 교사는 분교로 하고 대두자에 새로운 부지를 확보한 것이다.

김원봉과 재회한 것도 이 무렵이었다. 남경 금릉대학에 다니다가 무장독립운동을 위해 만주에 온 김원봉은 소수의 힘으로 일본에 타격을 가할 암살단을 구상하고 있었다. 윤세주 등 10여 명이 이에 동의했다.

이들은 그해 11월 9일 길림성 파호문 밖에 있는 화성여관을 통째로 빌려 밤샘 토론 끝에 의열단을 창단했다. 윤세주는 마침 병이 나서 창단식에 참석하지 못했으나 단원의 한 명이었다. 이때 그의 나이 20살로, 대원 중 가장 젊었다.

의열단은 결성 직후 차례로 국내에 잠입했다. 윤세주도 12월 중순 권총을 휴대하고 국내로 향했다. 이때 김원봉과 동지들은 막내인 그를 아껴서 가지 말라고 만류했다. 이에 윤세주는 말했다.

"나는 다른 사람보다 더 묘한 방법으로 적의 주의를 능히 피하여 모면할 수 있습니다. 만일 불행히 체포된다 하더라도 나는 의지가 견결하므로 우리의 비밀을 누설하지 않을 것입니다."

선배들은 단단한 결의를 보여주는 윤세주를 보낼 수밖에 없었다.

최대한 위력을 보여주기 위해 폭탄은 여러 도시에서 한날한시에 투척하기로 했다. 문제는 폭탄이었다. 국내로 잠입한 의열단원들은 서울, 부산, 마산, 밀양 등 여러 도시로 나뉘어 잠복하면서 중국에서 폭탄이 들어오기를 기다렸다. 여전히 수배 상태인 윤세주도 밀양 집에 숨어 폭탄을 기다렸다.

상해에서 김원봉이 보낸 16개의 폭탄은 몇 달이나 지난 3월과 5월에 옥수수가마니 속에 숨겨져 차례로 부산역과 밀양역에 도착했다. 거사의 총지휘를 맡은 곽재기는 윤세주 등 4명에게 투탄 임무를 부여한 후, 서울 공평동의 전동여관에 비밀본부를 차려놓고 조선총독과 고위층들의 동선을 조사하며 거사를 준비했다.

그런데 밀정의 제보를 받은 일경이 밀양의 김병환 집을 습격해 폭탄 3개를 찾아내면서 대대적인 검속이 시작되었다. 남은 폭탄은 투탄과 동시에 뿌릴 격문을 제작할 비용이 마련될 때까지 부산 근방인 진영에 보관되어 있던 데다 주요 기관들이 비상경계에 들어가 거사가 난항에 부딪혔다.

6월 16일, 서울 인사동의 중국집 2층에서 대책을 논의하던 윤세주, 황상규, 이성우, 이낙준이 체포되었다. 또 다른 밀정의 제보를 받은 악질경찰 김태석의 급습 때문이었다. 다른 단원들도 연이어 체포되었고, 다들 혹독한 고문에도 몇 달을 버텼으나 결국 9월 20일 남은 폭탄들마저 압수되고 말았다.

밀양폭탄사건으로 불리게 되는 이 사건으로 20명이 검거되어 15명이 재판에 회부되었다. 1921년 6월에 열린 공판에서 총책임을 맡았던 곽재기와 이성우는 8년, 윤세주, 황상규 등은 7년 형을 선고받았으며 나머지도 5년 이하의 징역형을 선고받았다.

최후진술 시간에 윤세주는 재판장에게 호통을 쳤다.

"우리의 제1차 계획은 불행히도 파괴되고 무수한 동지들이 체포되어 재판을 받았지만, 체포되지 않은 우리 동지들은 도처에 있으니 반드시 강도 왜적을 섬멸하고 우리의 최후 목적을 도달할 날이 있을 것이다!"

윤세주는 적에게 관용을 구걸하지 않겠다며 항소를 거부하고 그대로 수형생활에 들어갔다.

감옥에서도 일본인들이 정한 모욕적인 규칙은 완강히 거부했다. 감옥의 죄수는 매일 아침 점호 때 문밖의 간수를 향해 일제히 고개를 숙여 인사해야 했다. 그러나 윤세주는 절대 경례를 하지 않고 빳빳이 서서 간수들을 노려보았다. 일본인 간수들은 폭행을 하다못해 그의 두 손을 붙잡고 머리를 강제로 내리 눌렀지만 윤세주는 끝까지 버텼다. 한 달이나 승강이를 벌이던 간수들은 윤세주에게 인사 받기를 포기하고 말았다.

한국인 죄수들에 대해서는 한없이 자상했다. 죄수들은 변기 옆에서 곰팡내 나는 묵은 조에 썩은 콩을 넣은 밥조차 못 먹어 허기에 시달렸다. 윤세주는 강도, 살인범, 소매치기 상관하지 않고 죄수들에게 애국심을 불어넣으려 애썼다. 윤세주의 음성은 침착하고 조용했지만 대단히 논리정연하고 설득력이 있었다. 윤세주가 입을 열면 그보다 나이가 훨씬 많은 죄수들도 마냥 감동하며 귀담아들었다.

윤세주는 궐석재판으로 받아놓은 1년 6개월 형이 가산되어 8년 6개월을 살아야 했다. 그런데 일부를 감형받은 데다 일왕 다이쇼의 즉위 1주년 기념으로 다시 감형되어 6년 7개월 만인 1927년 2월 7일 마포형무소에서 석방되었다.

윤세주가 긴 옥살이를 하는 동안 그의 집안 형편도 어려워져서 조그만 집으로 이사를 가 있었다. 석방된 윤세주는 그 집에 사랑채를 지어 1년 동안 머물다가 더 작은 집으로 이사를 가는 등 생활난을 겪었다.

어려움 속에서도 〈중외일보〉 밀양지국 기자로 일하면서 밀양의 청년운동에 가담했다. 당시 밀양에는 공개단체인 밀양청년회가 활동하고 있었는데 윤세주가 석방된 직후인 3월에 열린 총회에서 회원들은 그를 집행위원으로 선출했다. 또 10월에는 집행위원장이 되었다. 또 두 달 후인 1927년 12월 19일에 열린 신간회 밀양지부 결성식에서는 총무간사로 선출되었다가 조직부장을 맡았다.

신간회는 사회주의와 민족주의가 합작해 만든 공개단체로, 회원이 4만 명에 이르던 식민지 최대의 사회단체였다. 밀양지부도 창립대회 며칠 만에 130명으로 회원이 늘어나 소작쟁의와 소작권 분쟁 등 여러 가지 사회문제에 관여했다.

밀양지부만이 아니라 신간회는 소작쟁의를 비롯해 전국각지에서 일어나는 한국인의 권익 문제에 개입하고 강연회, 음악회 등 다양한 대중 활동을 펼쳤다. 그러나 1930년에 접어들면서 돌연 해체 주장이 제기되었다.

당시 미국을 비롯한 자본주의 제국들은 대공황을 겪고 있었다. 이를 사회주의 혁명의 호기로 본 코민테른은 각국의 공산당에게 좌우합작 노선을 파기하고 보다 적극적인 계급투쟁에 나서도록 명령했다. 이 명령에 따라 국내 사회주의자들이 신간회를 해체하자고 주장하기 시작한 것이다. 중국에서도 여러 도시에서 무장 폭동이 일어나고 있었다.

윤세주와 황상규 등 민족주의 성향의 회원들은 신간회 해체에 강력히 반대했다. 그러나 신간회는 끝내 1931년 5월에 해체되어 버렸고, 끝까지 반대하던 황상규는 그해 9월, 42살의 젊은 나이로 사망하고 말았다.

윤세주는 황상규의 장례를 주도해 성대한 사회장으로 치러주었다. 전국에서 모여든 문상객을 감당 못한 밀양경찰은 충청도와 경기도에서까지 지원을 받아 장례식을 감시하고 장례위원들을 체포했다가 군중들이 항의하자 풀어주었을 정도였다.

공교롭게도, 황상규 장례가 치러질 무렵 일본이 만주를 전격 침공했다. 일본은 전쟁에 장애가 되는 한국 내의 반일운동을 누르기 위해 전국에서 검거선풍을 일으켰다. 밀양경찰도 예외가 아니었다. 체포되지는 않았으나 경찰의 집중 감시를 받고 있던 윤세주는 더 이상 국내 활동이 어렵다고 판단하고 두 번째 중국 망명길에 올랐다.

1932년 6월경, 윤세주는 4살 된 외아들과 아내에게 신의주의 금광으로 돈 벌러 간다는 말을 남겨두고 집을 나섰다. 윤세주가 인천에서 배를 타고 천진으로 떠난 후에야 그의 부재를 확인한 일경은 집에 찾아와 화풀이를 하고 걸핏하면 두셋이 대문을 박차고 들어와 구둣발로 방 안을 뒤집어 놓으며 가족들을 괴롭혔다.

천진에 도착한 윤세주는 의열단에 복귀하기 위해 김원봉을 찾아다녔다. 이때 의열단은 일본의 만주침공을 맞아 남경으로 이동해 있던 데다 김원봉에게는 독립운동가 중 최고액의 현상금이 걸려있어 쉽게 종적을 찾을 수가 없었다.

남경으로 간 줄을 모르고 김원봉을 찾아다니던 윤세주는 봉천에서 우연히 이육사를 만났다. 이육사는 격문을 뿌리는 등의 항일운동으로 수없이 연행과 옥살이를 해온 문사로, 조선일보 기자로일하면서 발표한 시로도 유명해져 있었다. 9월이 되어서야 김원봉과 단원들이 남경에 있다는 사실을 확인한 윤세주는 이육사와 이육사의 처남 안병철을 데리고 남경으로 향했다. 의열단이 여는 조선혁명간부학교에 함께 입학하기 위함이었다.

남경에서 13년 만에 재회한 윤세주와 김원봉은 며칠 동안 현무호수 부근 오주공원에 있던 별장에서 지내며 회포를 풀었다. 그가없는 사이 벌어진 의열단의 변천에 대해 설명을 들은 윤세주는 새로운 노선에 공감하고 다시 합류할 것을 결의했다.

1932년 9월 25일, 윤세주와 이육사 일행은 김원봉을 따라 남경 변두리에 있던 선사묘라는 사찰로 이동했다. 장개석 총통의 직계 조직인 남의사의 지원을 받아 만든 조선혁명간부학교가 개설될 곳이었다. 이미 17,8명의 한국 청년들이 땅바닥을 골라 훈련장을 만들고 내무반을 정리하느라 바쁘게 일하고 있었다.

10월 20일, 제1기 입학식이 열렸다. 학생은 나중에 들어온 이들까지 26명으로, 대개 20대 초반이었다. 전직은 다채로워서 이육사 같은 신문기자 출신부터 점원 출신과 노동자 출신에 영화배우도 있었다. 일부는 이전부터 항일운동을 해왔던 이들이었는데 그중에도 33살의 나이로나 경력으로나 윤세주가 지도자였다. 김원봉은 그에게 교관을 맡아달라고 했는데 윤세주는 "군중과 같이 생활하고 같이 학습하여 다시 이론을 정리하겠다"며 한사코 사양하고 학생으로 공부했다.

조선혁명간부학교의 훈련기간은 6개월이었다. 대외비를 유지하기 위해 제2기와 제3기는 다른 절에서 훈련을 하는데 55명과 44명으로 제1기보다 많았다. 훈련생들은 중국군 견습사관 대우를 받았고 졸업 후에는 소위로 임명되었다. 남의사와 같은 비밀 활동을 해야 하기 때문에 모두 가명을 사용했는데 윤세주도 석정이라는 이름을 얻었다. 이후 중국에서 활동하는 내내 석정으로 불리게 된다.

각종 총기 사격술, 폭탄제조법, 축성학, 비밀공작법 등 군사훈련 외에도 철학·정치학·사회학 등 사상교육을 받은 제1기생들은 1933년 4월 23일 졸업을 하고 국내외로 파견되어 나갔다. 이육사도 국내로 파견되었다.

윤세주는 의열단의 결정에 따라 제2기 정치과 교관으로 남았다. 그가 가르친 과목은 의열단사, 조선운동사, 러시아혁명사, 중국혁명사, 유물사관 등으로 모두 신설된 것이었다.

윤세주의 교수 능력은 대단히 뛰어났고 자상한 인품으로 학생들의 사랑과 존경을 한 몸에 받았다. 이에 따라 제2기와 제3기까지 그에게서 배운 학생의 절반에 이르는 41명이 몇 년 후 조선의용대에 합류해 윤세주와 운명을 함께했다. 그중에는 훗날 저명한 혁명가요 작곡가가 되는 정률성도 있었다.

훈련을 마친 대원들을 어디로 배치할 것인가를 결정하는 것도 윤세주의 책임이었다. 그는 대원들의 특성과 능력에 따라 농민운동, 학생운동, 사상운동 등의 임무를 부여해 파견했다. 사상교육부터 실천까지 모두 관할하는 그는 김원봉과 함께 의열단을 움직이는 핵심 지도자로, 사람들에게 '의열단의 정신'이라 불렸다.

1933년부터 추진된 민족혁명당 결성에도 윤세주는 결정적인 역할을 했다. 민족혁명당은 좌익과 우익을 통합한 합작정당을 목표로 추진되었는데 김구, 조소앙 등 반공민족주의 인사들의 반발이 만만치 않았다. 의열단 대표로 나선 윤세주는 김두봉과 함께 끈질기게 그들을 설득하여 손을 잡게 만든 주역이었다.

1935년 7월 5일, 해외 독립운동가들의 오랜 숙원이던 통일전선체인 민족혁명당 결성식이 열렸다. 윤세주는 김규식, 조소앙, 이청천, 신익희, 김두봉, 김원봉, 이영준 등과 나란히 15인의 중앙집행위원으로 선출되었다.

김구는 여전히 합류를 거부하고 있었기 때문에 그를 의식해 의

동계 전투 차림의 윤세주

장 자리는 비워두었다. 따라서 실질적인 당무는 중앙서기부에서 보았는데 김원봉이 서기장으로, 윤세주는 서기부원 겸 훈련부장으로 선임되었다.

민족혁명당을 '전민족적 혁명의 최고 지도체인 동시에 선봉'으로 만들겠다는 꿈을 가진 윤세주는 당원확장과 사상훈련에 열정을 바쳤다. 광주 중산대학을 방문해 한국인 청년들에게 열띤 연설을 하여 다수의 입당원서를 받는 등 사방으로 직접 뛰어다녔다.

1936년에는 기관지 〈민족혁명〉을 발행, '국제정치의 기본 동력과 종국적 향취(向趣)' 등 여러 논문을 통해 독립운동의 이론을 제시했다. 그는 좌익과 우익의 양극단을 비판하며 이렇게 주장했다.

"우리는 비과학적 관념론에 빠져있는 '우익 특수주의'와 민족해방운동을 계급혁명, 계급투쟁에 예속 내지 해소 시키려 하는 '좌익 교조주의'를 배격해야 한다."

윤세주는 사회주의 이론의 공식을 한국에 그대로 도입해 민족해방운동을 계급투쟁에 예속시키려는 공산주의자들을 유치한 '좌익 교조주의'라고 비판했다. 동시에 보수우익 민족주의자들에 대해서는 세계사적 법칙의 공통성을 거부함으로써 민족의 진로를 과학적 법칙에서 수립하지 못하고 주관적 관념에 빠져있다며 '우경 낙오사상'이라고 통렬히 비판했다. 보수 반공 민족주의자들은 보편적 역사발전에 대한 인식이 부족하고, 급진 좌파는 공산주의 이론을 관념으로만 받아들여 한국이 처한 식민지의 특수성을 몰각한 채 러시아의 경험을 그대로 도입하려 한다는 비판이었다.

민족혁명당은 당명에 혁명이라는 단어가 들어갔으나 소련식 사회주의혁명을 뜻한 것은 아니었다.

창당 때 설정된 3대 혁명원칙은 '민족의 자주독립', '민주공화국 건설', '경제적 평등'으로 요약되었다. 이때 지향하는 평등은 소련식 계급독재와는 거리가 멀었다. 국민 참정권 및 기본적 자유권의 완전 보장, 남녀평등, 토지의 평등한 분배, 의무교육 등 사회복지제도 실현 등 유럽식 사회민주주의와 같았다.

하지만 좌우익의 이념에 사로잡힌 이들은 상대방의 주장을 결코 인정하려 들지 않았고, 민족해방을 위해 좌우가 단결하자고 호소하는 윤세주를 오히려 경원했다.

조소앙, 이청천, 최동오 등 보수 민족주의자들은 민족혁명당 주류를 좌익으로 보고 하나둘씩 탈퇴하기 시작했다. 여기에는 당내의 공산주의자들이 보여준 좌익적 분파행동이 결정적인 영향을 주었다. 그들은 김원봉이 국민당의 도움을 받고 있다고 맹비난하며 따로 분파를 형성해 당을 흔들고 김원봉의 권위를 깎아내렸다. 본래 5개 정당의 연합으로 시작된 민족혁명당은 결성 2년 만에 사실상 의열단 계열만 남게 되었다.

1937년 봄, 밀양에 두고 온 아내 하소악과 아들이 남경으로 왔다. 윤세주가 사람을 보내 데리고 오게 한 것이었다. 몇 해 만에 재회한 가족은 남경 중화문 밖의 화로강 부근 호가화원에 셋집 한 채를 얻어 살림을 시작했다. 민족혁명당에서 얻어준 사택으로, 당 본부 겸 합숙소 바로 옆이었다.

그런데 가족이 오고 몇 달 안 된 1937년 7월, 일본군의 대공세로 중일전쟁이 터졌다. 윤세주는 아내에게 아들을 데리고 밀양으로 돌아가라고 종용했으나 아내는 끝내 응하지 않고 민족혁명당 당원 자녀들을 돌보는 일을 하며 항일운동의 역할을 했다.

일본군이 8월 13일 상해를 공격하자 윤세주는 당원 10여 명을 이끌고 상해로 달려가 3개월 동안 다양한 선전선동 활동을 했다.

9월 중순에는 중국군 부상자를 돕기 위해 한국인들에게 160원을 모금해 중국 정부에 전달하고, 9월 29일 밤 9시에는 상해방송국에서 중국 정부가 일본으로 보내는 일본어 성명서를 낭독했다. 일본어 낭독에 이어 중국어로 민족혁명당의 성립과 활동을 알리는 방송을 15분간 했는데, 잔잔하고 조용한 음성이면서도 논리 정연하고도 심금을 울리는 연설에 감동한 중국 정부가 매일 방송해 달라고 요청을 했다. 윤세주는 이후 3주일간, 저녁 황금시간인 5시 30분부터 6시까지 30분간 방송을 통한 연설로 깊은 인상을 남겼다.

전황은 급속히 나빠졌다. 상해를 점령한 일본군은 11월에는 남경까지 밀고 들어와 연일 폭격을 해댔다. 윤세주를 포함한 민족혁명당 당원과 가족 100여 명은 몇 척의 배를 빌려 남경을 벗어나 무한으로 이동했다.

무한은 양자강을 사이에 두고 무창과 한구가 마주보는 아름다운 고도였다. 민족혁명당은 한구시 화상가에 본부를 설치하고 가족 70여 명은 다시 배에 태워 더 깊숙한 내륙도시인 중경으로 보냈다.

윤세주가 한구에서 당을 정비하고 있던 1938년 1월, 중앙육군군관학교, 곧 황포군관학교 특별훈련반이 행군해 왔다. 그중에는 한국인 대원이 83명이나 들어있었다. 몇 개월 전 중국 정부의 요청으로 민혁당에서 모집해 보낸 청년들이었다. 특훈반은 남경이 함락되면서 강릉으로 이동하던 중이었는데 한구에서 김원봉을 만나자 민족혁명당에서 정훈교관을 보내달라고 요청했다. 상의 끝에 윤세주와 한빈이 선발되어 특훈반과 함께 강릉으로 이동하게 되었다.

강릉에 도착한 특훈반은 한국인만으로 구성된 독립구대를 만들어 따로 군사훈련을 받았는데 정훈교육은 한국인 교관들이 맡았다. 윤세주는 한국독립운동사, 왕지연은 정치경제학, 김홍일은 전술학, 나중에 온 김두봉은 한국역사를 강의했다.

1938년 5월 24일의 특훈반 졸업식에 맞춰 김원봉을 비롯한 민족혁명당 중앙집행위원들이 강릉까지 와서 축하를 하고 대원들의 향후 진로를 토론했다. 난제가 된 것은 훈련이 끝난 대원들을 어디에 배치할 것인가였다.

민족혁명당 내 비밀 공산주의 그룹을 이끌고 있던 최창익은 만주로 가자며 동북행을 주장했다. 대원들도 다수가 동북행을 찬성했다.

윤세주는 그러나 수십만 관동군이 빗살처럼 훑고 다녀 한국인 항일유격대도 거의 소멸되고 있던 만주로 소수 부대를 보내는 것은 무의미하며 사방에 일본군이 깔린 수천 리 길을 통과하기도 어렵다고 보았다. 동북행보다는 중국 정부 구역 내에서 중국군과 함께 움직임으로써 머지 않아 한국이 독립할 때 중국 정부의 지지를 받는 게 현실적이라고 보았다.

김원봉도 윤세주와 생각이 같았다. 대원들의 총회에서는 동북행이 결정되었으나 준비가 된 다음에 떠난다는 단서가 붙어있었다. 김원봉은 이 단서에 의거해 일단 동북행을 미뤄놓고 부대를 이끌고 일본군의 침공을 앞둔 무한으로 향했다.

동북행이 늦어지자 최창익, 허정숙, 김학무 등 공산주의자들은 6월 들어 대원 49명을 선동해 민족혁명당을 탈당해 버렸다. 그러나 막상 그들도 동북행을 강행할 수 없음을 잘 알고 있었다. 탈당한 지 3개월 만에 다시 들어오겠다고 요청했다. 민족혁명당의 지도자인 김원봉과 윤세주를 밀어내려는 정치공세였음이 드러나고 말았다. 하지만 두 사람은 반갑게 그들을 맞이해 재합류시켰다. 그리고 한국인의 독자적인 부대인 조선의용대 설립을 서둘렀다.

다음 달인 1938년 10월 10일, 무한에서 조선의용대 창립식이 거행되었다. 140명의 대원이 중국 정부군으로부터 군복과 무기를 지원 받고 작전권도 중국군이 갖고 있었지만 형식상으로는 독립된 한국인 부대였다.

창립식에는 국공합작으로 중국 정부 군사위원회에 파견되어 있던 중국공산당 지도자 주은래가 축하 연설을 했고, 곽말약이 축시를 낭송했다. 기념사진은 네덜란드 공산당원이자 세계적인 다큐멘터리 영화감독인 요리스 이벤스가 찍어주었다.

창립식이 거행되는 시간에도 무한에는 끊임없이 포성이 울리고 있었다. 조선의용대는 결성되자마자 무한을 사수하기 위해 부상병 후송과 선전활동 등 최선을 다했다. 무한이 함락되기 이틀 전, 온 사방에 포탄이 떨어지고 시내가 불길에 휩싸인 10월 23일 밤까지도 4,5명씩 짝지어 사다리와 페인트 통을 들고 다니며 담장과 벽에 일본어로 표어를 썼다.

'병사들은 전선에서 피를 흘리고 재벌들은 후방에서 향학을 누

린다.'

'병사들의 피와 생명, 장군들의 황금 메달.'

무한이 함락된 후에는 본부대를 제외한 대원들은 중국 여러 전선으로 분산 배치되어 일본군을 대상으로 선전활동을 벌였다. 선전이라고 해서 후방에서 등사를 하는 게 아니라, 최전선에서 일본군과 얼굴을 맞대고 반전사상을 선동하는 매우 위험한 일이었다. 일본군의 공격과 폭격, 포격 앞에서는 누구나 똑같은 처지였고, 여러 전투에서 중국군과 똑같이 고지전에 투입되어 생명을 잃었다.

본부대원 60여 명을 이끌고 무한을 탈출한 윤세주는 험난한 여정을 거쳐 한 달 만에 광서성 계림에 도착했다. 아름다운 자연을 가진 작은 마을인 계림에는 중국 각지에서 피난 온 문화예술인이 1천여 명이나 있었다. 조선의용대는 계림에 들어가자마자 담장마다 벽마다 항전의지를 고취시키는 선전 표어를 쓰고 이듬해 3.1만세운동 기념 문화행사를 여는 등 중국인 문화예술인들에게 신선한 충격을 주었다.

계림 본부대의 주요 임무는 일본군을 상대로 한 선전문 제작, 일본군에게 노획한 문서들을 한문으로 번역하는 일, 포로로 잡은 일본군을 심문하고 한국인 포로에게는 민족정신을 교육하는 일이었다.

일본군 포로를 계림으로 데려오는 것은 아니었다. 포로를 교화하기 위해서는 곳곳의 포로수용소로 가야 했는데 전선이 끊임없이 변하니 포로수용소도 이리저리 옮겨 다녔다. 윤세주도 군용 화물차를 얻어 타는 등 고생 끝에 귀주성까지 가서 제2포로수용소의 포로를 교화한 적이 있었다.

제2포로수용소는 여자소학교를 임시로 빌려 쓰고 있었는데 포로 135명중 31명이 한국인이었다. 그런데 군인은 하나도 없고 모두 민간인이고 여자가 8명이나 되었다. 태풍에 표류하던 일본 배에서 잡혀 온 선원들, 철도 공사장에서 일하다가 일본 밀정으로 오인되어 잡혀 온 노동자들, 상인의 부인들이 4명에 먼 중국까지 팔려 온 불쌍한 창녀도 4명이나 있었다.

윤세주는 포로라고 할 수도 없는 한국인 남녀들을 각별히 돌보고 교육한 뒤 모두 자유를 주어 방면해 버렸다. 그러자 그중 다수가 조선의용대에 자원입대했다. 이런 식으로 포로 교화사업을 통해 들어온 신규대원만 50명이 넘었다.

다양한 선전전의 결과, 의용대원은 늘어났다. 1940년 봄, 계림마저 일본군의 수중에 떨어지자 조선의용대 본부대도 중경으로 이동했는데 이때 집계된 대원은 총 314명이었다. 그중에는 여성이 22명, 소년이 24명이어서 상당수가 비전투요원이었으나 전체 숫자로 보면 2년 만에 배로 늘어난 것이다.

1940년 말부터는 조선의용대의 화북 진출론이 본격적으로 대두되었다. 화북은 황하 이북의 대평원 지대로 북경과 천진이 포함된 중국 문화의 중심지였다. 화북에는 한국인 유민도 20여만 명이나 살고 있어 한국독립운동의 중요한 근거지가 될 수 있었다. 또한 그곳에는 중국공산당 팔로군이 치열한 대일항전을 치르고 있었다.

화북으로 가자는 주장이 대두된 것은 과거 동북행을 주장했던 공산주의자들이 팔로군 산하로 들어가기를 원했기 때문이었다.

그런데 이번에는 윤세주도 적극적으로 화북행을 찬성했고, 김원봉도 어떤 반대도 하지 않았다. 중국 정부가 일본과 화평을 도모하면서 전쟁에 소극적이 된 데 대한 반감 때문이었다.

1941년 봄, 김원봉과 본부대는 중경에 남고 윤세주는 화북행의 일원으로 출발했다. 두 사람의 영원한 이별이었다.

화북행이 결정된 전투요원 140여 명은 중국 정부군의 의심을 사지 않도록 조심하면서 여러 갈래로 나뉘어 북상한 끝에 1941년 7월 초순에 무사히 산서성 요현의 작은 마을 동욕진에 안착할 수 있었다. 폭 250킬로, 길이 600킬로에 이르는 거대하고도 아름다운 태항산맥 속의 작은 마을로, 중국공산당 산하 팔로군 전선사령부 인근이었다.

팔로군 진영에 가서도 조선의용대의 활동 내용은 크게 달라지지 않았다. 무장을 하고 선전전을 다니다가 필요시 일본군과 직접 교전하는 나날이 이어졌다. 달라진 게 있다면 20여 명의 적구공작대를 편성해 천진, 북경 등 일본군이 점령한 지역에 깊숙이 들어가 군사정보를 수집하고 의용대원을 모집한다는 점이었다.

화북지대에 간 후로는 특별한 지위를 맡지 않고 있던 윤세주도 다른 대원들과 똑같이 선전전의 나날을 보냈다. 그러던 1942년 5월 28일, 십자령 전투에서 일본군 대병력과 교전하다가 허벅지에 총을 맞고 말았다. 일본군에 포위된 상태라 치료하러 갈 수도 없는 상황에서 석굴에 옮겨져 최채와 하진동의 간호를 받으며 버텼으나 6월 3일 끝내 사망하고 말았다. 그의 나이 42살이었다.

중국공산당은 윤세주를 포함해 전사한 조선의용대원을 위해 몇 차례나 성대한 추모식을 거행하고 그중에도 윤세주와 김창화 두 지도자를 기리기 위해 석문촌 언덕에 크게 돌무덤을 만들어주었다.

김원봉은 윤세주를 기리는 추모글에 이렇게 썼다.

그가 죽음으로 인하여 나는 일생 동안 생사를 같이하고 환난도 같이 해오던 가장 친밀한 전우를 잃게 되었다. 그로 인하여 나는 무한한 애감과 원한에 고뇌되어, 시시로 내심으로부터 나오는 눈물을 금할 수 없다. 뿐만 아니라 간고한 환경 중에 분투하고 있는 화북의 동지들은 가장 우수한 영도 인물을 상실하였고, 전 조선혁명전선은 막대한 손실을 입게 된 것이다.

중국 정부는 국공내전이 끝난 이듬해인 1950년, 한단시에 만들어진 열사능원으로 윤세주와 김창화 두 사람을 이장해 국가적 영웅으로 추모했다.

대한민국 정부는 1982년 윤세주에게 건국훈장 독립장을 수여했다.

13

황포군관학교 최초의 한국 여자, 김금주

1936년 8월 27일 새벽이었다. 중국의 최북단, 오늘의 목단강시에서 멀지 않은 농촌마을 북운방에 수십 개의 그림자들이 몰려들고 있었다. 누런 군복의 일본헌병과 경찰들이었다. 주민들이 눈치 채지 못하게 멀리서 트럭을 세운 그들은 소리 없이 마을을 포위했다. 일본인들의 목표는 조선인 조국신의 집이었다.

이른 시간임에도 조국신의 집에는 등잔불이 켜있고 주인 할머니와 30대 중반의 아낙이 마주앉아 신발 바닥을 누비고 있었다. 아낙은 자그마한 체구에 가무스레한 얼굴을 가졌는데 하얀 치마저고리 차림이었다. 장일지라는 가명으로 불리던 한국 여자 김금주였다.

"장일지! 나와라!"

마침내 조국신의 집을 겹겹으로 포위하고 마당에 들이닥친 일본군이 소리쳤다. 방문을 열어젖히고 군화발로 뛰어든 일본군들은 김금주의 양팔을 뒤로 묶어 포박했다.

"우리 집에 놀러 온 친척인데 왜 잡아가우?"

할머니가 막아섰지만 일본군은 거칠게 떠밀어 내고는 김금주를 마당으로 끌어냈다. 잠에서 깬 조국신과 아내도 뛰어나와 말렸지만 소용없었다.

"이 사람은 좋은 사람이오."

"이 사람을 잡아가면 안 되우다."

마을 사람들까지 몰려나와 항의했으나 일본군은 거들떠보지도 않고 김금주를 마차에 실어 경찰서로 끌고 갔다. 경찰은 그녀가 만주 일대 무장투쟁의 핵심 지도자 중 한 명이라는 사실은 입수했으나 여러 가지 가명을 사용해 정확한 신분을 알지 못했다.

"너의 본명이 뭐냐? 고향은 어디인가?"

경찰은 처음에는 부드러웠다.

"나의 이름은 장일지요, 나의 고향은 조선이다."

보통내기가 아님을 간파한 경찰은 회유를 하려 들었다.

"너의 본명을 밝히고 동료들의 이름을 대주면 곧바로 석방시키고 생활비를 제공하겠다."

경찰은 부드러운 말로 달랬으나 김금주는 완강히 거절했다. 경찰의 무자비한 혹형에도 끝까지 자신의 본명과 동지들의 명단을 불지 않았다. 물고문과 전기고문으로 기절했다가도 정신이 들면 단호하게 외쳤다.

"항일이 무슨 죄냐? 나는 잘못을 뉘우칠 것이 없다. 네놈들이 별

수작을 다해도 나의 반일 사상을 개변시키지는 못한다."

1주일 동안 별의별 고문을 다 들이대고 여러 가지 유혹도 해보았지만 아무런 효과도 보지 못한 일본인들은 '회과서'라는 제목이 쓰인 종이를 내밀었다.

"이번이 마지막 기회이다. 네가 이 반성문을 쓴다면 광명과 행복을 얻을 것이고, 그렇지 않으면 즉결처분인 줄 알아라."

최후통첩이었다. 그러나 김금주는 주저 없이 이렇게 썼다.

'일본군의 점령은 많은 사람들을 재난과 죽음의 구렁텅이로 몰아넣었다. 나라를 잃은 사람들이 제 나라를 찾기 위해 싸우는 게 무슨 잘못이냐? 우리는 기필코 조선과 만주를 다시 찾고 말 것이다. 그날은 반드시 오고야 말 것이다. 반일투쟁은 기필코 승리할 것이다. 나더러 돌아서라고 권하는 것은 어림도 없는 노릇이다. 네 놈들을 반대하는 것은 죄가 아니다.'

김금주는 자신이 해온 반일운동에 대해서는 당당하게 밝혔으나 끝까지 자기의 신분을 밝히지 않았고 단 한 명 동지의 이름과 거처도 누설하지 않았다. 그녀로부터 아무것도 얻어낼 수 없음을 안 일본인들은 총살형을 결정했다.

총살은 1936년 9월 3일 통하진 서문 밖에서 이뤄졌다. 체포되고 1주일 만이었다. 눈이 가려진 채 통나무에 묶인 김금주는 마지막으로 외쳤다.

"일본제국주의를 타도하자!"

"매국적 역적을 타도하자!"

일본군의 총탄이 격앙되어 외치는 김금주의 가슴을 뚫었고, 붉은 피가 사형대를 적셨다. 그녀의 나이 35살이였다.

목단강 지방 경무감 나카무라는 일본 중앙 경무감 도조 히데키에게 이렇게 보고했다.

'피검거자 장일지는 더 두고 볼 여지가 없고 앞으로 회개할 희망이 없으며 관계기관의 의견을 참고하지 않을 수 없어서 9월 3일에 엄중히 처분했음.'

일본인들은 끝까지 장일지의 본명도 고향이 어딘지도 알지 못했다.

김금주의 고향은 평안남도 중화군이다. 1901년 생으로, 부모는 장사를 했다. 아버지는 김금주가 7살 때 병사했지만, 어머니 밑에서 비교적 유복하게 성장할 수 있었다. 딸에게는 한글도 제대로 가르치지 않던 시절이었으나 어머니는 김금주를 평양의 숭실여자중학교까지 보내주었다.

3.1만세운동이 터진 것은 김금주가 중학교에 다니고 있을 때였다. 한반도의 양대 도시이던 평양의 만세운동은 서울과 동시에 기획되고 진행되었다. 이승훈, 조만식 등 민족주의자들과 기독교 목사들이 중심이 되어 학생들이 주축을 이뤘다.

보통학교에 다닐 때부터 동정심이 많고 의로웠던 김금주는 숭실여중의 지도자로 맹활약했다. 4월 초까지 계속된 평양의 만세운동의 와중에 김금주는 사랑도 얻게 되었다. 평양중학교 학생운동의 기수였던 김훈을 만난 것이다.

동갑내기인 두 사람은 양가의 허락을 받아 정식으로 결혼까지 했다. 그러나 경찰에 쫓기게 된 김훈은 아직 공부 중인 김금주를 남기고 중국 땅 만주로 망명했다. 혼인 직후인 1919년 늦가을이었다.

길림성 통화현 합니하로 건너간 김훈은 신흥무관학교에 입학해 군사훈련을 받고 이듬해 5월 우수한 성적으로 졸업했다. 그해 여름 중국 육군과 일본군이 남만주의 반일무장단체들을 대거 공격해 왔다. 김훈은 동만주 왕청현 십리평으로 가서 북로군정서 사관연성소 군사교관으로 활동했다.

이때 북로군정서만 해도 독립군 약 1,600명에 권총 1,300자루와 기관총 7정을 갖추는 등 항일무장투쟁은 절정에 이르고 있었다. 독립군은 봉오동, 청산리, 어랑천 등지에서 일본군에게 상당한 피해를 주었고, 일본은 대규모 군대를 동원해 대토벌을 시작했다. 독립군들은 러시아 땅으로 피신하게 되었다.

봉오동과 청산리에서 군사간부로 맹활약을 했던 김훈은 러시아로 가지 않고 중국에 남아 정규군 장교가 되기로 했다. 운남성 곤명에 군사학교가 있다는 정보를 입수한 그는 광주, 홍콩, 베트남을 에돌아 천신만고 끝에 강무학교 포병학과에 입학했다.

강무학교는 중국 정부가 운영하던 군사학교로, 교관에 일본인도 있었다. 학교 측은 일본인 교관을 의식해 김훈을 양주평이라는 이름의 화교로 위장해 입학시켰다. 김훈은 남다른 모범생이라 운남강무학교 교무장은 늘 그를 예로 들어 생도들을 훈육했다.

"양주평은 포부가 있는 청년이다. 양주평은 매일 아침마다 벽돌 열 개씩 등에 지고 10여 리 길을 달려 두 다리를 단련한다. 모두가 그를 따라 배우라."

어느 날은 일본인 교관이 생도들에게 창검술을 강의하고는 오만스럽게 자기 가슴을 툭툭 치면서 거들먹거렸다.

"제군들 가운데 누가 나하고 한 번 겨루어 보겠는가?"

장내에는 침묵만 흐를 뿐이었다. 그러자 일본인 교관은 또 건방지게 소리쳤다.

"단 5분이라도 좋아. 누가 나서겠는가?"

이때 김훈이 교관 앞으로 성큼 나갔다.

"교관님, 제가 한 번 겨루어 보겠습니다."

교관은 능숙했지만, 김훈도 뛰어났다. 5분이 지나도 승부가 나지 않았다. 10분이 지나자 교관 쪽에서 오히려 지탱해 내지 못하고 스스로 손을 들어 항복했다. 그러고는 엄지손가락을 치켜올려 연신 칭찬을 했다.

"장하다. 장하다. 참 장하다."

바짝 긴장해 숨죽여 관람하던 생도들이 일시에 박수갈채를 보냈다.

1924년 봄, 우수한 성적으로 강무학교를 졸업한 김훈은 광주의 중앙육군군관학교 교관으로 초빙되었다.

때는 국민당과 공산당의 제1차 국공합작시기였다. 중앙육군군관학교의 정치부 주임은 중국공산당 지도자인 주은래였다. 김훈은 주은래의 보고와 연설을 자주 들으면서 공산당의 주장에 공명하게 되었다. 이때부터 김훈은 국민당의 이념이던 손문의 삼민주의에서 벗어나 공산주의에 경도된다. 또한 양림이라는 중국 이름을 사용하기 시작, 중국의 항일운동가들 사이에 양림으로 널리 알려지게 되었다.

한편, 평양에 남아서 반일투쟁을 계속하던 김금주는 일본 경찰의 탄압이 심해지자 남편 김훈을 찾아 압록강을 건넜다. 1924년 말이었다.

서로 연락이 끊어져 남편의 거처를 모르던 김금주가 운남 강무학교를 거처 광주 중앙육군군관학교에 찾아간 것은 1925년 초였다. 이때 김훈은 훈련처 교관 겸 제3기생 학생대의 상위대장으로 활약하고 있었다.

학교 측은 부부에게 사택을 내주고, 김금주의 입학을 허가했다. 김금주는 한국 여성 최초로 황포군관학교 생도가 된 것이다.

이 시기 중국은 군벌들이 분할 지배하고 있었다. 군벌들은 명목상으로는 중화민국에 속했으나 제각기 독자적인 화폐를 찍어내고 군복도 서로 다르게 입혔으며 관내에서 황제처럼 절대 권력을 행사하고 있었다. 군벌을 제거하는 일은 국민당과 공산당의 공통과제였다.

마침 김금주 부부가 재회하던 무렵, 군벌 진형명이 광주를 공략해 왔고, 정치부 주임 주은래가 직접 군관학교 생도들을 이끌고 이를 정벌하기 위해 나섰다. 제1차 동정이었다. 김훈도 교관으로서 군관학교 생도들을 이끌고 참전했고, 김금주도 동정군 선전대에 가담해 최전선에 투입되었다.

군벌들의 횡포에 시달리던 중국인들은 동정군을 지지했다. 동정군은 해륙풍 지역 농민들의 지지를 받아 몇 달 만에 군벌 진형명을 물리치고 조주, 산두를 점령하는 데 성공했다.

6월에 무사히 군관학교로 귀환한 직후에는 운남과 광서에서도 군벌들의 반란이 일어나 재출동했는데, 광동 노동자들과 교외 농민들의 지원 속에 단 반나절 만에 반란군을 무찔렀다. 김금주 부부는 광동전투도 함께해 널리 인정을 받았다.

탁월한 군사 지휘능력을 가진 김훈은 황포군관학교 3기생들을 이끌어 혁혁한 공을 세웠고, 김금주도 두려움 없는 선전전의 공로로 이해 가을 중국공산당의 가입이 승인되었다.

이로써 김금주는 한국 여성 중 최초로 황포군관학교 생도이자 동시에 한국 여성 최초의 중국공산당 당원이 되었다. 김금주는 이때부터 이추악이라는 가명으로 활동하기 시작했다,

1925년 11월, 중국공산당은 공산당이 직접 지도하는 국민혁명군을 조직하고 제4군 독립퇀장에 엽정을 임명했다. 김훈은 독립퇀 산하 제3영의 영장을 맡았다. 영장은 일본군 체제로 보면 대대장급으로, 3개 중대 500명의 병사를 이끄는 직위였다. 이 역시 조선인 중 최초이자 최고의 직위였다. 국민혁명군이 주둔하는 곳의 주민들은 부대장이 한국인임을 알고 놀라곤 했다.

국민당과 공산당의 동거는 얼마 가지 못했다. 공산당의 확산과 폭동에 위협을 느낀 장개석 정부는 1926년 3월부터 공산당원들을 체포 시작하더니 4월 12일에는 좌파 학생들을 닥치는 대로 학살했다. 이른바 4.12정변이었다.

중국공산당은 김훈 부부의 안전을 위해 두 사람을 소련 모스크바의 동방노력자공산대학으로 유학 보냈다. 동방노력자공산대학에는 지난해 서울에서 결성된 조선공산당에서 보낸 수십 명의 한

국인 남녀들이 공부를 하고 있었다. 두 사람은 3년간 러시아 교포가 통역히는 조선어반에서 정치, 경제, 혁명사 등을 심도 깊게 공부하면서 보다 철저한 공산주의자가 되었다.

1930년 봄, 유학생활을 마친 두 사람은 시베리아를 거쳐 하얼빈으로 돌아왔다. 김훈은 중국공산당 만주성위 산하 군위서기에 임명되었고 김금주는 만주성위 부녀부에 배치되어 동북삼성 전역을 돌아다니며 활동을 시작했다.

이 무렵 중국공산당은 도시를 중심으로 한 무력폭동에 의한 혁명을 주장하는 이립삼노선이 지배하고 있었다. 이에 따라 중국 내륙은 물론 만주에서도 크고 작은 폭동이 계속되었다. 중국 내륙에서는 중국인 대지주와 자본가를 대상으로 폭동을 일으키고 있었으나 만주에서는 중국인 지주들만 아니라 일본군 및 그 협조자들에 대한 공격으로 나타났다. 중국인과 조선인으로 이뤄진 유격대는 하얼빈의 일본 영사관을 습격하는 등 곳곳에서 반일투쟁을 벌였다.

김금주 부부도 중국공산당 만주성위 지도자의 일원으로 동만주 일대를 누볐다. 김훈이 이끄는 유격대는 100여 명의 대원이 80자루의 총으로 무장하고 있었다. 김훈은 한문으로 7천자에 달하는 '동만유격대 사업요강'을 작성해 보고하고 배포하기도 했다.

동만은 이미 유격대가 조직되고 확대될 수 있는 필요한 조건을 갖추고 있지만 사람들에게 유격운동에 대하여 도리어 '군사적투기'니 '군중투쟁을 취소해야 한다'느니 '군사인재와 무기가 없으면 유격대를 발전시킬 수 없다'느니 하는 3가지 그릇된 관념이 존재한다. 그리고 유격대 자체도 정치임무를 짊어지지 않았고 또 군중투쟁과 결합하지 않았으며 당도 조직 있고 계획 있게 유격대를 영도할 수 없었으며 모험적 행동도 있었는데 이는 마땅히 극복해야 한다.

폭동은 그러나 수개월 만에 고비를 맞게 되었다. 무장폭동으로 인한 성과보다는 피해가 너무 많고, 군중들의 호응을 얻지 못한다는 점을 지적한 모택동이 권력을 잡으면서 이립삼은 물러나고, 중국공산당의 노선이 급선회한 것이다.

하지만, 중국 내륙과 달리, 일본군의 전면적인 침략을 받게 된 만주에서는 여전히 유격전이 유효했다.

일본이 만주사변을 일으켜 전면공격을 시작한 1931년 11월, 김훈과 김금주는 중국공산당 만주성위의 소환령을 받고 하얼빈으로 갔다. 만주성위는 김훈을 만주성위 군사위원회 서기로 임명하고, 김금주는 만주성위 부녀위원회에 배치했다.

1932년 4월 초, 만주성위 군사위원의 자격으로 남만주로 파견된 김훈은 반석현을 거점으로 전면적 항일무장투쟁을 일으켰다. 김훈과 이홍광 등은 4월 3일, 5월 1일, 5월 7일 등 잇달아 폭동을 일으켜, 수백에서 수천 명의 군중을 이끌고 일본관헌과 한간이라 불리던 중국인 친일파들을 공격했다.

그중 5월 7일에 하마하자 마을에서 일어난 폭동이 제일 컸다. 만주의 5월로는 유달리 따뜻한 아침이었다. 망치, 도끼, 창을 들고 모인 1천여 명의 군중이 김훈과 이홍광의 지도 아래 구호를 외치며

행진을 시작했다.

"일본제국주의를 타도하자!"

"일제주구를 때려 부수자!"

중국인과 조선인으로 이뤄진 시위대는 일본인과 한간들의 집을 공격해 식량과 재물을 탈취하고 하루 동안 50명을 처단했다. 이 과정에 군중은 4천 명으로 불어났고, 지도부는 빼앗은 쌀 1천 섬을 군중에게 나눠주었다.

이해 가을, 김훈은 중국공산당 총서기이던 주은래로부터 강서성으로 오라는 전갈을 받았다. 강서성에는 공산당 점령지구인 중앙소비에트가 설립되어 있었고 주은래는 중앙소비에트의 '노동 및 전쟁위원회' 주임을 겸직하고 있었다. 주은래가 김훈을 부른 이유는 자기 휘하에서 참모장으로 일하게 하려 함이었다. 중국공산당이 그만큼 김훈의 능력을 인정한다는 뜻이었다.

김훈이 양림이라는 이름으로 주은래의 참모장이 되었을 때, 장개석 정부는 중앙소비에트를 붕괴시키기 위해 잇달아 대규모 공세를 퍼붓고 있었다. 김훈은 정부군의 제4차 포위토벌을 뚫고 나가는 데 혁혁한 공을 세우면서 더욱 중국공산당 지도부의 신임을 얻게 되었다.

한편, 출산한 지 얼마 안 된 김금주는 남편을 강서성으로 보낸 후 갓난 아들을 안고 자진해서 농촌으로 내려갔다. 하얼빈에서 140킬로미터쯤 떨어진 주하현으로, 중국에서 연변 다음으로 조선인이 많이 살던 지역이었다. 김금주는 중국공산당 주하현위원회 부녀부 책임자로서 인구의 절대다수를 차지하던 조선인 농민들을 조직해 항일투쟁에 나섰다.

김금주는 1932년 가을에 농민들을 이끌어 9.18사변 1주년에 항의하는 시위행진을 벌이고, 항일유격대를 위해 옷과 신발, 식량을 모아 공급하고 탄약과 권총 등의 수송도 맡았다. 구호대를 조직해 전투 중 부상당한 유격대원들을 치료하는 일도 바빴다.

주하현에 내려가고 몇 달 안 되어 큰 슬픔도 겪었다. 아들을 한 농민 집에 맡겨놓고 활동을 하러 다녔는데, 아이가 돌을 넘기지 못하고 병들어 죽은 것이다. 김금주까지 폐병이 걸려버렸다.

그래도 김금주는 활동을 멈추지 않았다. 어린 아들을 잃은 슬픔을 삼키며 허약한 몸으로 현 일대를 누비고 다니며 조직과 투쟁을 계속했다. 1934년 8월에는 연수현과 방정현의 특별지부 서기로도 일했다.

김금주는 중국에서 내내 이추악이라는 이름을 쓰고 있었는데, 그 이름은 근동의 주민들에게 깊은 인상을 남겼다. 주민들은 바싹 마른 허약한 몸으로 쉴 새 없이 돌아다니며 열정적으로 교육하고 조직을 하는 그녀에게 '쏘헤이리즈(小黑李子)'라는 별명까지 붙여 주었다. 마르고 작은 체구에 까무잡잡한 얼굴을 가진 여자 이 씨라는 뜻이었다.

1934년 1월 21일, 강서성 서금에서 제2차 전국소비에트 대표회의가 열렸다. 김훈은 이 대회에서 주석단의 한 명으로 선출되었다. 한국인으로는 중국공산당 내 최고의 지위였다. 홍군 참모장의 한 사람으로 장개석 정부군의 제4차 포위토벌을 막아내는 데 혁혁한 공을 세워 모택동과 주은래의 돈독한 신임을 받은 결과였다.

대표회의 도중, 모택동은 김훈이 아내와 떨어져 산다는 사실을 알고는 중국공산당 만주성위 책임자인 중국인 하성상을 불러 김금주의 형편을 물어보았다. 그녀가 흑룡강성 일대에서 뛰어난 여성지도자로 맹활약하고 있다는 답을 들은 모택동은 지시했다.

"이추악 동지를 꼭 이곳에 보내어 남편과 함께 사업하도록 하시오."

모택동의 지시는 만주성위 순시원인 풍증운에 의해 김금주에게 전달되었다.

"이추악 동무. 모택동 동지께서 서금에 소집한 중앙소비에트 구역 제2차 대표회의에서 만주성위원회 대표인 하성상을 보고 이추악 동무의 형편을 물으시고는 동무를 중앙소비에트 구역으로 전근시켜 남편 양림 동무와 함께하라고 말씀하셨소."

그러나 1934년 10월, 장개석의 중앙소비에트에 대한 제5차 토벌시작했고, 홍군은 서금에서 철수해 2만 5천 리 대장정을 시작하게 되었다. 양림과 무정 등 중앙홍군에 배속되어 있던 10여 명의 조선인들도 부대를 따라 장정에 올랐다.

장정을 앞두고, 중국공산당 중앙당은 양림을 홍군 중앙군사위원회 간부퇀 참모장으로 임명했다. 간부퇀은 공산당 중앙기관과 중앙수장의 경호를 담당하는 특수부대로, 2개 포병부대가 주축이었는데 구성원의 대부분은 장교였다. 대대장 급으로 5백 명의 사병을 지휘하던 양림이 이제 3천 명의 장병을 지휘하는 여단장 급이 된 것이다.

남편이 장개석 정부군에 쫓겨 시련을 겪는 사이, 만주의 김금주

이추악이라 불리던 김금주

는 일본군의 대대적인 공격을 맞아 사지에 몰리고 있었다. 김금주는 연수현 중화진 천대산 일대에서 비밀 조직 활동을 하고 있었는데, 처음 연수현에 들어설 때 한국에서 갈라진 어머니를 찾아 중국에 왔다, 먹고살기 위해 이곳저곳 찾아다니다 보니 여기까지 오게 되었다고 말했다.

불쌍한 여자로 위장해 주민들 속에 잘 섞여 들어간 김금주는 마안이라는 지방의 신개도라는 작은 산골마을을 거점으로 특별지부를 지도했다. 특별지부는 천대산에 유격대 본부를 두고 부상병을 치료하고 무기수리소를 세워 무기를 수리하고, 일본군 동정을 정찰하고, 청년들을 조직해 항일연군에 입대시키는 일을 하는 조직이었다.

이 시기 주하현 일대의 항일유격투쟁을 이끈 이는 중국인 조상지였다. 조상지는 김금주보다 7살이 적고 체격이 어린아이만 했으나 조직력과 전술능력이 대단한 지도자였다. 조상지는 동북인민혁명군 제3군 군장을 맡아 수많은 전공을 세워 훗날 중국은 주하현을 상지현으로 바꾸게 된다.

김금주는 조상지 부대에 합류해 조직가로 일대를 누비고 다녔다. 대담하게도 산중에 할거하고 있던 마적들을 만나 항일전에 동참할 것을 호소하고, 때로는 직접 총을 들고 유격전에 참가해 일본군을 유인해 타격을 입히는 등 여러 차례 전공을 세웠다.

김금주는 새로운 지역인 통하현으로 이동해서도 빠른 시간 내에 큰 성과를 올렸다. 통하현에 부임하고 반년 만에 4개 항일회를 조직해 300명을 가담시키고 항일연군 제3군에 많은 식량과 군수

황포군관학교 최초의 한국 여자, 김금주

물자를 보내주었다. 논리적이고 글도 잘 썼던 그녀는 많은 소책자와 유인물을 만들어 배포하는 등 선전가로서도 뛰어났다.

목단강 경무감 나카무라는 김금주를 체포하기 전, 일본 중앙경무감 도조 히데키에게 보낸 보고서에 썼다.

'통하는 불치의 암중에 걸렸다. 민중들 가운데는 정신적으로 무장한 사람들이 많다. 이런 사람들은 총을 들고 우리와 대항하지는 않지만 그들은 비적을 낳는 모체이다.'

이 모든 투쟁의 배경에 이추악, 곧 김금주가 개입되어 있다는 사실은 점점 확실해졌다. 통하현의 항일의 불길을 끄려면 우선 이추악을 없애버려야 한다고 여긴 일경은 대량의 군경, 헌병, 특무라 불리던 밀정들을 이 지구에 파견해 장기적으로 정탐하게 하는 한편, '치안정숙선무반'을 조직해 모든 가옥들을 수색하고 다녔다.

경찰은 김금주를 잡으려고 구덩이에 숨어 기다리기도 하고 뒤를 밟기도 하고 특무를 잠입시켜 탐지하기도 했다. 나중에는 이추악을 잡는 자에게는 높은 상금을 주며 이추악을 빼돌리는 자는 사형에 처한다는 포고를 길가에 내붙였다.

이런 정세 속에서도 이추악은 교묘하게 일본군과 숨바꼭질하면서 계속 항일투쟁을 지도했다.

한편 남편 김훈도 홍군 간부톈을 이끌며 수다한 공을 세우고 있었다. 홍군 대열은 1935년 4월 말, 길이가 백여 킬로미터에 이르는 깎아지른 절벽길인 금사강 구간에 이르렀는데, 참모장 김훈이 직접 이끄는 특공대가 선공으로 나루터를 장악해 수만 명의 홍군을 무사히 도강시켜 수훈을 세웠다. 멀리 연안까지 설산을 넘고 초지를 지나는 험난한 장정에 김훈의 부대는 실수 없이 중앙기관과 중앙수장들의 안전을 지켜 찬사를 받았다.

김훈이 부상당한 것은 1936년 2월 20일 밤 10시였다. 황하 도강 전투 중 중국 정부군의 총탄에 맞아 복부에 중상을 입은 것이다. 심한 부상을 입은 김훈은 후방병원으로 후송되던 도중 숨지고 말았다. 그의 도움으로 황하 도강에 성공한 홍군 주력부대가 산서군벌 염석산의 황하방어사령부를 공격하고 있던 시간이었다.

그리고 6개월 후인 1936년 10월 27일 김금주가 체포되었고, 1주일 만에 총살당하고 만 것이다. 아마도 독립운동으로 체포된 한국 여성이 정식으로 총살형에 처해진 최초의 사건일 것이다.

동북삼성. 중국의 북동 쪽에 있는 3개 성을 합쳐 부르는 이름이다. 중국어로는 헤이룽장성, 지린성, 랴오닝성이지만 한국인들은 예로부터 한문 발음대로 흑룡강성, 길림성, 요녕성이라 부르고, 합쳐서 만주라고 했다.

식민지 기간 동안 2백만 명이 넘는 조선인들이 동북삼성으로 이주했고, 그중 많은 이가 중국인들과 힘을 합쳐 일본군에 맞서 싸웠다. 훗날, 중국 정부는 중국에서 대일전쟁에 참전했다가 사망한 한국인 3천여 명을 열사로 인정했다.

양림이라 불리던 김훈과 이추악이라 불리던 부인 김금주는 그중에서도 대표적인 인물이다. 김훈은 한국인 중 홍군 내에 가장 높은 직위에서 공을 세웠고, 김금주 역시 흑룡강성 항일운동의 상징적인 여성이었다.

14

식민지 노동운동의 전설,
이재유

　　　　　　　　　1905년 함경남도 삼수군 별동면 선소리에
서 태어났다. 한반도에서도 가장 오지로 불리는 개마고원 너머에
있는 삼수군은 북으로는 압록강이 흐르고 동으로는 백두산을 품
은 험한 산악지대였다. 주민의 대부분이 화전으로 살아가는 가난
한 사람들로, 일제가 화전을 금지시켰음에도 단속이 어려운 산중
이라 여전히 화전민이 많았다.

　대대로 별동면에 살아온 이재유의 집안도 화전민이었다. 아버
지가 삼수군청과 별동면사무소에서 15년간 고원으로 일했지만 자
식들을 도시로 보내 공부시킬 여력은 없었다. 맏아들이자 장손인
이재유조차도 보통학교에 가지 못해 독학을 해야 했다.

　이재유는 3살 때 어머니를 잃고 자기보다 10살밖에 많지 않은
의붓어머니 밑에 성장했으나 할아버지까지 함께 사는 대가족의

장손으로 별다른 설움을 당하지 않고 활달하게 자라났다.

두뇌는 대단히 뛰어났다. 한국인들의 학구열에 비해 학교가 턱없이 부족했던 시절이라 보통학교의 경쟁률이 높아서 몇 년씩 입학시험에 떨어지는 아이들이 많았는데 이재유는 처음부터 5학년 편입시험에 합격했다. 그나마도 다 아는 내용이라 배울 것이 없다며 4개월 만에 스스로 학교를 그만두고 한문과 일본어에 능한 삼촌 밑에서 독학을 했다.

중국과의 접경지대인 함경도는 전국의 시도 중에서 가장 많은 항일운동가를 배출한 지역이었다. 압록강 변 국경도시인 혜산을 통해 만주와 연결되는 삼수군에도 항일운동가들이 많이 배출되었다.

이재유의 아버지가 일하던 삼수군청의 직원 중에도 독립운동에 관련되어 총살된 이가 있었다. 서기로 일하던 박기춘이었다. 접경지대 헌병 장교들은 항일운동가를 재판에 넘기지 않고 즉석에서 처형해 버릴 권한을 갖고 있었다. 박기춘도 헌병들에게 총살되어 장터 입구에 전시되었다. 경찰은 아무도 시신을 치우지 못하게 했다.

박기춘은 이재유와도 알던 사이였다. 소식을 듣고 친구들과 함께 삼수읍까지 걸어가 부패하는 시신을 본 소년 이재유는 큰 충격을 받았다. 이 일은 이재유에게 식민지 한국인이 처한 현실과 일본의 본질에 눈을 뜨게 했다.

1922년, 18살이 된 이재유는 아버지의 돈 심부름을 나온 길에 돈을 들고 그대로 고향을 떠나 서울로 향했다.

서울은 식민지 조선의 수도가 되어 경성으로 이름까지 바뀌어 있었다. 독서광이던 이재유는 공사장 막노동자로 일하며 시간이 나는 대로 도서관에 드나들며 책을 읽었는데, 지식인들 사이에 널리 퍼져나가고 있던 사회주의 이론에 푹 빠졌다.

가와카미 하지메가 번역한《유물사관》같은 마르크스 정치경제학 서적들을 독학한 이재유는 자본주의의 모순으로 인간차별과 빈부격차가 심화되고 있을 뿐 아니라, 일본이 한국을 침략한 것도 자본주의의 최후단계인 제국주의 때문이라고 생각하게 되었다. 사회주의 혁명으로 자본주의 자체를 없애야만 한국이 해방될 수 있으며 나아가 불평등이 없는 나라를 만들 수 있으리라는 신념을 갖게 되었다.

상경 2년 만인 1924년, 이재유는 20살의 나이로 사립 보성고보 2학년 편입시험에 붙었다. 전국에 신식학교가 세워지기 시작한 지 10여 년밖에 되지 않고 연령제한도 없어 20대 중후반의 고등학생도 흔하던 시절이었다.

하지만 입학만 했을 뿐 학비가 없었다. 고등보통학교에 다니려면 생활비까지 한 달에 최소 15원은 들었다. 공장노동자의 한 달 월급이 20원 정도이니 상당한 돈이었다. 국가의 지원이나 장학금 같은 것도 없던 시절이라 민족계몽을 목적으로 세운 학교들조차도 월사금을 내지 못하면 바로 퇴학을 시켜버렸다. 때문에 영신환 같은 한약이나 백과사전, 세계문학전집을 팔러 다니는 고학생이 널려있었다.

집안 형편이 어려운 이재유도 월사금을 못내 입학 3개월 만에 퇴학당할 처지가 되었다. 때마침 고향의 아버지가 사망했다는 전보가 왔다. 이재유는 학업을 포기하고 아버지의 장례를 치르기 위해 삼수로 내려갔다.

장손이 돌아오자 집안 어른들은 결혼을 강요했다. 이재유는 어쩔 수 없이 결혼을 했지만 반년여 만인 1925년 초, 아내를 두고 다시 혼자 고향을 떠났다.

이번에 간 곳은 서울에서 북쪽으로 멀지 않은, 옛 고려의 수도였던 유서 깊은 도시 개성이었다. 이재유는 이번에도 곧바로 4학년 편입시험에 붙었다. 기독교 재단이 운영하는 송도고보였다.

이번에는 학비 걱정도 없었다. 동아일보 기자로 일하며 조선공산당 결성을 주도하고 있던 박헌영과 그 부인 주세죽이 지원해 주었기 때문이었다. 함흥의 부잣집 딸인 주세죽은 이재유의 외가 쪽 친척이기도 했다.

송도고보에서 주로 함경도 출신 학생들과 교류하던 이재유는 9월 들어 '사회과학연구회'를 조직했다. 회원은 7명으로 마르크스와 레닌의 저서를 읽고 토론하는, 사회주의를 지향하는 소모임이었다.

사회과학연구회라는 명칭은 이재유가 마음대로 썼던 것은 아니었다. 이해 4월에 결성된 조선공산당은 고등고보 학생들을 조직하기 위해 서울에서 조선학생과학연구회를 창립하고 학교마다 다양한 이름의 사회주의 학습 모임을 만들고 있었다. 이재유는 박헌영을 통해 조선공산당과 연결이 된 것이었다.

송도고보 사회과학연구회는 결성이 되자마자 동맹휴학을 주동했다. 요구사항은 주당 4시간의 성경시간을 폐지하고 정규 수업시간 이외에 각자의 종교 취향에 따라 자유로이 선택할 수 있게 해달라는 것이었다.

학교 측은 주동자들을 퇴학시키려 했으나 요구조건이 정당하므로 즉각 퇴학을 시키지 못하고 명분을 잡으려 했다. 때마침 10월 중순, 동급생이자 사회과학연구회 회원인 하규항의 아버지의 환갑잔치에 초대된 이재유와 회원들이 술을 마시고 소동을 일으켰다는 이유로 7명 전원을 퇴학시켜 버렸다.

퇴학당한 이재유는 곧장 일본 동경으로 건너갔다. 사무직 회사원의 한 달 월급인 30원이 넘는 동경행 여비는 어떻게 해결했지만 무일푼이었다. 이때는 박헌영의 도움도 받을 수 없었다. 조선공산당 당원 100여 명과 함께 구속되어 버렸기 때문이었다.

이재유는 동경에 떨어지자마자 신문배달과 우유배달, 도로공사장 막노동으로 생계를 유지하며 혁명운동을 시작했다.

사회주의 혁명의 기초는 노동자, 농민의 조직임을 알고 있던 이재유는 막노동자로 일하면서 동경대학에 만들어진 야학 노동학교에 입학해 저명한 일본인 사회주의자인 사노 마나부 등으로부터 이론을 배웠다. 전국무산자평의회, 동경합동노동조합 등 사회주의자들이 이끄는 합법적 노동조합에 가입해 활동하는 동시에 한국인의 인권을 위해 만들어진 재일본조선노동총동맹에도 가입해 조직선전부원으로 활동했다.

공개, 합법단체에서의 활동과 더불어 지하단체에도 가담했다. 조선공산당은 일본과 만주에 각각 일본총국과 만주총국을 조직하고 있었다. 이재유는 1927년 11월 조선공산당의 산하단체인 고려공산청년회에 가입하여 공산당원이 되고 이듬해 4월에는 조선공산당 일본총국의 중앙위원이 되었다.

이재유는 노동자들의 투쟁현장과 반정부 집회마다 종횡무진으로 뛰어다녔다. 러시아혁명으로 사회주의가 범람하는 것을 두려워한 일본 정부는 좌익계열의 활동을 엄격히 규제하고 있었다. 이재유는 쉴 새 없이 연행되어 동경경시청과 산하 경찰서에 드나들었다. '전일본무산청년동맹'을 해산시키자 이에 대한 항의문을 내무대신에게 발송하고, 이를 각지의 운동가들에게 보내려고 인쇄하려다 체포되기도 했다. 그는 도일한 후 3년 동안 무려 70번이나 경찰에 체포되어 조사를 받거나 구류조치를 당했다. 지칠 줄 모르는 투지에 이론까지 갖춘 이재유라는 이름은 재일본 한인 운동가들 사이에 널리 알려졌다.

한편, 국내의 조선공산당은 4차례나 대량검거를 당하고 있었다. 그 여파로 일본총국도 조직이 드러나 중앙위원인 이재유도 체포되었다. 1928년 8월이었다. 조선공산당은 국내 사건이기 때문에 그는 수갑에 채인 채 부관연락선을 타고 한국으로 이송되었다.

서대문형무소에 수감된 이재유는 긴 예심 끝에 1930년 11월 5일자로 징역 3년 6개월을 선고받고 이듬해 마포의 경성형무소로 이감되었다.

일제강점기 형무소는 항일운동가의 기를 꺾는 곳이기도 했지만 어떤 이들에게는 인맥을 넓히고 신념을 다지는 장소였다. 이재유도 형무소에서 여러 운동가들과 교류하며 장차 조직운동의 기반을 쌓았다. 훗날 남로당 총책이 되는 김삼룡, 지리산 빨치산 대장이 되는 이현상 등이 그때 만난 이들이었다.

일본 법원은 예심기간은 형기에 포함시키지 않기 때문에 이재유는 체포 4년 4개월 만인 1932년 12월에 석방되었다. 수감 기간 동안 식민지 수도 경성에서 항일조직을 하겠다고 결심한 그는 경찰의 감시를 따돌리고 고향 삼수에서 올라온 칠촌조카 이인행의 집과 용인 출신 운동가 안병춘의 하숙집 등지에서 생활하며 조직 건설에 나섰다.

1933년 2월부터 시작된 무명의 조직에는 김삼룡, 이현상, 변홍대 등이 차례로 가담해 경인지역의 운동가들을 빠르게 결속시켜 나갔다. 조직의 형태가 잡힌 6월에는 '경성트로이카'라는 명칭도 갖췄다. 정식 명칭은 '조선공산당 재건을 위한 경성트로이카'였다.

송도고보 시절의 사회과학연구회처럼, 경성트로이카라는 명칭도 이재유가 마음대로 정한 것은 아니었다.

이 4차례 대량검거로 조선공산당이 무너진 후, 국제공산당 코민테른은 재건의 전권을 조봉암에게 맡겼다가 그가 체포되자 박헌영에게 맡겼다. 박헌영은 중국 상해에 본부를 두고 김형선을 국내로 파견해 조직 재건에 나섰다.

국내에 잠입한 김형선은 경인지역에서 탁월한 조직능력을 보여주고 있던 이재유를 만나 트로이카식 조직운동을 하기로 합의했다. 트로이카란 3명이 논의해서 결정하는 집단지도체제를 의미하는 사회주의 조직 형태의 하나였다. 식민지 수도 경성의 운동을 이끄는 경성트로이카는 자연히 전국을 지도하는 조직이었다.

그런데 이미 수배 중이던 김형선이 1933년 여름에 체포되어 해방되기까지 12년이나 감옥살이를 하게 된다. 자연히 이재유가 국내 조직의 총책임자가 되었고, 상해의 박헌영도 이를 알고 있었다.

경성트로이카는 책임자 이재유의 지도 아래 지역별로, 공장과 학교별로 3인조가 되어 토론하고 합의하는 민주적인 운영방식을 지켰다. 권위적이지 않고 실천을 중시하는 이 방식은 경인지역 조직을 빠르게 성장시켰다. 1933년 여름이 되었을 때 조직원 숫자는 180명에 이르렀다.

경성트로이카는 그해 5월의 동덕여고 동맹휴학으로 시작해 12월까지 서울의 공장과 학교들을 흔들어놓았다. 철도국 산하 용산공작소 영등포 공장 등 9개 공장에서 파업과 쟁의를 일으켰다. 동덕여고를 포함해 중앙기독교청년학교, 숙명여고보, 중앙고보, 배제고보, 경성여상 등 6개 학교에서 동맹휴학을 일으켰다.

1929년의 원산총파업 이후 최대 규모의 파업과 맹휴 소식은 연일 신문에 보도되었다. 경찰의 삼엄한 감시 아래서도 평양, 부산, 함흥, 인천 등 주요 산업도시마다 노동자들의 파업이 벌어졌지만, 식민지 수도 서울에서 벌어진 연쇄 투쟁은 총독부를 긴장시켰다. 수사력을 총동원한 경찰은 사건들의 배후에 이재유가 있음을 알아내고 그를 잡기 위해 총력을 기울였다.

1934년 1월, 이재유는 동지를 만나러 갔다가 체포되어 서대문경찰서로 연행되었다.

총독부 경찰은 체포한 독립운동가 중에도 사회주의자들에게 특히 가혹한 고문과 구타를 가했다. 누군가 잡혀 들어오면 형사들이 뱅 둘러서서 주먹과 발길질로 혼을 빼는 일명 축구공놀이부터 시작했다. 물고문과 전기고문, 손톱 밑에 대바늘 꽂기, 인두로 지지기 등 항일운동가들이 당하는 고초는 끔찍했다. 반년 넘게 경찰을 괴롭혀 온 이재유는 더욱 가혹한 고초를 당해야 했다. 얼마나 매를 맞았는지 그가 앉았다 일어선 자리는 핏물로 젖을 지경이었다.

서대문경찰서는 경성트로이카 사건으로 체포된 운동가로 꽉 차 있었다. 경찰은 주범인 이재유를 분리해 2층 형사실에 가두고 형사들이 퇴근한 밤에는 수갑과 발찌를 채운 후 문을 잠그고 순사에게 보초를 서게 했다.

그런데 이재유가 체포된 지 3개월 만인 1934년 3월 11일 새벽, 서대문경찰서는 발칵 뒤집혔다. 문 앞의 순사가 잠깐 조는 사이, 창문을 타고 뛰어내려 사라져버린 것이다. 서대문경찰서 사상 초유의 탈주 사건이었다.

이재유는 그러나 고문으로 허약해져 뛸 힘도 없었다. 멀리 달아나지 못한 채 어딘 줄도 모르고 정동에 있는 미국대사관 담장을 넘어 들어가 정원에 숨었다가 도둑으로 신고되어 체포되고 말았다.

경찰은 이재유에게 혹독한 보복을 가한 후 양손에 수갑을 채우고 양발은 무거운 쇠공이 달린 족쇄로 묶어놓았다. 그리고 이번에는 여러 사람이 수용된 훈육실에 가두었다.

그러나 이재유는 포기하지 않았다. 다시 한 달 후인 4월 14일 새벽 5시, 다른 사람들이 잠든 사이에 또다시 탈출을 감행했다.

두 번째의 탈출을 도와준 이는 일본인 순사 모리다였다. 젊은 양심가이던 모리다는 훈육실 보초를 서며 이재유와 대화를 하게 되었고, 그의 열정과 인품에 감화되어 버렸다. 이재유가 다른 사람들이 잠든 새벽에 양철로 된 우유병 뚜껑을 이용해 수갑과 족쇄를 풀고 다시 창문을 통해 빠져나가는 것을 보고서도 일부러 30분간 보고를 하지 않았다. 그 사이 이재유는 택시를 잡아타고 충무로까지 달아날 수 있었다.

지난번처럼 순사가 곧장 비상을 걸었다면 탈출은 불가능했을 것이었다. 이재유는 무사히 빠져나갈 수 있었지만, 모리다는 근무 태만으로 국경지대 오지의 지서로 쫓겨났다가 나중에 진상이 드러나면서 총살되었다고 알려졌다.

일단 경찰서를 벗어나는 데 성공한 이재유를 숨겨준 이도 일본인이었다. 진보적인 교수로 유명했던 경성제대 미야케 시카노스케 교수의 도움을 받은 것이다. 미야케는 이강국, 최용달, 정태식 등 경성제대의 한국인 수재들을 사회주의자로 만드는 데 결정적인 역할을 한 인물이었다. 이재유와는 정태식을 통해 잘 알고 있었다.

동숭동의 경성제대 교수 사택에 살고 있던 미야케는 새벽에 불쑥 찾아온 이재유를 깜짝 놀라며 반가워했다. 미야케는 급히 아내를 동경 집으로 보내고 식모는 휴직을 시킨 다음 혼자서 하루 종일 거실 마루 밑의 흙을 파내어 두 사람이 나란히 누울 정도의 공간을 만든 다음 이재유를 숨기고 이불과 먹을 것을 넣어주었다.

미야케는 몸이 아프다는 거짓말로 학교도 며칠 휴직하고 사택을 지키며 이재유를 돌봐주었다. 이재유는 미야케가 넣어주는 빵, 달걀, 귤, 통조림, 만두 같은 것을 먹으며 건강을 회복했고 밤에는 응접실로 올라와 미야케와 독립운동에 관한 대화를 나눴다. 또 유일하게 찾아오는 정태식을 통해 외부 상황을 파악하고 장래 계획을 짰다.

비상이 걸린 경찰은 시내 일원에 엄중한 경계망을 펴고 이재유와 관련이 있다고 생각되는 수백 명을 연행해 혹독한 수사를 벌였다. 그러나 미야케와 정태식 외에는 아무도 그의 종적을 몰랐다. 미야케까지 수사망이 좁혀 들어온 것은 탈출하고 한 달이 지나서였다.

지하생활 38일째 되던 날, 마침내 경찰이 미야케의 사택에 들이닥쳤다. 경찰은 미야케를 압송한 뒤 사택을 샅샅이 뒤지고 책과 문서들을 압수해 갔는데 마루 밑의 토굴은 찾아내지 못했다. 경찰이 물러간 후 한밤중에 토굴에서 나온 이재유는 정태식이 준비해 준 양복에 구두를 신고 활동비를 챙겨 동숭동을 벗어났다.

연고가 있는 집에는 경찰이 잠복하고 있으리라 본 이재유는 보험회사 직원으로 가장해 서사헌동과 신설동 등지의 사글셋방과 하숙집을 전전하다가 돈이 떨어진 후에는 하루에 60전을 받으며 도로공사장 인부로 일했다. 현장 노동자들을 직접 만나는 등 부주의한 활동으로 조직을 드러나게 한 것을 자성하는 자기반성문도 썼다.

이재유가 노동의 나날을 보내며 반성하는 동안, 연행되거나 구속되었던 경성트로이카 동지들이 하나둘씩 석방되어 조직 재건이 시작되었다.

동지들은 그에게 경찰의 추적이 너무 심하니 평양이나 함흥으로 이전해 활동하라고 권유했다. 다른 운동가들도 집중 수배가 되면 타 지역으로 이전해 활동하는 경우가 흔했다. 그러나 식민지 지배의 심장인 경성을 포기할 수 없던 이재유는 이를 거부했다.

일경은 오호작통제라 하여 시내 골목마다 밀고자를 두어 수상한 사람들을 신고하게 했는데 살림하는 부부는 주목을 받지 않았다. 때문에 동지들 사이에 부부로 위장해 사는 경우가 있었고 이때 여성을 하우스키퍼라 불렀다.

경성트로이카의 여성 활동가 중에는 함경도 출신인 박진홍이 있었다. 동덕여고보 개교 이래 최고의 재원으로 유명했던 그녀는 동맹휴학을 주동해 퇴학당한 후 공장노동자 조직을 하고 있었다. 이재유가 하우스키퍼를 찾아달라고 부탁하자 박진홍은 스스로 자원해 신당동에서 방을 얻어 동거를 시작했다. 1934년 8월이었다.

타고난 조직가인 이재유는 주민 속에 자연스럽게 파고들어 동네 일을 잘 봐주고, 순번으로 도는 야경에도 빠지지 않았다. 박진홍도 동네 부인들과 자연스럽게 어울리며 편지를 대필해 주고 사소한 부탁도 잘 들어주었다. 두 사람은 금방 동네사람들로부터 인심을 얻었고, 두 사람은 연인으로 발전해 박진홍이 임신까지 하게 되었다.

동거생활 5개월 만인 1935년 1월, 조직원을 교육하러 나갔던 박진홍이 체포되어 약속 시간에 돌아오지 않자 이재유는 신당동 방을 떠나 왕십리에 새 방을 얻어 활동했다. 그러나 경찰이 이곳도 덮치자 동지인 이관술과 함께 함께 평양을 향해 출발했다.

울산의 부잣집 장손인 이관술은 상당한 재산을 상속받아 도피 자금으로 700원을 지니고 있었다. 평양이든 중국이든 망명해서 살기에 충분한 돈이었다. 하지만 이재유는 이번에도 서울을 포기하

농민으로 위장한 상태에서 체포된 이재유

지 못했다. 포천까지 갔던 두 사람은 방향을 돌려 오늘날의 쌍문동 일대인 노해면 공덕리에 자리 잡았다. 훗날에는 아파트 숲으로 변하지만 당시는 인적도 드문 평온한 농촌마을이었다.

두 사람은 6천 평의 밭을 빌려 움막을 짓고 농사를 짓기 시작했다. 농촌지역에도 곳곳에 주재소가 있어 수상한 전입자를 조사했다. 두 사람의 은거지 근처에도 경찰 주재소가 있었다. 이재유와 이관술은 대홍수로 집을 잃고 올라온 난민이라고 거짓말을 하고 진짜 농민처럼 열심히 농사를 지었다.

새벽부터 한밤까지 열심히 일하는 두 사람의 모습은 주변의 칭찬거리가 되었다. 두 사람은 마을 사람들에게 무이자로 돈도 빌려주고, 마을에 야학을 세울 때 부역도 열심히 하여 신임을 얻었다. 마을 사람들은 나중에 찾아온 경찰과 기자들에게 이렇게 말했다.

"항상 신중한 편이라 친밀은 하면서도 위압적이지 않았으며 경우가 틀린 일은 하지 않고 후덕하게 하여 동리 사람의 인심을 잃지 않았다."

경찰 주재소가 가까우니 매일 순사들이 움막 앞을 지나다녔는데, 닭과 돼지를 키운 두 사람은 순사들에게 계란도 팔고 야채도 팔았다. 순사들조차도 두 사람의 신분조사서에 이렇게 기록했다.

'품행이 방정하고 성질이 온순하여 가히 모범인물이 될 만하다.'

부지런한 데다 신농법까지 도입한 두 사람은 농사도 성공적으로 지어 상당한 돈까지 벌었다. 그렇게 힘든 노동을 하면서도 이재유는 주기적으로 서울에 드나들며 조직을 재건해 다시 40여 명의 운동가를 확보하고 기관지도 제작해 배포했다. 등사기도 허가 없이는 구입할 수 없던 시대라, 두 사람은 나무와 고무판 등을 이용해 직접 등사기를 만들어 기관지를 제작했다.

이재유가 체포된 것은 공덕동에 들어간 지 만 2년이 지난 1936년 12월 25일이었다. 수년간 1천여 명이나 연행해 이재유의 흔적을 쫓던 경찰은 그가 성탄절 날 창동역에서 동지를 만난다는 정보를 입수하고 수십 명의 경찰을 동원해 권총을 쏘아가며 이재유를 포위했고, 이재유는 돌을 던지며 완강히 저항하다가 체포되었다.

움막에 남아있던 이관술은 그가 약속된 시간에 돌아오지 않자 체포되었음을 알고 곧장 그곳을 떠나 대구, 대전 등지에서 활동하다가 몇 년 후에 체포된다.

경찰은 4개월이 지난 1936년 5월에야 이재유의 체포 소식을 언론에 공개했다. 1933년의 연쇄파업과 1934년의 두 차례 탈주로 이재유의 이름은 이미 널리 알려져 있었다. 신문들은 호외까지 발행해 이재유와 동지들에 대해 세세한 사항까지 보도했다. 총독부 기관지 격인 경성일보는 소제목을 이렇게 뽑았다.

'이재유가 체포되었으니 서울 부근의 사상범은 전멸할 것이다.'
'반도의 좌익전선은 완전히 종식되었다.'

기자회견장에서 경찰은 말했다.

"실천의 교묘함에서는 다른 어떤 지도자도 이재유의 발아래도 미치지 못한다."

징역 6년을 선고받아 서대문형무소에 수감된 이재유는 끊임없이 소내투쟁을 주동했다. 조선어 사용금지 반대, 수감자의 처우개선, 간수들의 폭력 사용 금지 등이 주된 요구였다. 견디다 못한 서대문형무소는 1년 만에 그를 공주형무소로 이감시켜 버렸다.

　이재유의 형기가 끝난 것은 1942년 8월이었다. 그러나 그는 석방되지 못했다. 1941년 2월에 공포된 '조선사상범 예비구금령' 때문이었다. 사상전향을 거부한 사상범을 재판 없이 강제로 수감할 수 있는 법령이었다. 전향하지 않은 이재유는 공주형무소에서 석방이 되는 날 곧바로 청주보호교도소로 이송되었다.

　고문 후유증과 잦은 단식투쟁으로 허약해진 이재유는 끝내 조국의 광복을 보지 못하고 감옥에서 숨졌다. 만 40살이 된 1944년 10월이었다. 청주보호교도소에 찾아가 그의 시신을 인수한 이는 경성트로이카의 대표적인 여성활동가이자 이관술의 여동생인 이순금이었다. 이순금은 그의 시신을 교도소 옆 공동묘지에 매장했으나 전쟁과 재개발을 거치면서 공동묘지 전체가 흔적도 없이 사라져버렸다.

15

대륙을 누빈 여전사,
이화림

1905년 평양시 경창리의 극빈 가정에서 태어났다. 본명은 이춘실이다.

이화림의 부모와 오빠들은 일찍부터 항일투쟁에 나섰고, 이화림도 어려서부터 반일감정을 키웠다. 3.1만세운동 후 두 오빠는 사회주의자가 되어 만주로 건너가 무장투쟁에 뛰어들었고 어머니는 군자금을 모금해 만주 무장투쟁에 지원했다.

두 오빠의 영향으로 일찍부터 사회주의자가 된 이화림은 미국인 선교사가 무료로 운영하는 평양의 숭의여자중학교에서 유아교육을 전공한 후 멀리 전라도와 함경도를 오가며 유아원에 취업해 일하면서 지하조직 활동을 했다. 1927년 11월에는 조선공산당에도 가입했다.

이화림 일가를 감시하던 경찰은 점점 그녀를 옥죄어 왔다. 평안도와 함경도 일대를 돌아다니며 소모임 조직과 학습, 유인물 배포, 당원 사이의 연락 같은 지하활동을 하던 이화림은 경찰의 감시로 활동이 어렵게 되자 만주의 오빠들을 찾아 집을 떠나기로 했다.

26살이 되던 1930년 1월, 몹시도 추운 날이었다. 어머니는 평양성 보통문 앞까지 딸을 배웅하며 말했다.

"춘실아, 오빠들을 보면 내 걱정은 하지 말라고 해라. 남자는 집만 지키고 있을 수는 없다. 마땅히 전선에 나가 용감하게 적을 물리치고 일본 놈을 많이 죽여야 한다. 나중에 조선이 광복하면 너희들이 함께 돌아와 우리 다시 만나기를 바란다."

이화림의 눈에서는 끊어진 실의 구슬처럼 눈물이 흘러내렸지만 울음소리를 내지 않으려 이를 악물었다. 눈물을 닦고 일어서서 보통문으로 달려갔다. 그것이 어머니와의 마지막 이별이었다.

경찰은 이화림이 사라지자 곧바로 국경경비대에 비상을 걸고 지명수배령을 내렸다. 중국으로 이어지는 경의선 열차에는 평소에도 관할구역마다 경찰이 올라와 승객을 검문하고 짐을 샅샅이 뒤졌다. 이화림을 발견한 경찰은 체포의 기회를 노리며 감시했다. 신의주에서 압록강을 건너 중국 땅 안동으로 넘어가는 국경 검문소에서 체포할 것이 분명했다.

이화림은 기차로 압록강을 건너기를 포기하고 신의주에서 객차를 내렸다. 배를 타고 압록강을 도강하려 함이었다. 그런데 쪽배를 빌리려 어부들과 교섭하는데 경찰이 몰려오는 모습이 보였다. 배도 포기할 수밖에 없었다. 가까스로 국경을 벗어난 이화림은 이번에는 멀리 인천까지 내려갔다. 그러나 중국으로 가는 배를 타기는 더 힘들었다. 항만경찰이 승객을 한 명씩 검문하다가 의심스런 한국인 청년은 억류해 놓고 전보로 본적지 경찰서에 신원조회를 해 보기 때문이었다.

숭의여중을 나온 덕분에 미국인 선교사들을 널리 알고 있던 이화림은 인천성당으로 미국인 신부를 찾아갔다. 사정을 말하니 신부는 신도 중에 중국을 드나드는 상인을 소개해 주었다. 이화림은 상인 신도의 친척으로 가장해 함께 기차를 타고 무사히 압록강 철교를 넘을 수 있었다.

막상 중국에 도착했으나 드넓은 만주에서 가명으로 유격전을 하고 있는 오빠들을 찾을 길이 없었다. 이화림은 조선공산당 재건을 위한 지하조직이 본부를 두고 있던 상해로 방향을 바꿨다.

1930년대 상해는 국제적인 대도시로, '모험가의 낙원'이라고 불렸다. 선진 제국들이 분할 점령한 조계지마다 식민지에서 망명해 온 독립운동가며 이들을 잡으려 파견된 밀정들, 한 몫 잡으려 몰려든 사기꾼과 거간꾼까지 뒤엉켜 있었다.

이화림이 도착했을 때 상해에는 한국인이 1,500명쯤 되었는데 단체는 20개나 되었다. 공산주의, 민족주의 할 것 없이 모두들 극심한 분파싸움으로 이합집산을 거듭하고 있었다.

남의 나라에 온 한국인들은 관리나 기업을 할 수 없었기 때문에 일부 부자를 빼고는 식당이나 여관의 종업원 아니면 노점상 같은 하찮은 일을 해야 했다. 고향의 땅이라도 팔고 와서 냉면집이나 잡화점을 하는 경우는 나은 편이었다. 흉흉한 세상이라, 무당이나 점쟁이가 되어 거짓말로 남을 등치며 살아가는 이들도 많았다.

어렵사리 다락방 한 칸을 빌린 이화림은 조선식 장아찌를 만들어 노점상을 시작했다. 밤에는 자수를 놓아 돈을 벌었다. 스스로 생활비를 벌어가며 독립운동을 모색하던 그녀가 찾아간 곳은 임시정부의 김구였다.

공산당원이던 그녀가 철저한 반공주의자인 김구를 찾아간 것은 이 무렵 조선공산당이 해산되어 있어 연락선이 끊어졌기 때문이었다. 조봉암, 박헌영 등이 재건의 책임자로 임명되어 상해에서 활동하고 있었으나 철저히 비밀을 지키고 있으니 알지 못했다. 김구는 공산당원만 보면 쥐도 새도 모르게 죽여버린다는 소문이 돌았지만 김구의 한인애국단에 들어가 한 명이라도 일본인을 죽이고 싶었다.

공산당원이었음을 숨기고 이동희라는 가명으로 임시정부를 찾아가니 김구는 여자라는 이유로 받아주지 않았다. 몇 번이나 찾아가 호소하여 승낙을 받을 수 있었다. 이화림을 믿게 된 김구는 그녀를 애국단원이자 자신의 수행비서처럼 한 집에 살도록 했다.

한인애국단이 주로 한 일은 밀정 살해였다. 이화림이 제일 먼저 한 일도 암살이었다. 애국단에 가입하고 얼마 후, 김구와 이화림이 사는 집에 한인 하나가 찾아왔다. 생김새며 말투가 뭔가 속물처럼 보이는 손님은 이화림을 김구의 어린 애첩으로 생각한 듯 실없는 농담을 건넸다. 그가 밀정임을 미리 알고 있던 김구는 이화림에게 문을 잠그라고 넌지시 눈짓을 한 후, 그가 물을 마시느라 시선을 위로 올렸을 때 주머니에서 끈을 꺼내 재빨리 그의 목을 조였다. 밀정은 심하게 버둥댔고, 거구의 김구라도 두 손으로 끈을 잡고 있으니 힘을 쓸 수 없었다. 이화림이 나서서 버둥대는 두 다리를 누르고서야 잠시 후 입에서 거품을 내며 죽었다. 김구는 죽은 밀정의 몸뚱이에 침을 뱉으며 말했다.

"개자식, 아직도 혁명가로 속이다니! 이미 정보가 들어왔는데 누굴 속이려고!"

김구는 직접 혹은 간접으로 일본 밀정과 공산주의자들을 여럿 살해하고 있었다. 진짜 죽여야 할 일본 고위층을 죽일 역량도, 기회도 없었다. 그러던 1932년, 이봉창과 윤봉길이 자진해서 한인애국단에 가입함으로서 진짜 일본 고관들을 죽일 수 있게 되었다. 이화림도 두 사람의 의거를 도울 수 있게 되었다.

이봉창은 1년 전 상해로 건너와 한인거류민단을 찾아와 독립운동의 뜻을 밝혔으나 일본말에 능숙하고 일본 옷을 입고 다니는 데다, 임시정부를 일본식으로 '가정부(假政部)'라 부르는 등 언행이 남달라 밀정이라는 의심을 받아 거절당했다.

다들 의심하는 이봉창을 믿고 받아준 이는 김구였다. 의심 많은 김구가 이봉창을 받아들인 이유는 애국단에 그만한 담력과 결의를 가진 인물이 없다기보다, 일본어에 능숙해서 일본 고관들에게 접근할 조건을 가졌기 때문이었다.

이봉창은 일본 동경으로 가서 일왕에게 폭탄을 던지기로 했다. 이화림은 이봉창의 팬티에 수류탄을 담을 수 있는 주머니를 달아주었다. 이봉창은 동경에 잠입해 수류탄을 던지는 데 성공, 일왕은 죽이지 못하고 근위병에게 부상을 입힌 것으로 그쳤으나 침체해 있던 독립운동을 크게 고무시켰다.

윤봉길 역시 1932년 봄 스스로 임시정부를 찾아와 몸을 바치겠다고 결의한 열혈청년이었다. 이봉창처럼 윤봉길도 일본 옷을 입고 다니고 일본어에 능숙해 다른 이들로부터 밀정이라고 의심을 받았으나 김구는 그를 믿어주었다.

이번에는 상해 홍구공원에서 개최되는 일본의 전승축하기념식에 폭탄을 투척하기로 했는데 이화림은 부인으로 위장해 함께 행사장에 들어가겠다고 했다. 그러나 이화림이 일본어를 거의 못해 삼엄한 경계망을 뚫을 수 없다고 본 김구는 투입을 중단했다. 혼자 홍구공원에 잠입한 윤봉길은 여러 일본 장성과 고관을 살상하는 데 성공했다.

두 사람의 의거로 중국 내에 임시정부의 위상은 한껏 높아졌다. 그러나 이화림은 얼마 후 한인애국단을 떠났다. 입단 2년 만이었다. 김구를 마음 깊이 존경하고 그의 애국심에 탄복했지만 그의 혁명방식에 의문이 생겼기 때문이었다. 이봉창, 윤봉길처럼 비조직적으로 돌출해 온 열혈청년에 의존한 단발식 테러가 아니라, 과학적인 방침과 책략을 갖고 보다 많은 대중을 조직해 투쟁하고 싶었다.

조선공산당 출신인 이화림이 선택할 수 있는 방법은 공산주의 운동에 합류하는 것이었다. 이화림은 1932년 공산주의자들이 많다는 광동성 광주시로 향했다. 김구에게는 대학에 가서 공부를 더 하겠다고 했다. 거짓말은 아니었다. 무장투쟁을 위해 간호사로 수련하기 위함이었다. 엄한 아버지 같은 김구를 떠나던 날, 이화림은 어머니와 헤어질 때만큼이나 펑펑 울었다.

이화림은 광주 중산대학교 부속병원에 실습간호사로 취직해 일하면서 정식 간호사 자격증을 따는 한편, 중국공산당 지하조직에 가담했다. 이춘실이라는 이름도 이화림으로 바꿨다.

결혼도 했다. 남자는 중산대학 법과에 다니던 김창국이었다. 1933년 봄에 혼인식을 올리고 아이도 낳게 되었다. 남편이 학업을 계속하는 사이, 이화림은 임신 중에도 조직 활동을 할 수 있었다. 그런데 아이가 태어나자 관계가 달라졌다. 남편은 남녀평등의 사상을 배운 진보적 지식인이어서 종종 음식도 만들고 아이를 돌보기도 했지만 점차 부딪히는 날이 많아졌다. 아이의 육아 문제로 다투는 날이 점점 많아졌다.

1935년 7월, 김원봉과 윤세주의 주도로 조선민족혁명당이 결성되었고, 조직과정부터 앞장섰던 이화림은 그해 겨울 남경에 있던 본부로 파견되었다. 이화림은 남편에게 함께 남경으로 가자고 설득했으나 남편은 학업을 중단할 수 없다며 거절했다.

두 사람은 결국 이혼을 택했는데 이화림이 아이를 키울 수 없는 상황이라 남편에게 아들을 맡길 수밖에 없었다. 아이를 떠나보내며, 그녀는 또다시 하염없이 울었다. 어머니를 다시 보지 못했듯이, 아이와도 그것이 마지막이었다. 10년 후 해방이 되자 남편이 아이를 데리고 남한으로 가버렸기 때문이다.

1936년 1월, 홀로 남경에 도착한 이화림은 민족혁명당 부녀국에서 일을 시작했다. 민족혁명당은 김규식이 주석을, 총서기는 김원봉이 맡고 있었다. 기본 이념은 '4대 자유'였다. 민족의 자유, 정치적 자유, 경제적 자유, 사상의 자유가 그것이었다. 궁극적인 목표는 "새로운 한국의 민주공화국을 건립하자!"였다.

남경에서 새로운 남자도 만났다. 나이가 훨씬 많은 이집중이라는 혁명가였다. 그를 소개한 윤세주는 이집중은 첫 남편과 달리 혁명 간부이니 아내의 사회활동을 잘 이해해 줄 것이라고 했다. 하지만 사랑보다 혁명을, 가정보다 조직을 우선시하는 이화림은 새 남편과도 부딪혔다. 남편은 그녀의 바쁜 생활에 대해 점점 불만이 커져갔다.

얼마 지나지 않아 결정적으로 부딪히는 일이 생겼다. 이 무렵 중국공산당은 멀리 연안에 있으면서 항일전쟁의 주역으로 부상하고 있었다. 중국공산당은 항일전선에서 활동하는 한국인 당원들을 특별히 우대해 자신들이 연안에 세운 여러 개 대학에서 무료로 배울 수 있게 해주었다. 이화림에게도 연안의 의과대학에 들어갈 기회가 생겼다. 하지만 남편은 강력히 이에 반대하며 연안에 가려면 헤어지자고 압박했다. 결국 이화림은 두 번째 이혼을 하게 되었다. 이화림은 자신의 기구한 운명과 아들 생각이 날 때마다 심적 고통으로 눈물을 흘리면서도 되뇌었다.

"생명은 고귀하고 사랑의 가치는 더 높지만 자유를 위해서라면 나는 이 두 가지 다 포기할 수 있다."

1938년 10월 10일 무한에서 조선의용대가 결성되었을 때, 이화림은 부녀국 부대장으로 임명되었다. 부녀국 대장은 임철애였다.

조선의용대가 결성되고 2주일 후 무한이 함락되면서 일본군이 중국의 주요 도시를 대부분 점령하게 되었다. 이에 중국인들 사이에 거센 저항운동이 일어나 중국공산당 산하 신사군과 팔로군은 순식간에 백만대군으로 성장했다.

장개석 정부는 공산당의 급성장에 겁을 먹었고, 일본은 이를 이용해 공동으로 공산당을 막자고 제안했다. 장개석은 대륙의 대부분을 잃은 채 휴전협상에 들어갔다.

국민당 정부의 태도에 불만을 품은 조선의용대원들은 김원봉 대장의 승낙 아래 중국공산당 관할지역으로 이동했다. 이화림도 이 대열에 합류했다. 눈물 많고 감수성이 풍부했던 그녀는 수개월의 험난한 행군 끝에 1941년 7월 팔로군 전선사령부에 도착했을 때의 감동을 이렇게 회고록에 써놓는다.

이곳에는 녹음이 우거지고 시냇물이 졸졸 흘렀다. 저녁에 우리는 새 국면을 열어갈 연합회를 열었다. 모두들 감정이 이끄는 대로 노래를 불렀고 덩실덩실 어깨춤을 췄다. 노래 불러라! 춤춰라! 노랫소리, 거문고 소리, 휘파람 소리, 징 소리와 북소리 그리고 환호성이 한데 어우러졌다. 모두 동지의 마음은 환희로 가득했으며 산도 이에 감염된 듯 걸쭉하게 취했으며, 물도 이에 동요되어 잔잔한 기쁨을 토해냈다. 우리는 애틋한 태항산의 품에 안겨 재회의 기쁨을 마음껏 누리고 있었다.

정부군 지역에서도 그랬듯이, 팔로군 지역 조선의용대의 주요 임무는 일본군과 소리쳐 대화가 될 정도로 가까운 곳까지 가서 반전사상을 선전하고 적의 사기를 꺾는 일이었다. 선전이 임무라지만 적과 가장 가까운 곳까지 가야 하니 무수히 교전을 치러야 했다. 죽음을 두려워하면 할 수 없는 일이었다.

조선의용대와 조선의용군의 대표적인 여성 전사 이화림

조선의용대는 1942년 여름 부대명칭을 조선의용군으로 바꾸고 팔로군 포병사령관이던 한국인 장군 무정을 사령관으로 맞이한 후에도 무수한 공을 세웠다.

"우리는 조선의용군입니다! 강제로 이 머나먼 타향까지 끌려온 일본 청년들과 조선 청년 여러분 들어보십시오! 일본의 중국침략에 대해 일본국내에서는 동아시아의 평화를 위한 성전이라고 선전합니다. 그러나 평화롭게 살아가던 중국인들을 비행기와 대포로 도살하는 것이 어떻게 평화를 위한 성전입니까?"

남녀 대원들이 양철을 원뿔형으로 말아 만든 확성기로 최대한 정중한 일본어로 소리치면 일본군은 기관총 세례를 퍼붓거나 특공대를 보내 의용군 진지를 덮쳤다. 그러나 일본군 중에는 강제로 끌려온 한국인들도 많아서, 진지를 기습하고도 아무도 죽이지 않고 빨리 달아나라고 길을 터주는 경우도 있었다.

대단히 위험한 일이지만 선전전의 효과는 적지 않아서 한국인 병사뿐 아니라 일본인 병사 중에도 탈영해 와 투항하는 이들이 있었고 포로 중에도 교육에 감화되어 의용군에 입대하는 이들이 많았다. 의용군은 일본어를 모르는 팔로군을 위해 노획한 문서나 일본군 병사들의 일기를 한어로 번역했는데 그 분량도 수만 장에 이르렀다. 풍선을 이용해 일본군 진지로 날려 보낸 선전물은 수십 만장을 넘어 정확히 헤아릴 수도 없었다.

중국공산당도 조선의용군의 용맹성과 헌신성에 거듭 경의를 표했다. 중국공산당 기관지 〈신화일보〉 1942년 2월 20일자 기사다.

조선의용군 제00부대가 작년에 화북의 적의 모 후방으로 가서 두려움을 잊은 채 반전 선전활동을 전개하면서 동시에 유격전을 펼쳤다. 적과 수차례 조우전이 발생했는데, 특히 작년 12월 12일 화북 싱타이 부근에서 벌어진 최대 격전에서 백여 명의 적군을 죽이고 무수히 많은 전리품을 손에 넣었다.

자연히 희생이 잇달았다. 석정이라 불리던 윤세주, 진광화라 불리던 김창화 같은 간부 대원들이 잇달아 전사했다. 손일봉, 박철동, 최철호, 주동욱, 문명철 등 여러 대원들이 전사하고 이원대와 김석계는 체포되었다가 총살형에 처해졌다. 선전대원 김학철은 허벅지에 총상을 입은 채 포로로 잡혀 일본 감옥에 끌려갔는데 다리를 완전히 절단한 채 감옥에서 해방을 맞게 된다. 하나같이 이화림과 절친한 사이였다.

중국공산당은 미국의 참전으로 일본군의 패색이 짙어지자 더 이상 한국인 혁명가들을 죽게 해서는 안 된다며 안전한 연안으로 들어와 공부를 하도록 했다. 장차 한국이 해방되면 사회를 이끌어 갈 지식과 사상을 쌓으라는 뜻이었다.

조선의용군의 연안행은 1943년 12월부터 시작되었다. 제3지대에 소속되어 활약하던 이화림도 1944년 4월에 연안에 도착한 후로는 조선혁명군정학교를 거쳐 1945년부터 중국의과대학에 진학해 의학을 공부하던 중 해방을 맞았다.

눈물의 시대였다. 일본의 항복 소식이 알려지던 8월 15일 늦은 오후, 이화림은 연안시내의 의과대학 기숙사에서 중국 학생들과 있었다. 승전의 기쁨으로 연안시가지는 축하 잔치로 밤새 불야성이 되었지만, 조선의용군은 그곳에서 수 킬로 떨어진 라가평에 주둔하고 있어 기쁨을 함께 할 수 없었다. 이화림은 다음 날 아침 조선의용군 주둔지로 달려갔다.

라가평 마을 운동장에 도착하니 한인 대원들이 명절을 지내는 것처럼 한복을 입고 나와 노래하며 춤추고 있었다. 모두들 그녀를 보고 이름을 외쳐 부르며 달려와 하늘 높이 들어 올렸다. 이화림의 회고다.

나도 가슴속의 홍분을 억제하지 못했다. 이때 진광화 동지, 석정과 손일봉 동지 생각이 났다. 만약 그들이 지금 같이 있으면 얼마나 기쁠까? 동지들은 내게 비통함을 힘으로 승화시키라고 충고했다. 나는 내 눈물이 행복의 눈물이라는 것을 알고 있었다. 나는 동지들의 환희에 같이 전염되어 그들이 노래 부르고 춤추는 행렬에 들어가 조선의용군 전사들과 함께 행복한 저녁시간을 보냈다.

팔로군 사령부는 만주지역의 일본군 무장해제를 조선의용군에게 맡겼다. 항일전쟁에서 공로를 세워 건국에 도움이 되도록 하려는 정치적 배려였다.

이화림도 10월 들어 연안을 떠나 만주로 향했다. 의과대학생 전체가 만주로 이동해 일본의 의료부문을 접수하는 임무를 맡게 되었기 때문이다. 그러나 의대생들은 만주까지 가지도 못한 채 국민당과의 전투에 참전하게 되었다. 또다시 국민당과 공산당의 내전이 시작된 것이다. 화북과 만주가 공산당 지역이 되면서, 조선의용 군에 징집되거나 자원한 한국 청년 숫자는 수만 명으로 늘어나 중 국 정부군과 싸워야 했다.

수년간 계속된 내전은 공산당의 승리로 끝났다. 1949년 10월 1 일, 중국은 공산당에 의해 통일되어 중화인민공화국이 수립되었 다. 이제는 평화가 찾아올 듯했다. 그러나 불과 8개월 후, 이번에는 한반도에서 전쟁이 터졌다.

이화림은 애써 배운 의술을 동족상잔의 전쟁터에서 쓰게 되었 다. 그녀가 북한 땅에 들어간 것은 1950년 말이었다. 직책은 조선 인민군 제6군단 위생소장이었다. 그녀는 중부전선을 향해 남하하 던 중 평안남도 중화에서 미군비행기의 폭격으로 다리에 부상을 입었지만 파편도 뽑지 않은 채 통증을 참아가며 함흥의 야전병원 원장으로 1년간 근무했다.

다리 부상으로 고통받는 것을 안 중국지원군 총사령부는 이화 림을 중국으로 소환해 다리의 파편을 제거하도록 했다. 수술은 성 공적이었지만 장애 2등급 판정을 받았다. 그녀는 중증 장애를 가 진 채 10여 년간 동북삼성 여러 도시에서 병원장으로 일했다.

해방 후에도 남북 어디에도 못 가고 중국에 남았던 한국인들은 중국 내 소수민족으로 분류되어 조선족으로 불리게 되었다. 이화 림은 연변의 조선족자치주의 행정부와 당의 최고위 간부로 활동 했다. 조선족자치주 인민대표와 공산당대표를 역임하고 정치협상 상무위원과 기관당위원회 상무위원 등 고위직을 역임한 이 시기 가 그녀의 생애 중 가장 행복한 기간이었다.

그러나 이 행복 역시 오래가지 않았다. 1966년에 시작된 문화대혁명은 60살이 넘은 이화림을 만신창이로 만들었다. 그녀는 아무 죄없이 온갖 트집을 잡혀 연변 구석구석까지 끌려다니며 군중들 앞에서 모욕과 구타를 당해야 했다.

가는 곳마다 붉은 완장을 찬 십대 후반의 소년, 소녀 홍위병들은 이화림을 군중 앞에 꿇어앉혀 놓고 소위 비판투쟁을 했다. 홍위병들은 무조건 반말을 했다.

"이화림! 당신은 1930년대에 조선에서 중국으로 와서 뭐 했지?"

"항일구국과 조선독립을 위해서 싸웠습니다."

"왜 동북의 항일연군에 참가하지 않고 굳이 상해로 갔지?"

"조선공산당 지하당 조직을 찾아야 했기 때문입니다."

"그런데 왜 김구의 품으로 들어갔지?"

"저는 그가 이끄는 애국단에 참가했습니다."

"애국단이 뭐지? 어떤 조직이야?"

"암살조직입니다."

"암살조직? 누구를 암살해? 공산당원을 암살하는 거냐? 혁명인민을 암살하는 거냐?"

"아닙니다. 일본천황을 암살하고 일본대장을 암살하는 겁니다."

홍위병들은 일제히 소리를 지르며 그녀를 몰아쳤다.

"상해에 천황이 있었느냐? 상해에 일본대장이 있었느냐? 상해에서 누굴 암살한다는 거냐?"

"여러분은 모릅니다. 이봉창, 윤봉길 같은 사람들이 어떻게 했는지."

어떤 말로도 지난한 항일투쟁사에 대해 아무것도 모르는 그들을 이해시킬 수 없었다. 홍위병들의 모욕은 끝이 없었다. 공산주의 체제 아래서 태어나 모택동을 신처럼 여기며 성장한 십대 소년 소녀들의 역사와 민중에 대한 생각은 단순하고도 폭력적인 것 이상도 이하도 아니었다.

"이화림, 당신은 왜 조선 전쟁터에서 도망쳐 나왔지?"

"왼쪽 다리가 폭격에 맞아 부상을 입었기 때문입니다."

"가벼운 부상으로는 전선에서 퇴각하지 않는다. 당신은 왜 퇴각했지?"

"제 왼쪽 다리에서 이미 두 개의 탄피를 뽑아냈습니다."

"당신, 거짓말을 하고 있어. 당신이 자유롭게 걷는 걸 내가 봤어."

홍위병 하나는 그녀의 거짓말을 캐낸다며 아픈 왼발을 걷어차기까지 했다. 고통을 참지 못한 이화림은 홍위병을 째려보며 항변했다.

"저는 혁명을 위해 모든 것을 바쳤습니다. 저의 생명도 당에 바쳤습니다. 제가 혁명에 참가할 때 여러분은 태어나지도 않았습니다."

굽히지 않는 이화림의 기개에 홍위병들은 일제히 몰려들어 발로 걷어차고 주먹질을 하며 소리쳤다.

"이화림이 투항하지 않으면 없애버려!"

"이화림을 타도해 버려!"

홍위병들은 이화림의 손발을 묶고 머리에 뾰족한 죄인 모자를 씌워 연변 곳곳의 군중집회에 끌고 다니며 두들겨 패고 살해 위협을 가했다. 그러나 이화림은 제국주의의 간첩임을 인정하라는 강압을 끝까지 거부했다. 홍위병들은 그녀를 3년간이나 외양간에 수감해 소똥 속에 살도록 했다. 겨우 석방된 후에도 정치범수용소인 57간부학교에 수감되어 10년 가까이 중노동을 해야만 했다.

수모를 당한 것은 이화림만이 아니었다. 조선의용군 출신인 정율성, 주덕해, 김학철 등을 비롯해 연변 조선족 자치주의 지도자였던 거의 모든 원로들이 인간 이하의 수모를 당하고 10년 이상의 옥살이를 해야만 했다. 한때 수많은 한국인 청년들에게 희망이었던 이념이 이제 희극이자 비극으로 바뀐 것이었다.

문화혁명은 1976년 모택동이 죽으면서 끝나고, 홍위병들도 사라졌지만, 공산주의 특유의 관료주의는 복권에 마냥 더뎠다. 이화림이 복권된 것은 1978년이었다. 그녀를 잘 아는 중국공산당 중앙당 간부가 연변에 시찰하러 온 길에 극도의 심신쇠약에 빠진 이화림을 발견한 것이다.

"이화림과 관건 동지는 진정한 원로혁명가입니다. 홍위병운동은 여러모로 잘못된 일입니다. 이처럼 오랫동안 왜 억울한 누명이 벗겨지지 않았죠? 왜 중앙에 보고하지 않았습니까?"

13년의 긴 옥살이에서 석방된 이화림은 연변을 떠나 따뜻한 대련으로 가서 1984년 퇴직할 때까지 공무원으로 일했다. 그리고 1999년 2월, 95세로 사망했다.

16

백마 탄 여장군,
김명시

　　　　　　　　　1907년, 경상남도 마산 출신이다. 오늘의
주소로는 창원시 마산합포구 동성동에서 태어났다.

　아버지가 일찍 죽어 부두에서 생선 행상을 하는 어머니 아래 가
난하게 자랐다. 다섯 오누이 중 셋째로, 위로 일찍 출가한 언니와
오빠 김형선이 있었고 아래로는 남동생 김형윤과 여동생 하나를
두었다.

　어머니 김인석은 어시장에서 행상을 했지만 불의를 참지 못하
는 강인한 여성이었다. 1919년 3.1만세운동이 일어났을 때, 마산시
장에서 벌어진 대규모 시위를 이끌었던 한 명이었다. 시위가 벌어
지자 일본 경찰과 헌병은 무자비하게 총검을 휘둘렀고, 김인석도
경찰서에 끌려가 한 달간 수감되었다가 풀려났는데 이때 얻은 고
문 후유증으로 평생 고생했다.

오빠 김형선이 취직해 돈을 벌면서 마산에서 보통학교를 마친 김명시는 서울 배화여고보에 진학했다. 그러나 오빠가 조선공산당 결성 과정에 참가했다가 체포되면서 학비가 없어 자퇴해야 했다.

1925년 4월 17일, 서울 명동의 중국식당 아서원에서 극비리에 결성된 조선공산당은 2백여 명의 청년들을 모스크바 동방노력자 공산대학으로 유학 보내는데, 김명시는 제1진 21명 중 한 명으로 선발되었다. 제1진에는 조봉암의 아내 김조이, 김단야의 아내 고 명자도 있었다.

초창기 공산대학의 학교 분위기는 매우 자유로웠다. 학비는 물론 학용품이며 옷과 식사 모두 무료 제공되었고 일본 돈 가치로 10 원 내외의 용돈도 지급되었다. 학생의 다수는 러시아인이었는데 외국인도 2백 명 정도가 있었다. 외국인의 절반은 중국인이고 나머지는 한국, 일본, 베트남, 필리핀, 터키, 몽골 등지에서 온 사회주의자들이었다.

공산대학은 4년제였으나 성적이 우수한 학생은 수업 기간에 상관없이 임무를 부여해 졸업을 시켰다. 성적이 우수했던 김명시는 1년 6개월 만에 조기 졸업을 하고 중국 상해로 파견되었다. 조봉암과 홍남표가 이끌던 중국공산당 한인지부의 실무자로 임명된 것이었다. 코민테른으로부터 월급으로 30달러 정도를 받는 조건이었는데, 당시의 달러 가치로는 적지 않은 금액이었다.

김명시가 도착한 1927년 6월, 상해 거리 곳곳에는 중국공산당원들의 시체가 널려있었다. 장개석 정부의 반공정책이 강화되면서 공산당원임이 밝혀지면 대낮에 도로 한복판에서도 학살되었다.

이 살풍경한 상황 속에서도 김명시는 상해 거주 한국인들을 중국공산당으로 조직하는 데 탁월한 능력을 발휘했다. 한국인을 조선공산당이 아닌 중국공산당에 가입시킨 이유는 '만국의 무산계급은 하나'라는 코민테른의 원칙에 따라, 사회주의자들은 출신 민족과 상관없이 현재 거주하는 나라의 공산당에 가입하게 되어있었기 때문이다.

코민테른은 1928년 12월 국내의 조선공산당을 해체시키면서 일본총국과 만주총국도 해산하도록 했다. 그러나 만주총국의 당원들은 기본적인 민족 주권을 부인하는 이 조치에 불만을 갖고 불응했다. 이에 코민테른은 상해 본부로 만주총국을 해산시키고 당원들은 중국공산당으로 입당시키라고 지시를 해왔다. 임무를 맡은 홍남표와 김명시는 만주로 향했다.

이 무렵 중국공산당은 무장폭동에 의한 계급혁명을 주장하는 이립삼 노선이 지배하고 있었다. 자본주의 세계의 대공황을 목도한 코민테른이 좌경화된 영향이었다. 이립삼이 이끄는 중국공산당은 1930년 5월, 중국 전역에서 전면적인 폭동을 일으키도록 지시했다.

만주의 공산주의자들도 중국공산당의 결의에 따라 일제히 중국인 대지주들과 일본의 침략기관들을 공격하기 시작했다. 만주는 인구의 다수가 한국인 이민자들이라 폭동의 주력도 한국인이었다.

김명시도 직접 총을 들고 무장폭동에 가담했다. 대표적인 사건은 하얼빈 일본영사관 공격이었다. 5월 30일 자정, 김명시를 포함해 다수가 한국인인 3백여 명의 무장대는 하얼빈 시내의 기차역,

경찰서, 일본영사관, 전기공사를 동시 공격해 하얼빈의 밤을 화염과 총성에 휩싸이게 했다.

무장 폭동은 반년 이상 계속되어 수백 명의 중국인 지주, 일본인들을 죽였고 역시 많은 한국인이 체포되어 사형에 처해졌다.

만주의 무장폭동은 이듬해 일본군이 만주를 전면 침공하면서 급속히 약화되었다. 내륙에서도 중국 정부군의 반격으로 대부분의 폭동이 진화되었고, 중국공산당 내에서도 이립삼의 노선을 좌경모험주의라고 비판한 모택동이 권력을 쥐면서 폭동이 가라앉기 시작했다.

한동안 줄어든 무장폭동에 다시 불을 당긴 것은 일본이었다. 일본이 만주 전역을 차지해 식민지 위성국가인 만주국을 차지하면서 중국인들의 반일 적개심은 치솟았다. 지금까지 중국공산당의 목표가 국내의 계급혁명이었다면 이제는 대일항전이 되었고, 수많은 중국인들이 이에 동조해 무장투쟁에 동참하면서 중국은 거대한 전쟁터로 변했다.

만주총국 해체와 무장폭동의 임무를 마친 김명시가 상해로 돌아와 보니 중국공산당 한인지부에는 새로운 실무자가 와있었다. 코민테른으로부터 조선공산당 재건의 책임을 맡은 박헌영이었다.

박헌영과 함께 기관지 제작과 조직을 하던 김명시는 1932년 3월 조선으로 귀국했다. 이번에 그녀에게 주어진 임무는 장차 재건될 조선공산당의 기초가 될 공장노동자들을 조직하는 일이었다.

김명시가 귀국했을 때 국내활동 전체를 지도하고 있던 이는 다름 아닌 오빠 김형선이었다. 김형선은 동생에게 인천지역을 맡겼다. 김명시는 제물포역 근처에 아지트를 두고 성냥공장과 제사공장노동자들을 조직하는 한편, 박헌영이 상해에서 보내온 기관지와 지하신문을 복제해 배포했다.

그러나 공장 활동은 짧았다. 김명시 오누이는 활동 시작 2개월만에 정체가 드러나 경찰에 쫓기게 되었다. 성냥공장인 조선인촌회사 파업을 지도하는 과정에서 조직이 드러난 것이다.

일경은 특히 국내 총책임자인 김형선을 쫓기 위해 3백 명을 전담반으로 편성하고 서울과 인천을 뒤지는 한편, 국경도시 신의주까지 요소마다 검문검색의 장벽을 쳤다. 상해로 탈출하려던 김형선은 신의주까지 가기는 했으나 국경 검문을 넘지 못하고 서울로 돌아간다.

오빠의 뒤를 따라 국경을 넘으려던 김명시 역시 신의주까지 갔으나 월경을 포기하고 말았다. 그런데 오누이를 쫓던 경찰은 신의주 일대의 항일운동 전과가 있는 이들을 감시하다가 김명시의 흔적을 발견하고 뒤쫓기 시작했다.

오도 가도 못한 채 경의선 백마강 역의 한 조직원 집에 은신했던 김명시는 경찰이 마을을 포위하고 검문검색을 시작하자 어린아이를 등에 업고 길가에 서서 상황을 살피다가 인상착의를 알고 있던 일경에게 발각되어 체포되고 말았다.

김명시는 징역 6년을 선고받고 예심까지 꼬박 7년을 신의주형무소에서 옥살이를 하게 되었다. 공범으로 잡힌 홍남표와 조봉암도 같은 형무소에서 고생하는데, 감옥이란 문자 그대로 생지옥이었다.

만주의 관문인 신의주의 추위는 이름났다. 죄수들은 거의 무방비 상태로 영하 20도가 넘는 긴 겨울을 견뎌야 했다. 한겨울에도 온방 장치라곤 없는 감방에서 차가운 마룻바닥 위에 거적 한 장을 깔고 이불 한 쪽을 덮고 밤새 떨어야 했다. 떨다가 지쳐서 꼬박 잠들었다가 그대로 얼어 죽어 네모난 나무상자에 담겨 공동묘지로 향하는 시체가 속출했다. 조봉암도 손가락의 여러 마디를 동상으로 잃어야만 했다. 김명시도 손가락에 모두 동상이 걸렸는데 잘라내지는 않았으나 겨울만 오면 아파서 고생을 하게 된다.

1938년 12월, 32살의 나이로 감옥살이 7년 만에 석방된 김명시 앞에는 전쟁의 불바다가 된 아시아 대륙이 기다리고 있었다. 김명시는 형무소 문을 나서자마자 얼어붙은 압록강을 건너 중국으로 향했다.

조봉암, 홍남표, 박헌영, 김형선, 이재유 등 지도부가 모두 형무소에 갇혀있어 조선공산당 재건운동은 마비가 되어있을 때였다. 무사히 중국에 들어간 김명시는 먼 남쪽 마을 계림까지 내려갔다. 김원봉의 조선의용대에 합류하기 위해서였다.

광서성 계림으로 내려가 있던 조선의용대 본부를 찾아간 김명시는 김원봉 대장의 환영을 받고 전선에 투입되었다.

팔로군 포병사령관인 무정이 보낸 밀사가 김명시를 찾아온 것은 1941년, 강서성 서금의 최전선에서 선전전을 벌이고 있을 때였다.

함경북도 경성 출신인 무정은 본명이 김병희로, 양림으로 불리던 김훈 이후로 중국 내 한국인 중 최고의 직위에 오른 전설적인 군인이었다. 김명시와는 1920년대 후반 상해에서 함께 활동도 했던 절친한 사이로, 소식이 끊어진 지 10년이 넘어서야 연락이 닿은 것이었다.

무정이 김명시를 찾게 된 것은 관동군에서 탈출해 팔로군에 귀순한 한국인 학병으로부터 조선의용대의 용맹한 여성대원에 대해 들었기 때문이었다. 자그마한 체구를 가진 30대 중반의 대단한 전사인데 심한 동상에 걸려있어 겨울만 되면 약을 바른다는 이야기였다. 인상착의를 확인한 무정은 곧장 김명시에게 연락원을 보내 자신이 있는 연안으로 들어오라고 한 것이다.

중국공산당이 마지막 근거지로 자리 잡고 있던 연안은 중국의 북부 변방이었다. 서금에서 연안까지는 멀고 먼 길이었다. 나귀를 타고, 배를 타고 걷고 또 걸어 두 달여 만에 도착한 연안에서 김명시는 무정의 열렬한 환영을 받았다.

연안에서 무정 부대에 합류한 김명시는 1945년 해방되기까지 5년 세월을 최일선에서 활약했다.

김명시의 공식적인 직함은 조선독립동맹 화북책임자, 조선의용군 총사령부 정치위원, 제1적구공작대 북경 책임자였으며 연안부터 태항산, 화북지대, 북경, 천진 등 중국 북방지역 전체를 누비며 조직 활동과 무장투쟁을 했다.

체포되면 바로 총살을 당하는 상황에서 비밀 활동을 했기 때문에 구체적인 활동 기록은 찾기 어려우나 조선의용군 제1적후공작대 북경 책임자로 일하던 시절에 관한 증언은 남아있다. 조선의용군 대원 안화응의 증언이다.

안화응의 아버지는 안병진으로, 고려공산청년회 선전부장을 했던 인물이었다. 김명시와는 모스크바 동방노력자공산대학 동기로, 10년이나 감옥살이를 하고 나와 천진에서 조직 활동을 하고 있었다. 안화응의 큰아버지 안병찬은 상해 임시정부 법무차장이자 고려공산당 중앙위원이었는데 소련에서 반혁명 백위군에게 살해당하는 저명한 사회주의자였다.

어린 나이에 중국 천진의 한 일본인 농장에서 일하고 있던 안화응은 김명시가 파견한 적구공작대원을 만난다. 예전부터 김명시를 알고 있던 안화응은 그를 금방 신뢰하게 된다. 그의 글에서 북평은 지금의 북경으로, 중국의 수도가 되기 전의 옛 이름이다.

김명시 아주머니는 우리 집에 자주 다녔고 나를 무척 사랑해 주시었다. 나는 그가 북평에서 무슨 일을 하고 계시는지는 모르나 이전에 아버지와 같이 모스크바 동방대학에서 공부한 적이 있고 또 후에는 신의주에서 진보적 청년학생들에게 혁명적 이론을 선전하여 많은 청년학생들에게서 '여장군'이라고 불리웠다는 것을 들어온 터여서 그와 같이 일하신다는 그 중년 사나이에게도 자연히 친근한 감이 들었다.

식사 후 중년 사나이는 나의 직장생활에 대한 것을 묻기 시작하더니 나중에는 농장경비원은 몇 명이며 총은 몇 자루나 되며 경비는 어떻게 하고 독신숙사에 유숙하는 사람은 몇 명이나 되는가 하는 일련의 문제를 꼬치꼬치 캐물었다. 나는 그도 김명시 아주머니처럼 나를 무척 관심해 준다는 고마운 생각에서 그가 묻는 대로 서슴없이 대답하면서 그의 도움을 받아 직장을 옮기자고 속궁리했다.

적구공작대원이 돌아가고 얼마 지나지 않아 안화웅이 일하는 농장에 조선의용군이 습격해 오고 안화웅은 짐꾼으로 징발되어 그들을 따라가게 된다. 안화웅은 처음에는 그들이 화적 떼인 줄 알았으나 조선의 독립군인 것을 알게 되자 자진해서 조선의용군에 입대한다. 또한 김명시가 보낸 중년 사나이가 적구공작대원 '현파'임을 알게 된다.

후에 알게 된 일이지만 현파 동지는 적의 침략지휘 중심인 천진과 북평을 재치 있게 드나들면서 조선독립동맹 북평지하공작 책임자 김명시 아주머니와 천진책임자인 아버지하고 연계를 취하는 한편, 전선에서 싸우는 팔로군 작전부대를 도와서 많은 정찰 활동을 한 조선의용군의 노련하고 충직한 적구공작원이었다.

김명시는 '백마 탄 여장군'이라 불렸다. 실제로 백마를 타고 다녀서라기보다, 백마가 중국 장군들의 상징이어서 붙은 별명이었다. 중국군은 백색 말을 타면 죽음이 비껴간다는 미신 때문에 백마를 좋아했다. 전투에서는 흰색 말이 오히려 표적이 될 수 있음에도 장교들이 백마를 좋아하다 보니 백마는 권위의 상징이 되었다.

실제 김명시는 전투지휘관이 아니라, 탁월한 조직가이자 이론가였다. 가장 중요한 일본군 점령지이던 북경의 지하활동을 지휘했었고 태항산과 연안에서는 조선의용군 정치위원으로서 사상 교육을 담당했다. 공산당의 군사조직에서 정치위원은 사령관과 동급으로, 정치적 위치로는 조선의용군 총사령관이던 무정과 대등

김명시와 동생 김형윤. 오빠와 어머니까지 4명이 항일운동을 했다

한 위치라고도 할 수 있었다.

마침내 일본의 패전으로 해방을 맞고 3개월 후인 1945년 11월, 서울 종로에서 '김명시장군 환영대회'가 열렸다. 38살 김명시의 귀국은 여러 신문과 잡지에 실려 환영인파가 종로를 메웠다. 대회가 끝난 후에는 흰말을 타고 종로를 시가행진해 열렬한 박수갈채를 받았다.

김명시가 귀국하자 제일 앞서 찾아와 그녀를 선전해 준 대표적인 여성 친일파였던 모윤숙이었다. 환국한 김구를 쫓아가 자서전 《백범일지》의 윤색을 자처했던 이가 이광수였던 것처럼, 해방되는 그날까지 대일본제국을 찬양하며 조선어를 폐기하고 일본어만 써야 한다고 강연하려 다녔던 모윤숙이 제일 먼저 돌변해 애국자를 찬양하고 나선 것이다. 모윤숙은 한껏 감정을 넣어 썼다.

밀사를 따라 … 당나귀를 타고 연안을 향해 들어갔다. 서금서 연안까지 2만 5천 리 밤과 낮을 이어서 몇 날 몇 밤을 산속으로, 산속으로 들어가는 것이었다. 인가라고는 도무지 볼 수 없고 오직 감나무와 호두나무가 보일 뿐이다. 별만이 총총한 이역 하늘 아래, 교교한 밤을 나귀에 몸을 의지하고 가노라면 바위 위에 크게 나타나는 글자들이 보인다.

'토벌을 가는 길은 도망하기에 가장 좋은 기회다. 어디로든지 빠져나와 우리에게로 오라! 너희를 맞을 준비가 다 되어있다.'

이는 팔로군에서 우리들의 학병들을 부르는 신호이다. 흐르는 달빛 아래 은은히 클로즈업해 나타나는 우리의 국문 – 공연히 눈물이 죽죽

흐른다.

1946년 11월 21일자 〈독립신보〉도 김명시를 '빛나는 여류혁명가'로 소개했다. 소제목은 '21년간 투쟁생활, 태중에도 감옥살이'였다.

크지 않은 키, 검은 얼굴, 야무지고 끝을 매섭게 맺는 말씨, 항시 무엇을 주시하는 눈매, 온몸이 혁명에 젖었고 혁명 그것인 듯 대담해 보였다.
"투쟁하신 이야기를 좀 들을까요?"
하고 물으니
"열아홉 살 때부터 오늘까지 21년간의 나의 투쟁이란 나 혼자로선 눈물겨운 적도 있습니다마는 결국 돌아보면 아무 얻은 것 하나 없이 빈약하기 짝이 없는 기억뿐입니다."
이런 겸사의 말을 잊어버리지 않았다. 아니, 아직도 민주과업이 착란하고 막연한 채로 남아있는 오늘의 남조선을 통분히 여겨 마지않는 여사로서는 앞만 바라보는 타는 듯한 정열이 오히려 지난 일을 이렇게 과소평가하게 되는지도 모른다.

김명시는 1946년 2월에 결성된 전국적인 좌우연합 단체인 민주주의민족전선의 중앙위원 겸 서울지부 의장을 맡았다. 또한 북한에 결성된 북조선노동당의 정치위원을 맡았다. 사회주의 계열 여성운동가 중 최고의 직책이었다.

하지만 불과 3년 후인 1949년 10월 11일, 〈동아일보〉와 〈자유신문〉 등 남한의 일간지들은 일제히 김명시의 부고를 전했다. 한 달 전에 체포된 김명시가 유치장에서 자기 치마를 찢어서 감방 천장의 수도관에 목을 매어 자살했다는 보도였다.

김명시의 소식을 기자들에게 알린 사람은 내무부장관 김효석이었다. 내무부장관이 직접 기자회견을 열 정도로 중요한 사건이었으나 이승만 정부의 반공 정책이 극에 달하던 시절이었다. 사건의 진상을 조사하거나 항의하는 어떤 시도도 없이 지나가 버렸고, 곧 전쟁이 터져 수백만 명이 살상되면서, 김명시 사건은 완전히 묻혀 버리고 말았다.

17

백마 타고 오는 초인,
허형식

1909년 경상북도 선산군 구미면 임은리에서 태어났다. 허형식의 증조할아버지는 조선 말기의 관리였으나 왕조의 부패와 일본의 침략으로 나라가 망하면서 집안도 몰락했다. 허형식이 태어날 무렵, 할아버지와 아버지는 약간의 농사를 지어 겨우 생계를 유지하고 있었다.

일본의 침략을 맞아 전국적으로 의병이 일어나자 허형식의 아버지 허일창도 사촌인 허위와 함께 이에 가담해 싸우다가 의병운동이 실패한 후 가족들을 이끌고 만주로 망명했다.

우여곡절을 겪으며 만주를 떠돌던 허씨 일가는 허형식이 14살 되던 1922년경 남만주 요령성 개원현 이기태자라는 곳으로 이사해 조그만 약방을 차렸다. 하지만 군벌들의 횡포와 세금 명목의 가혹한 수탈에 생활은 극히 어려웠다. 허형식은 가난 때문에 학교 근처에도 가보지 못한 채 어린 몸으로 농사를 지어 가족의 생활을 도왔다.

허형식이 21살이 되던 1929년 봄, 허씨 일가는 흑룡강성 하얼빈 부근의 빈현 가반참으로 이사했다.

아직 만주국이 세워지기 전이었다. 일본군이 만주에 진출해 있기는 해도 중국인들 사이에 본격적인 항일무장투쟁이 일어나지는 않을 때였다. 대신 중국공산당이 주도하는 농민동맹, 청년동맹, 부녀동맹 같은 지하단체들이 활발히 조직되고 있었다. 대지주 등 지배계급을 대상으로 투쟁하던 그들에게는 만주를 간도라 부르며 침략을 강화하는 일본인들도 적이었고, 반일의식을 가진 많은 조선의 청년들이 자연스럽게 이 운동에 가담했다.

조선 이민자들이 다수이던 빈현에서 공산주의운동을 지도하고 있던 이는 조선인 최석천으로, 중국공산당 동만특위 빈현 서기를 맡고 있었다. 훗날 소련으로 도피하지 않고 허형식과 함께 만주에 남아 무장투쟁을 계속하는 인물이다.

이 무렵 허형식은 김정숙과 갓 결혼해 신혼살림 중이었으나 최석천을 만나면서 가족에 미련을 두지 않고 항일운동에 뛰어들었다. 최석천의 지도를 받은 그는 하얼빈 주위의 아성현, 주하현, 탕원현 등지로 돌아다니며 조직사업을 했고, 이 과정을 통해 중국어에 능란하게 되었다. 1930년 중국공산당에도 입당했다.

허형식의 지도력이 널리 알려진 계기는 하얼빈 일본영사관 시위사건이었다. 1930년 5월 1일의 메이데이를 맞은 만주성위는 하얼빈 일본영사관 앞에서 항의시위를 계획했다. 참가자들은 4월 30일 오후, 하얼빈 외곽에 있던 동송호 정미소에 모였고, 허형식도 10여 명의 청년들을 이끌고 참석했다.

다음 날 오전 뜻하지 않게 비가 쏟아지기 시작했다. 그래도 허형식을 비롯해 정미소에 모였던 외지 청년 1백여 명은 비를 무릅쓰고 하얼빈 시내로 들어갔으나 하얼빈 시내에 거주하는 청년, 학생들은 나오지를 않았다. 본래 하얼빈 사람들이 시위를 이끌어야 하는데 나오지를 않자 청년들은 허형식을 시위대 책임자로 추대했다.

허형식이 이끄는 1백여 시위대는 추림상점 앞에서 대열을 정돈하고 쏟아지는 비를 맞으며 붉은 깃발과 '일본 침략자를 타도하자'는 구호가 담긴 현수막을 앞세워 일본 영사관으로 전진했다. 시위대가 영사관 앞에서 선전물을 배포하자 일경들이 공포를 쏘며 위협했다.

"물러나면 안 됩니다! 일본 침략자를 타도하자!"

맨 앞장선 허형식의 선동에 시위대는 돌멩이와 벽돌을 주워 영사관에 던지기 시작했다. 영사관 창문이 깨지고 잇달아 총성이 울리면서 군중은 수백 명으로 불어났다. 그 사이 비가 그치자 허형식은 군중을 이끌고 하얼빈 역으로 향했다.

하얼빈 역에 도달할 무렵 시위대는 1천여 명으로 불어나 있었다. 중국 경찰 수백 명이 동원되어 시위대를 포위하자 허형식은 능숙한 중국어로 따졌다.

"일본의 침략을 반대하는 것은 애국적인 행동인데 무슨 죄가 있단 말이오? 비키시오!"

중국 경찰은 자신들은 명령을 집행할 뿐이라며 무차별 체포를 시작했다. 체포된 이들 중에 조선 청년이 33명이나 되었다.

허형식도 체포되어 동성특별구 경무처에 구금되었는데 그는 수사과정에서도 능숙한 중국어로 경찰을 설득했다.

"중국인과 조선인은 예로부터 한 형제입니다. 침략자 일본에 맞서 함께 싸워야만 합니다."

법정 밖에서 애국자들을 석방하라는 항의가 빗발치는 가운데 성동특별구 법원에서 재판을 받을 때도 허형식은 견결한 자세로 중국인 판사들을 훈계했다.

"일본의 침략을 반대하는 것은 중국인들의 평안한 생활을 보장하기 위한 것으로 애국청년들의 정당한 의무요. 우리는 죄가 없소. 죄가 있다면 남의 나라를 침략해 온 일본뿐이오."

이때 일본은 체포된 청년들을 하얼빈 일본영사관에 설치한 자기네 감옥으로 넘기라고 압박을 가하고 있었다. 허형식의 연설에 감화된 중국인 법관들은 일본의 요구를 거부했다. 또한 이듬해인 1931년 봄에 대부분 석방했다.

다만, 허형식 등 주동자 몇은 석방시키지 않고 심양의 형무소로 이감했다가 몇 개월 후 일본군이 공식적으로 만주를 침공하는 9.18사변이 터지자 풀어주었다.

형무소에서 나온 허형식은 중국공산당 빈현특별지구 위원이 되어 책임자인 김책을 도와 각종 반일부대를 찾아다니며 항일무장 조직을 결성하고 여러 마을에 반일 농민회 결성했다.

1932년 2월, 일본군은 마침내 하얼빈을 점령하고 빈현 일대의 항일부대들을 토벌하기 시작했다. 허형식은 위험을 무릅쓰고 비밀 무장대를 동원해 일본군과 그에 협조하는 중국인 한간들을 공격했다.

1933년 탕원현에서 유격대를 조직해 일본군과 전투를 벌이던 허형식은 한 달 만에 패배하자 주하현 흑룡궁으로 이전해 그곳 농민들과 함께 농사도 짓고 이엉도 잇고 잡일도 도우면서 조직을 확대해 나간다. 허형식 등의 노력으로 그해 10월 조상지를 대장으로 주하현 반일유격대가 성립되었고 이듬해인 1934년 봄에는 주하현 일대에서 활동하던 10여 개의 유격대를 연합해 본격적으로 일본군을 공격했다.

주하현에 주둔하던 일본군은 7월부터 대규모 토벌을 시작했다. 이에 겁을 먹은 중국공산당 흑룡궁지부 서기인 중국인 황홍생이 일본군에 투항하고 그들의 앞잡이로 나섰다. 황홍생은 유격대가 숨겨놓은 소총 10여 자루와 부녀반일회의 재봉침까지 빼앗아 갔다.

마침 소나기가 오락가락하는 여름이었다. 황홍생의 배신 소식에 격분한 허형식은 그날 밤으로 소낙비를 맞으며 유격대를 이끌고 흑룡궁으로 쳐들어가서 일본군을 물리치고 군중대회를 열어 황홍생을 처단해 버렸다.

허형식의 활약상을 인정한 만주성위는 1934년 6월 28일 주하유격대를 합동지대로 확대 개편하면서 그를 제3대대 정치지도원으로 임명하고, 가을에는 제1대대 대대장으로 임명했다.

항일유격대의 숫자가 급속히 늘어나면서 허형식의 직급도 빠르게 올라갔다. 만주성위는 이듬해인 1935년 1월 28일에는 동북인민혁명군 제3군을 설립해 조상지를 군장으로, 허형식을 제2퇀 퇀장으로 임명했다. 중국군 편제인 퇀은 일본군 연대 규모라 할 수 있었다. 유격대원 하나가 정규군 열 명을 상대한다는 유격대의 개념에 따라 유격대의 퇀은 정규군 연대보다 숫자가 훨씬 적었으나 연대장 급이었다.

1935년 3월, 일본군의 대규모 춘계토벌이 시작되자 허형식은 제2퇀을 이끌고 철도북의 10여 개 의용군부대와 연합해 류수하자의 일본군 거점을 파괴하고 일본군용 농장을 공격해 식량과 무기를 노획했다. 서쪽으로 진출해 일본인들이 운영하는 빈현의 고려모자 공장을 공격하기도 했다.

춘계토벌에서 성과를 얻지 못한 일본군은 6월에 하얼빈에서 북만 6성 치안회의를 열고 군과 경찰을 총동원해 주하현 유격지구를 공격해 왔다. 이에 제3군 사령부에서는 일부 부대만 주하에 남겨 일본군을 교란시키고 주력부대는 목단강연안지대와 송화강 하류 탕원 일대에 진출시켜 새로운 유격구를 만들기로 했다.

이때 허형식은 제3퇀 정치부 주임으로 임명되어 주하에 남아 일본군을 견제하는 역할을 맡았다.

한번은 허형식이 제3퇀을 이끌고 오상헌 고려영자라는 곳에서 숙영할 때였다. 갑작스럽게 일본군 기마병이 말을 타고 공격해 오자 허형식은 일부 대원만 뒷산으로 올려 보내 일본군을 유인하게 하고 나머지 대원들은 산으로 올라가는 길 양편에 매복시켰다. 일본군이 도망치는 대원들을 추격해 포위망에 들어오자 매복한 대원들은 일제히 사격을 개시했다. 제3퇀은 이 유명한 전투로 일본군을 1백여 명이나 살상하고 다량의 총과 식량을 노획함으로써 허형식의 위명을 널리 알렸다.

1936년 초, 제3군은 송화강의 남과 북에서 계속해서 일본군을 괴롭혔다. 항일유격대가 승승장구하면서 중국인, 한국인 할 것 없이 유격대에 들어오는 청년들도 나날이 늘어났다. 이에 제3군 사령부는 제3퇀을 제3사로 확대 편성하고 허형식에게 제3사의 정치부 주임을 맡겼다. 유격대의 사는 정규군의 사단 개념이었다.

만주지역 항일무장투쟁의 절정기였다. 제3군의 명성이 높아지자 오상현 일대에서 독자적으로 활동하던 쌍룡부대 등 반일부대들이 자발적으로 찾아왔다. 허형식은 이들 부대들과 연합해 곳곳의 전투에서 연속해 승리했다.

여러 차례 승리를 통해 허형식의 지도력에 감탄한 독자부대들은 정식으로 제3사에 들어와 허형식의 부대는 1천여 명으로 늘어났다. 허형식은 정규군이나 다름없는 이 부대를 이끌고 오상현에 있는 일본군 주요거점인 소산자를 공격해 큰 타격을 입히는 등 맹활약했다.

1936년 9월 허형식은 제3군 제1사 정치부 주임에 임명되어 선봉대인 선견부대 2백여 명을 이끌고 곳곳에서 유격전을 계속했다.

북만주의 겨울은 인간을 극한으로 몰아넣었다. 항일유격대는 밤이면 영하 30도 이하로 떨어지는 북만주의 눈 덮인 밀림과 들판에서 맨몸으로 노숙을 하며 굶주림과 부상의 고통과 싸워야 했다. 생존 자체도 어려운 자연환경 속에서도 허형식의 선견부대는 일본군을 소흥안령의 깊숙한 삼림 속으로 유인해 종횡무진으로 끌고 다니며 골탕을 먹이다가 10차례 공격으로 상당한 타격을 입혔다.

허형식의 부대는 치밀한 작전으로 아군 피해를 최소화하기로 유명했다. 대표적인 전투는 해륜현 손령각에서 벌어졌다. 허형식이 지휘하는 선견부대가 손령각 부근의 산속에서 활동할 때였다. 갑작스럽게 일본군 정예부대 5백여 명과 맞닥뜨린 허형식은 유리한 지형을 이용해 교묘한 전술로 일본군 80명을 살상하고 박격포 1문, 중기관총 1정, 경기관총 1정과 많은 소총 및 탄알을 노획했다. 이 전투에서도 허형식의 부대원은 몇 명이 부상당했을 뿐, 전사자는 없었다.

허형식은 전투 지휘관으로서만 아니라 행정가로서도 수완을 발휘했다. 1937년 새해가 되면서 의란현으로 이동한 그는 군대의 사무업무를 총괄하는 판사처 주임으로 임명되어 일본군과 일본인 주민들로부터 징수한 물자를 각 부대에 골고루 분배하고 주민들의 부담을 경감시키는 조치로 칭송을 받았다.

반년간 판사처 주임의 역할을 마친 그는 6월 말에는 유격대에 복귀해 제9군의 정치부 주임으로 임명되었다.

항일유격대는 주민들의 지지와 도움에 절대적으로 의존하고 있었다. 때문에 주민들에게 민폐를 끼치거나 위압적으로 행동하는 것이 엄격하게 금지되었다. 그런데 제9군은 공산당원만 아니라 다양한 출신들로 이뤄져 주민들과의 관계가 좋지 못했다.

허형식은 제9군의 사병들을 개조하기 위해 산중에 군사정치훈련반을 세우고 3기에 걸쳐 120명의 간부와 전사들을 교육시켰다. 허형식의 사상교육 덕분에 일본군의 총공세로 상황이 극도로 악화되었을 때도 제9군은 일부만 일본군에 투항했을 뿐, 대다수가 항일투쟁을 계속했다.

일본군은 1937년 겨울부터 항일연군이 집중된 삼강성 지역을 '치안숙청' 중점지대로 삼고 만주군까지 2만 5천 명을 동원해 3개년 계획으로 대대적인 토벌을 시작했다.

제3군은 일본군의 집요한 공격으로 큰 타격을 입은 데다 포위 상태가 되어 존립이 위태로운 지경이 되었다. 이에 따라 6월에 열린 북만성위회의에서는 부대를 분산하여 각기 포위를 돌파하기로 했다.

이 회의는 허형식에게도 새로운 임무를 부여했다. 각지에 분산되어 활동하는 제3군의 1사와 5사, 정치보위사 등을 합쳐 새로운 제3사를 건립하고 허형식을 사장으로 임명한 것이다.

새로 건립된 제3사는 허형식의 지휘 아래 간고한 투쟁을 계속했다. 북만주의 8월은 장마철이다. 원정대는 굶주림과 수면 부족에 시달리고 차가운 비를 맞으면서도 일본군의 추적을 따돌리다가 갑작스럽게 역공을 퍼부어 타격을 입히며 1,500리 산길을 누비고 다녔다.

끝없는 전투와 행군으로 대원들은 지칠 대로 지쳐갔다. 발은 부르터서 곪아터지고 의복은 너덜너덜하니 넝마나 다름없었다. 그러나 허형식 부대는 끝내 해륜현 경내에 이르렀다. 허형식은 해륜현의 지하조직들과 연계해 그곳에 새로운 유격대 근거지를 개척했다.

1939년 초, 다른 많은 부대들도 해륜현 북부지역에 집결했다. 항일연군 제3군, 제6군, 제9군, 제11군이었다. 중국공산당 만주성위는 이들 부대들을 합쳐 동북항일연군 제3로군을 창건해 중국인 리

조린과 풍중운에게 총사령관과 총정치위원을 맡겼다. 그리고 조선인 허형식을 총참모장 겸 제3군 군장에 임명했다.

만주지역 최대 규모의 무장부대인 제3로군의 총참모장이자 제3군 군장이 된 허형식은 조양산에 근거지를 두고 철려현, 경안현, 해륜현 일대에서 활발한 유격전을 벌여나갔다.

허형식은 1939년 여름에는 60여 명의 특공대를 선발해 직접 이끌고 하얼빈 일대를 누비고 다녔다. 특공대는 하얼빈 부근의 삼조평원을 지나고 중동철도를 넘어가며 곳곳에서 일본군을 기습하다가 9월 초에는 한밤중에 풍락진 마을을 공격했다. 풍락진경찰서를 제압해 경찰의 무장을 해제시킨 특공대는 은행과 식량창고를 털어 돈과 식량, 생필품을 주민들에게 나눠준다.

이 무렵 일본은 만주의 항일연군을 전부 소멸시켰다고 선전하고 있었다. 그러나 제3로군은 그들의 허위선전을 비웃으며 반일의 분위기를 널리 퍼뜨렸다.

제3로군은 1940년 한 해 사이에 소흥안령과 흑눈평원 지대의 30여 개 현의 광활한 지역에서 40여 차례의 전투를 벌였다. 야간 기습과 매복 등 다양한 유격전술을 활용한 제3로군 부대들은 대부분의 전투에서 전과를 올렸다.

중국공산당 기록에 따르면 이 시기에 노획한 무기만도 일제 소총 500여 자루, 중기관총 1정, 경기관총 5정과 탄알 4만 5천 발이나 되었다. 이 기간 중 사살한 일본군은 250명, 포로는 500명에 이르렀다.

중국공산당은 허형식이 모두 300여 회 전투를 통해 27개 도시를 점령하고 일본군과 경찰 1,557명을 사살했다고 기록했다. 이는 만주의 수많은 유격대 지도자 중에서도 단연 독보적인 전과였다. 허형식의 위명은 널리 퍼졌다.

그러나 상황은 좋지 않았다. 나날이 치열해지던 만주의 항일무장투쟁은 1940년대에 들어서면서 급속히 약화되었다.

독일과 소련이 전쟁에 돌입하면서, 일본은 40만이던 관동군을 76만으로 증강하고 만주 전 지역을 전시상태로 선포해 대대적인 초토화 작전을 시작한 것이다.

일본군은 항일유격대를 도와준 마을은 어린애까지 모조리 죽이고 불태워 버리는 잔혹한 학살로 유격대의 근거지들을 없앴고, 많은 유격대 간부와 대원들이 이를 견디지 못하고 투항해 거꾸로 동료들을 잡으러 다녔다.

항일연군의 희생자는 나날이 늘어났고 활동은 극도로 곤란해졌다. 주요 부대와 지휘관들은 관동군의 대공세를 견디지 못하고 공식적인 회의들을 거쳐 다수가 소련 경내로 넘어가게 되었다.

제1로군 제2방면군 군장으로, 안도현 대마록구 전투 등에서 여러 전공을 세웠던 김일성이 가장 먼저 1940년 10월에 부하들을 이끌고 소련 땅으로 건너갔고 제1로군 제3방면군 제13단장으로 위명을 떨치던 최현도 다음 달인 11월 소련으로 넘어갔다. 김책, 최용건 등 여러 조선인 간부들과 중국인 간부들이 대부분 소련으로 건너갔다.

허형식이 속한 제3로군 산하 유격대들도 중국인 리조린, 풍중운의 지휘 하에 대부분 소련 경내로 건너간다. 그러나 허형식은 안전한 소련 땅으로 피신하기를 끝까지 거부하고 만주에 남았다. 머지않아 일본이 패전할 테니 그때까지 역량을 보존해야 한다는 주장이 대세였으나 허형식은 그럴수록 끝까지 싸워서 우리 힘으로 일본을 패망 시켜야 한다고 주장했다.

소련은 월경해 온 동북항일연군 대원들을 소련극동방면군 제88보병여단에 편입시켜 블라디보스토크 근방에 설치된 병영에서 정보수집 훈련을 시켰다. 독일과의 전쟁으로 2,500만 명이 죽는 등 막대한 희생을 치르고 있던 소련은 일본에게 협공당하는 것을 피하기 위해 이들을 전투에 투입시키지 않았다. 일부 대원만 중국으로 보내 정보수집과 조선의용군 대원모집 같은 임무를 수행하도록 했다.

소련군은 동북항일연군의 대표적인 조선인 간부였던 김책과 최용건은 소련군 소령으로, 김일성과 최현은 대위로 임명했다. 이때 한국인 중 소련군으로부터 가장 높은 계급을 받은 이는 허형식이었다. 소련군은 허형식이 월경해 올 경우 대령으로 임명해 한국인 대원들을 지휘하도록 했다. 그러나 허형식이 만주에 남아 싸움을 계속함으로써 무산되었다.

일본군의 공세는 나날이 강화되었으나 허형식은 항일연군 제9군 12지대의 소수 잔존 병력을 이끌어 항전을 계속했다.

유격대의 무장력과 인원이 극히 약화된 상태에서 일본군과 정면충돌하는 것은 자살행위였다. 허형식은 대원들을 여러 개의 소분대로 나뉘어 각지에서 독립적으로 활동하게 했는데 직접적인 교전보다 군중 속에 들어가 항일구국의 정의를 선전하는 일에 집

만주무장투쟁의 최고 지도자였던 허형식

중하도록 했다.

허형식도 위험을 무릅쓰고 직접 군중 앞에 나가 선전선동하고 여러 소분대들을 방문해 사업을 지도한다.

1942년 7월 말, 허형식은 호위를 맡은 경위대원 진운상을 데리고 파언, 목란, 동흥 일대에서 활동하고 있는 소분대의 사업을 지도하고 있었다. 그는 소분대원들로부터 숯 굽는 노동자를 100여 명이나 항일구국회로 조직했다는 보고를 받고 크게 기뻐하며 그들의 사업을 높이 평가했다.

소분대와의 회합을 마친 허형식은 8월 2일 경위대원 진운상과 함께 30리 길을 걸어 경성현 청송령 소릉하 계곡에서 노숙하게 되었다. 이튿날인 8월 3일 아침, 진운상이 밥을 지으려고 불을 피웠다. 그런데 지대가 낮은 데다 습기로 연기가 빠지지 않았다.

공교롭게도 근처를 수색하던 일본군이 이를 발견하고 두 사람을 포위해 왔다. 허형식은 진운상과 함께 침착하게 일본군에 맞서 총격전을 시작했다. 2시간이나 계속된 대치 끝에 총알은 떨어졌고, 마침내 일본군의 총탄들이 허형식과 진운상의 몸을 무참히 꿰뚫었다.

피투성이가 된 두 사람은 그 자리에서 절명했다. 일본군은 허형식의 훼손된 시신을 시장 입구에 전시해 전설적인 항일투사의 처참한 최후를 널리 선전했다. 그의 나이 33살이었다.

얼마 후 북경에서 일경에 체포되어 고문치사 당하는 이육사의 시 '광야'에 등장하는 '백마 타고 오는 초인'이 바로 허형식이라는 이야기가 전해진다.

까마득한 날에
하늘이 처음 열리고
어디 닭 우는 소리 들렸으랴

모든 산맥들이
바다를 연모해 휘달릴 때도
차마 이곳을 범하진 못하였으리라

끊임없는 광음(光陰)을
부지런히 계절이 피어선 지고
큰 강물이 비로소 길을 열었다

지금 눈 내리고
매화 향기 홀로 아득하니
내 여기 가난한 노래의 씨를 뿌려라

다시 천고(千古)의 뒤에
백마 타고 오는 초인이 있어
이 광야에서 목 놓아 부르게 하리라

　　중국 당국은 허형식이 전사하고 56년이 지난 1998년 10월 20일,
그가 숨진 계곡 입구에 허형식의 희생지임을 알리는 비석을 세워
항일전쟁의 영웅을 기렸다.

18

관동군 사령관을 사살하다,
이홍광

　　　　　　　　　　　1910년 경기도 용인에서 태어났다. 본명은
이홍규다. 이홍광의 큰할아버지 이규상은 1878년 무과에 급제해
함경북도 병마절도사와 영원군수를 역임했으며 할아버지 이준상
도 17살이던 1888년 무과에 급제해 대한제국의 무관으로 근무했
다. 두 형제는 대한제국이 멸망한 후 의병운동에 가담했으나 그마
저 패배하면서 낙향해 빈한하게 살았다.

　아버지 이복영은 1894년생으로 일본의 식민지가 된 후 성인이
되었기 때문에 벼슬을 할 기회도 없이 고향 용인에서 농사를 지으
며 서당에서 아이들을 가르쳐 근근이 생계를 꾸려나갔다.

　맏아들인 이홍광은 소박하고 어진 아버지 이복영과 학식이 풍
부하고 기억력이 뛰어난 어머니 정창학 아래서 사랑을 받고 자랐
지만 집안 생활은 처참한 수준이었다. 부모는 항상 허리를 펴지 못

하고 고된 농사일을 했지만 하루 두 끼니도 때우기 힘들었다.

아버지는 맏아들 하나라도 출세를 시켜보고자 밥도 제때 못 먹는 처지임에도 이홍광을 보통학교에 입학시켰다. 이홍광이 9살이 되던 1918년이었다.

이듬해 봄 3.1만세운동이 터지자 이홍광은 겨우 10살의 나이지만 전 민족적 항거와 일경의 무자비한 탄압을 보며 반일의식을 품게 되었다.

3학년이 되었을 때였다. 아버지가 경찰인 일본아이가 길목을 막고 한국인 아이들에게 생트집을 걸어 두들겨 패는 광경을 목격했다. 이홍광은 격분에 못 이겨 일본아이에게 달려들어 시원하게 패버렸다.

다음 날, 학교에 가니 일본인 선생이 이홍광을 호출해 온몸에 멍이 들도록 두들겨 패고는 퇴학시켜 버렸다. 뿐만 아니라 자식 교육을 잘못 시켰다는 이유로 아버지까지 경찰에 끌려가 1주일간 유치장에 수감되어야 했다.

일본인의 지배에 분노하고 있던 차에 이런 일이 겹치면서 할아버지는 직계 집안 식구를 이끌고 만주로 이주하기로 결심했다. 이홍광이 16살 되던 1925년이었다.

이홍광은 이때 약혼자 심재성이 아이까지 가진 상태였는데 결혼식을 올리지 못하고 있었다. 할아버지는 임신한 손자며느리는 안전을 위해 남겨두고 본인까지 8명의 식구를 이끌고 고향땅 용인을 떠났다.

몇 달간의 풍찬노숙 끝에 이홍광의 가족이 처음 안착한 곳은 길림성 반석현의 도목구라는 깊은 산골이었는데 이듬해에 이통현 삼도구의 작은 마을로 다시 이동했다. 중국어로 류사저자툰이라는 산촌이었다.

류사저자툰의 이홍광 가족은 같은 처지로 이주 온 박래훈 가족과 힘을 합쳐 산비탈에 방 네 칸짜리 허름한 초가를 짓고 중국인의 땅을 빌려 소작을 시작했다.

일본인들 등쌀과 가난을 못 이긴 한국인들은 혹시나 하고 빈털터리로 만주에 왔지만 만주도 한국과 다를 바 없었고, 기후와 인심은 오히려 한국만도 못했다. 만주 땅의 대부분은 중국인 대지주들이 소유하고 있어 농민들은 소작으로 어렵게 살아야 했다. 만주를 지배하던 봉건 군벌들은 한국인을 또 다른 수탈의 대상으로만 여겼다.

중국인의 농토에서 소작을 하며 황무지를 개간해 밭을 만들어 힘겹게 수확을 하면 군벌 군대와 지주들이 수확물만 아니라 집과 살림살이까지 빼앗아 갔다. 주인 없는 황무지를 개간해 놓으면 지주들이 소유권을 탈취해 갔다. 일본은 한국인 이주자들이 있는 마을이면 아무리 깊은 산골이라도 경찰지서를 두고 감시했다.

그래도 새로운 마을에 자리 잡은 이홍광의 부모는 한국에 남았던 며느리를 불러들여 정식으로 결혼시키고 이홍광을 마을의 중국인이 운영하는 야간학교에 입학시켰다.

총명하고도 인성이 좋았던 이홍광은 1년간 야간학교를 다니면서 한문과 중국어에 능숙해졌고 중국인 친구들과도 널리 친해졌다.

청나라는 왕실의 발생지인 만주에 일반인들이 살지 못하도록

300년간 봉금령을 내렸다. 그런데 조선왕조 말기, 탐관오리들의 폭정과 기근에 시달리던 많은 한국인들이 만주로 이주했고 조선왕조는 이들을 보호하기 위해 이범윤 등 관리까지 파견했다.

한국인들이 만주를 차지하자 청나라는 봉금령을 풀어 군대와 중국인들을 대거 이주시킨 다음 이들에게 헐값으로 토지를 불하했다. 한국인 중에도 최진동, 최운산 형제 같은 이들이 막대한 토지를 불하 받았는데, 나중에 이 재산을 팔아 대량으로 무기를 구입해 독립운동에 큰 공을 세우기도 했다. 독립군 초기, 봉오동과 청산리 전투 등에 사용된 무기가 그것이었다.

이렇듯 만주는 예로부터 중국 땅임에도 일본은 만주도 조선왕조가 관리하던 곳이었다는 이유로 자신들의 권리를 주장했다. 일본은 만주를 중국과 조선 사이의 주인 없는 땅이라는 뜻으로 간도라 부르고 한국인 이주민을 지킨다는 명목으로 영사관을 두고 경찰과 군대를 파견했다.

이홍광의 가족이 이주했을 때는 이미 만주 전역에 일본군과 일본경찰이 배치되어 있었는데, 중국 군벌과 대지주들은 일본과 싸우기는커녕 공산주의운동을 억누르기 위해 일본군경의 도움을 받고 있었다. 따라서 중국인 대지주를 공격하는 것은 곧 일본과 싸우는 결과가 되었다.

1927년 늦가을, 이홍광이 18살 때의 일이었다. 마을의 한 중국인 노인이 애써 농사지은 곡물과 소작료를 마적에게 몽땅 뺏기는 사건이 일어났다. 그러나 중국인 지주는 사정을 봐주지 않았다. 소작료를 내지 않는다고 노인 부부를 때리고 그 딸을 인질로 빼앗아 가

버렸다.

　분개한 이홍광은 다음 날 동네 청년들을 이끌고 중국인 지주 집에 몰려가 항의하고 겁을 준 끝에 노인의 딸을 데려올 수 있었다. 그러나 다음 날이 되자 지주의 고발을 접수한 일본 경찰이 출동해 이홍광의 집을 뒤집어 놓고 노인과 딸을 끌고 가버렸다. 일본 관헌이 개입하면서 청년들도 더 이상 손을 쓸 수 없게 되었다.

　이 일을 통해 이홍광은 만주에 와서도 항일투쟁을 통해서만 한국인이 사람답게 살 수 있음을 깨달았다.

　이홍광은 항일투쟁을 위해서는 한국인과 중국인 농민들이 조직되어야만 한다는 생각으로 중국공산당이 이끄는 '농민협회'에 가입했다. 그리고 마르크와 레닌의 저작들을 공부하면서 공산주의에 깊이 공감해 '공산주의청년동맹'에 가입했다. 21살이 된 1930년 말에는 정식으로 중국공산당에 입당했다.

　이때부터 이홍광은 덕지덕지 기운 낡은 옷에 헌 운동화를 신고 남만주의 들과 산을 누비며 사회주의혁명가로서 우선 과제인 항일운동을 시작했다. 그는 이통현 내 여러 마을을 돌아다니며 농민협회를 지도하며 악질 지주들을 처단하고 다녔다.

　이홍광은 쌍양현 삼도구에서는 10여 명의 농민들을 조직해 삼도구의 유명한 악질지주인 중국인 장구진 부자를 살해했으며, 대정자 마을에서는 일경의 밀정노릇을 하던 악질친일파 중국인을 처단했다.

　1931년 9월, 일본군이 만주를 공식 침공함에 따라 중국공산당 만주성위원회는 항일구국 선언을 발표하고 대일 선전포고를 했다. 계급투쟁과 함께 민족해방투쟁을 병행한다는 결정이었다. 이에 따라 만주 각지에서 무장유격대가 결성되기 시작했다.

남만주 지역에서 가장 먼저 결성된 단체는 이홍광이 이끄는 '개잡이대'였다. 누런 군복을 입어 누렁개라 부르던 일본군과 그들의 개 노릇을 하는 친일파들을 처단하는 사람들이라는 뜻이었다.

이홍광을 대장으로 반석현에서 결성된 개잡이대는 7명으로 출발했는데, 6명이 한국인이고 1명만이 중국인이었다. 무기는 구식 총 3자루밖에 없었으나 의지는 대단했다. 곳곳에서 악질 대지주를 습격해 식량을 빼앗아 가난한 농민들에게 나눠주었다.

1932년에는 개잡이대의 주동으로 반석현 지역의 반일회 회원들까지 360명이 '쌀 뺏기 투쟁'이라는 제목으로 군중대회를 열었다. 대회 후에는 수백 명이 악질 대지주인 하련생의 집을 공격해 식량을 꺼내 춘궁기 기아에 시달리던 농민들에게 나눠주었다. 일본군 수비대원 30여 명이 몰려왔으나 이미 늦었다. 개잡이대는 하련생의 집에서 찾아낸 총 2자루를 갖고 유유히 사라져버렸다.

개잡이대가 유명해지면서 농민들은 자신들이 소유하던 화승총, 엽총 같은 무기들을 헌납했다. 청년 중에는 개잡이대에 들어오려는 이들이 늘어났다. 투쟁력을 인정받으면서 이홍광은 중공 만주 성위 반석현위원회의 위원으로 선출되었다.

대원의 숫자가 늘어나고 공신력을 가지면서 이홍광은 개잡이대라는 명칭을 '반석유격대'로 바꾸었다. 반석유격대는 남만주 지역 항일유격대의 효시이자 모범사례가 되었다.

이 시기 반석현 일대에는 다양한 무장 세력이 준동하고 있었다.

지주들은 지주대로 사설 무장대를 조직했으며, 마적과 토비들도 늘어나고 있었다. 그들은 중국인, 한국인 할 것 없이 가난한 소작농민들을 대상으로 소작료를 수탈하거나 식량과 돈을 강탈해 갔다.

한국인 민족주의자들이 조직한 신민부, 독립당 같은 무장대도 한두 개가 아니었다. 한국의 독립이라는 목표는 훌륭했으나 이 역시 가난한 한국인들을 대상으로 세금이나 성금을 걷어가고 있다는 점에서 가난한 한국인 이주민들에게 불만을 샀다. 애써 농사를 지어 내다 팔려고 장에 가면 제각기 이름을 달리한 독립군 단체들이 독립운동 기금을 내라고 강요하는 통에 한국인 이주민들 사이에는 "장터가 범의 아가리다."라는 소리까지 돌았다.

반면, 이홍광이 이끄는 반석유격대는 중국인 대지주를 털어 어려운 한국인들을 도와주었기 때문에 민중의 지지를 받았다. 어려서부터 온 가족이 모진 고생을 하며 직접 농사를 지어온 이홍광은 농민의 고통을 알았기에 농번기 때면 유격대를 동원해 농사일을 도와주어 널리 인심을 샀다.

반석유격대는 1932년 봄에도 반석현 명성진에 사는 중국인 악질지주 홍산을 처단하고 무기와 식량을 탈취하는 등 '쌀 뺏기 투쟁'을 하는 중에도 일반 농민들의 집에서 자면서 농민을 도와 밭갈이도 하고 씨앗도 뿌리고 김도 매면서 농민들과 고통을 함께했다.

춘궁기 농민들의 생활은 너무나 힘들었다. 농민들은 옥수수와 나물죽으로 생계를 유지하고 소가 없어 사람이 써레며 쟁기를 어깨에 짊어지고 논밭을 갈았다. 이홍광과 대원들이 자신들과 똑같이 일할 뿐 아니라 대지주에게서 탈취해 온 식량까지 나눠주니 농민들은 자위용으로 집에 보관하고 있던 총기를 헌납하고 유격대에 자원도 했다. 반석현 호란진에서만도 20여 명의 청년들이 유격대에 들어오고 권총 3자루와 다량의 화승총, 엽총을 헌납 받았다.

반석현 농민들은 이홍광과 그의 부대를 절대적으로 지지했다. 중국공산당 남만 제2유격대 대장이던 중국인 이문성은 이렇게 회고했다.

"이홍광은 조선 사람이다. 중국학교에서 공부를 좀 했다고 한다. 중국말을 잘한다. 군중들을 모아놓고 반제반봉건 투쟁을 선전할 때 말을 유창하게 잘하여 군중들이 박수를 치며 대환영을 했다. 그는 군중들과의 관계가 아주 좋았다. 그는 농민들에 대한 호소력이 대단히 강했다. 군중들은 그를 지지하고 사랑했으며 존경했다. 농민들은 그가 나서서 소집하는 회의나 투쟁대회가 있으면 모두 적극 참가했다."

이홍광은 둥글고 긴 얼굴에 턱은 좀 뾰족했는데 약간 구부정하게 걸었음에도 키가 무척 크고 건강한 체격을 가졌다. 머리칼은 조금 길게 길러 중간 가르마를 탔는데 길게 웃을 때는 보조개가 생겼다. 가난한 농민들은 중국인, 한국인 할 것 없이 귀엽기까지 한 이 20대 초반의 젊은이를 무척 좋아하고 따랐다.

1932년 2월 9일에는 만주군 기병 60여 명이 곽가점 마을을 기습해 항일운동가 23명을 10대의 마차에 실어 연행해 갔다. 즉각 출동한 반석유격대는 7백여 명의 중국인과 한국인 군중을 조직해 만주군을 뒤쫓아 갔다. 도중에 1천여 명으로 늘어난 군중은 제각기 총, 낫, 망치 같은 무기를 들고 삼도강 근처에서 만주군을 공격했다.

군중의 위세에 놀란 만주군은 마차 8대는 놓고 달아났는데 2대는 끌고 대지주 집에 숨어버렸다. 인질로 삼기 위함이었다.

만주군 50명이 더 증파되어 지주의 집을 보호하면서 대치가 시작되었다. 간간이 총격전이 벌어지는 가운데, 집 안에서는 항일운동가들이 매를 맞는 신음소리가, 밖에서는 군중들의 항일 구호 소리가 터지기를 3일 밤낮으로 계속되었다.

마침내 4일째 되던 날이었다. 지주의 집 안에서 요란한 총소리가 들리더니 잡혀갔던 항일운동가들이 피투성이의 몸으로 뛰어나왔다. 양심적인 만주군 장교인 중국인 용개천이 내부에서 반란을 일으켜 만주군 장교들을 처단해 버리고 문을 연 것이다.

용개천은 그길로 부하 80명을 이끌고 산으로 들어갔고, 또 다른 만주군 장교 송국영도 3개 부대를 이끌고 반란을 일으켰다. 5월에는 반석현에 주둔하고 있던 길림철도수비대와 기관총부대의 일부도 항일유격대에 합류했다.

'삼도강사건'이라 불리는 이 일로 남만주 지역에는 강력한 항일유격대가 형성되어 장차 동북항일연군의 주축이 된다. 이런 놀라운 결과를 만들어낸 이홍광의 위명은 더욱 널리 퍼져나갔다.

반석유격대는 1932년 4월에는 화전, 이통 등 지역의 반일군중 1천여 명을 동원해 반석현 명성역 북쪽에 있는 철교 5백 미터를 파괴해 버렸다. 침목을 불태워 버리고 레일은 혼강에 던져버리고 철로를 따라 서있는 목제 전주를 모두 잘라 태우고 전선은 잘라버렸다. 그 결과 일본군 군수품 운송차가 10일이나 불통되었다.

그밖에도 일일이 기록하기에 너무 많은 수많은 전과를 올리면서

동북항일연군지도부 가운데가 조상지, 바로 뒤가 이홍광

이홍광은 근동에서 가장 신뢰받고 존경받는 유격대장이 되었다.

한편, 이홍광의 집도 반일투쟁의 연락거점으로 사용되었다. 5월에는 중요한 회의를 하는데 밖에서 망을 보던 아버지가 달려와 지주의 무장대가 습격해 온다는 긴급 소식을 전했다. 이홍광과 동지들은 재빨리 텃밭에 나가 호미로 밭을 맸다. 잠시 후 들이닥친 무장대가 이홍광의 아버지에게 뭐 하는 남자들이냐고 다그치자 집안의 일꾼이라고 둘러대서 위기를 면한 일도 있었다.

이홍광의 아버지는 농사를 지으면서 통신원으로 항일활동을 하다가 나중에 일본군에 체포되어 죽임을 당했다. 나이 어린 남동생 이학규도 1932년 동북인민혁명군에 소년통신병으로 들어가 활동하다가 1934년 일본군에게 희생된다.

1932년 6월, 반석유격대를 기초로 남만유격대가 설립되었다. 공식적인 명칭은 만주노농의용군 제4군이었다. 1,2,3군은 있지도 않은데 4군이라고 한 것은 대적 심리전이었다. 남만유격대는 창립대원 150명을 3개 소대로 나누었는데, 유격대장은 중국인 맹걸민이 맡았다. 이홍광은 참모장 겸 제2소대장으로 임명되었다.

남만유격대는 반석현, 반북현, 이통현 등 남만주 전역에서 줄기찬 유격전을 벌였다. 버리하투 마을에서만도 1천여 명의 시위대를 조직해 7,8회나 부잣집의 식량을 탈취해 농민들에게 나눠주는 등 승전을 계속했다.

지주만 공격한 게 아니라 일본의 괴뢰군인 만주군에 대한 공격도 잇달았다. 대표적인 전투만 보아도 7월에는 대갑흑의 서북구에서 매복기습으로 만주군 60여 명을 살상하고 9월에도 화전현의 만주군을 습격해 총기 70여 정을 노획했다. 10월 중순에는 이통현 영성자의 대지주 무장대를 공격해 다수를 살상하고 총기 150여 자루를 노획했다.

남만유격대의 맹활약에 중공 만주성위는 중국인 양정우를 파견해 새로운 진용을 짰다. 본부대인 총대 아래 3개 유격대대와 1개 교도대를 두었는데 이홍광은 총대 참모장에 임명되었다. 총사령관은 중국인 맹걸민이었다. 재편될 당시 유격대원은 120명이었는데 그중 절반 정도가 한국인이었다.

1933년이 되면서 남만유격대는 3백여 명으로 늘어났다. 그런데 1933년 5월 29일, 한 배신자의 밀고로 2천 명이 넘는 일본군과 만주군에게 포위되는 사태가 벌어졌다. 유격대는 3일 동안 총격전을 벌이며 포위망을 돌파하려 했으나 총탄과 식량이 절대 부족하다 보니 상황은 갈수록 위급해졌다.

정치위원 양정우와 참모장 이홍광은 몰살당할 위기를 돌파하기 위해 작전을 짰다. 다음 날 이홍광은 노획한 일본군복을 입어 일본군 장교로 위장한 후 역시 일본군으로 위장한 40여 명의 대원을 이끌고 무사히 포위망을 빠져나왔다. 그리고 적의 사령부를 습격해 일본군 장교 한 명을 죽이고 나머지 5명은 포로로 잡은 다음 총 60자루를 탈취했다. 기적적인 역습으로 유격대원들은 무사히 포위망을 뚫고 탈출할 수 있었다.

이홍광은 한 번은 일본군 수비대로 변장한 50여 명의 대원을 이끌고 만주군 병영에 가면서 미리 전화로 황군이 가니 모두 나와 영접하라고 했다. 만주군 병영에 가니 1백여 명이 도열해 기다리고 있었다. 이홍광은 이유도 없이 다짜고짜 만주군 지휘관에게 호통을 쳤다.

"황군을 이따위로 환영하는 거냐?"

이홍광은 화를 내며 만주군 장교를 꽁꽁 묶어버리고는 병사들에게 총을 놓고 다른 곳에 가서 대기하라고 했다. 병사들이 다른 곳에 간 사이 유격대는 총 1백여 자루와 권총 등을 수거해 달아났다.

이런 식의 작전은 너무 많아서 일일이 나열할 수 없을 정도였다. 당시 어느 부대나 이렇게 승전을 계속한 것은 아니었다. 많은 부대가 잘 훈련된 일본군 앞에 타격을 입고 있었다. 임기응변이 뛰어난 이홍광이 이끄는 부대이기에 가능한 일이었다.

이홍광은 불과 한두 해 만에 남만주 일대에서 가장 유명한 인물이 되었다. 다른 유격대와 주민들만 아니라 일본인들도 그의 이름을 알게 되었다. 어용신문인 〈만선일보〉, 〈대동보〉등은 '비적 이홍광 또 활동하기 시작' 등의 제목으로 그의 활약을 기사화했다.

세력이 공고해진 남만유격대의 중요한 임무 중 하나는 만주 전역에 군웅할거하고 있는 무장대들을 대일항전으로 연합해 내는 일이었다.

반석현만 해도 일본군에 패배한 군벌군대의 패잔병들이 삼림지대에 웅거하면서 자신들의 군사력을 늘리기에 열을 올리고 있었다. 전신산에 있는 부대만 해도 4천명이 넘었고 마려장부대니 조려장부대 등등 소부대도 널려있었다. 그들은 마을을 만나면 약탈해 가고, 일본군을 보면 일본군과 싸우고, 항일유격대를 만나면 유격대와 싸우는 식으로 갈 길을 잃고 좌충우돌 방황했다.

양정우와 이홍광은 그들 부대들이 일본군과 만주군에 포위, 공격당하고 있으면 적의 배후를 쳐서 구출해 주고 정치적 설득을 지속해 연합작전을 펼쳤다. 이 과정에서 남만유격대에 합류하는 숫자는 점점 늘어났다.

설득은 유효했다. 1933년 7월경 반석현 북부에서 활동하고 있는 17개 지방항일 무장대원 3천 명이 팔도하자 마을에서 연합집회를 열었다. 이 자리에서 17명의 대표들은 항일연합참모부를 결성하고, 이홍광을 총참모장으로 선출했다. 이홍광의 나이 겨우 23살이었다.

중국공산당 만주총국은 2개월 후인 1933년 9월 18일에는 남만유격대와 해룡반일유격대를 통합해 동북인민혁명군 제1군 독립사를 창립했는데 이번에도 이홍광이 참모장으로 임명되었다.

일본군과 만주군은 1933년 10월이 되면서 1만 3천 명의 대군을 동원해 이들에 대한 토벌을 시작했다. 특히 핵심 세력인 남만유격대가 집중 공격 대상이었다. 일본군은 마을에 들어가기만 하면 총질을 해대고 한국인 남자들을 학살하여 유격대와 농민들을 갈라놓으려 했다. 농민들의 피해를 줄이기 위해서라도 일본군을 피할 수밖에 없었다.

일본군 대공세에 밀린 동북인민혁명군은 백두산 아래 장대한 삼림지역으로 후퇴했는데 그 과정에도 20여 차례나 전투가 벌어져 일본군과 만주군을 수백 명이나 살상했다. 하지만 유격대는 훨씬 심한 타격을 입어 잔존 대원이 1백여 명에 지나지 않았다.

백두산 유역에 들어가면서 흩어졌던 대원이 다시 모여들었고 유리한 지형을 이용한 전투로 이홍광의 제1군 독립사는 **빠르게** 회생했다.

독립사는 1934년 한 해 동안에도 수없이 많은 격전을 치렀다. 2백여 대원이 일본군 2천 명에게 포위되어 3일간의 격전 끝에 탈출한 고토둔전투, 고려성전투 등 헤아릴 수 없는 전투에서 전공을 올렸다.

특히 이홍광의 독립사를 유명하게 만든 것은 관동군 사령관 가나이다를 사살해 버린 사건이었다. 류하현 산성진에 관동군 사령관이 시찰 온다는 정보를 입수한 이홍광이 4백여 대원을 이끌고 계곡에 매복했다가 기습해 관동군 사령관 가나이다를 사살해 버린 것이다.

잇단 승전으로 독립사의 병력은 1년 사이에 3배로 늘어났고 무장력도 강해졌다. 이 모든 것은 참모장 이홍광의 수훈 때문임을 잘 알고 있던 중국공산당 만주성위는 1934년 11월, 이홍광을 동북인민혁명군 제1군 제1사 사장 겸 정치위원으로 임명했다.

동북인민혁명군 제1군 제1사는 기병만 200명인 강력한 부대였다. 공산당 산하의 군대는 군사지휘관과 정치지휘관이 권력을 양분하는데, 이홍광이 두 직책을 겸임했다는 것은 모든 전권이 주어졌다는 특별한 의미였다. 동북인민군혁명군 지도자들은 말했다.

"이홍광은 범의 아가리에서 이빨을 빼내는 용맹한 전사다."

만주의 항일투쟁이 나날이 강력해지자 일본군은 1934년까지 관동군을 20만 병력으로 늘리고 항일유격대를 소멸하기 위해 전력을 쏟아부었다. 이홍광이 지휘하는 제1사의 활동지역인 압록강 연안에만도 수만 명의 관동군이 참빗으로 이를 잡듯 샅샅이 훑고 다녔다.

이홍광이 이끄는 제1사도 1934년 말에는 식량이 떨어져 나무껍질과 마른 버섯으로 끼니를 때워가며 하루에 서너 차례나 일본군과 교전을 해야 했다.

수세로 몰려 삼림지대를 쫓겨 다니는 사이, 이홍광의 몸도 몹시 허약해졌다. 그가 혹독한 추위 속에 심한 몸살을 앓고 있던 어느 날 대원들이 어렵게 구해 쌀밥을 가져왔다. 이홍광은 이를 끝까지 거부하고 굶주린 소년병들을 먹인 다음, 가난한 민가에서 가져온 쌀을 다시 돌려주도록 지시했다.

이런 어려움 속에서도 1935년 2월 15일에는 제1사의 주력인 200여 기병대를 이끌고 압록강을 건너 평안북도 후창군 동흥성을 공격했다. 철벽같은 방어망을 자랑하던 동흥성은 2시간의 격전 끝에 함락되었다.

동흥성 안으로 밀고 들어간 이홍광 부대는 일본군과 관리들 수십 명을 살상하고 많은 탄약과 피복, 식량을 확보한 다음 동흥성 거리에 한국인 주민들을 모아놓고 항일을 선동하는 연설을 한 후 후퇴했다.

동흥성전투는 일본군의 만주 침공 후 처음으로 벌어진 전례 없는 국내 기습전이었다. 이홍광 부대를 상징하는 사건이던 관동군 사령관 사살과 함께 만주항일투쟁의 기념비적인 사건으로 기록되었다.

남만주를 넘어 만주 전역에 전설적인 인물로 떠오른 이홍광이 전사한 것은 1935년 5월이었다.

곳곳에 밭갈이가 시작되고 있던 5월 어느 날, 이홍광은 제1사 대원중에도 주로 소년병 200여 명을 데리고 환인 묘령에 있는 일본인 목장을 습격해 말 80필을 탈취했다. 그런데 돌아오던 중 일본군 수비대 200여 명과 갑작스럽게 조우하게 되었다. 험한 지형 때문에 쌍방이 모두 사전에 발견하지 못하고 갑자기 조우전을 벌이게 된 것이다.

유격대가 주로 소년병들이라 불리기는 했으나 숫자가 비슷한 상황이라 전투는 4시간이 넘도록 계속되었다. 그 사이 일본군 대규모 증원부대가 도착해 사방에서 포위공격이 시작되었고 이홍광 주변에 빗발처럼 총탄이 쏟아졌다. 이홍광은 전투를 진두지휘하다가 다리 등 여러 곳에 총상을 입고 말았다. 그래도 끝까지 쓰러지지 않고 총을 쏘며 대원들을 격려했다.

해가 질 무렵, 일본군 수 명을 사살하고, 유격대도 3명이 전사했다. 이제 일본군은 물러날 시간이었다. 마지막 총격전이 벌어질 때였다. 일본군에게서 날아온 총탄 하나가 이홍광의 가슴을 관통해 목을 뚫고 지나갔다. 이홍광은 말 한마디 못 하고 엎어졌다.

날이 어두워져 일본군이 철수한 후, 유격대는 농민들에게 돈을 주고 판자로 들것을 만들게 하여 그를 호자구 마을로 이송했다. 환한 곳에서 확인해 보니 이홍광의 몸에는 7군데나 총상이 있었다. 대원들은 그를 다시 환인현 해청화락에 있는 밀영으로 옮겼으나 치료는 불가능했다. 아무 말도 하지 못하는 채 며칠을 더 버티던 그는 끝내 절명하고 말았다. 1935년 5월 8일, 그의 나이 26살이었다. 그의 시신은 흑할자망 산에 매장되었다.

이홍광의 죽음이 알려지자 동북인민혁명군은 성대한 추도대회를 열어 그를 기렸다. 중국공산당 지도자 모택동도 외신기자와의 대담에서 이홍광의 이름을 직접 거론하며 위대한 전사라고 칭송했다.

전쟁이 끝난 후, 반석현에는 이홍광의 이름을 딴 마을과 학교들이 설립되었다. 중국의 주요 항일 전쟁기념관에는 모두 이홍광의 사적이 전시되어 있다.

북한은 1975년 평안남도 대성열사능원에 이홍광의 흉상을 세워 그를 기렸다.

19

겨울 강에 뛰어들다,
안순복

일본인들에게 나라를 빼앗기고 해외로 유
랑하게 된 한국인들은 이주한 곳에서 새 삶의 터전을 닦고 결혼을
하고 자녀를 낳아 키웠다. 그들의 자녀들은 의병운동과 3.1운동을
겪은 부모세대와 달리 처음부터 사회주의의 영향을 받은 이들이
많았다.

특히 조선공산당 만주총국과 중국공산당 동북항일연군이 활약
하던 만주 지방의 신세대들이 그랬다. 1915년 흑룡강성 목릉현 신
안툰의 극빈한 농가에서 태어난 안순복도 그중 한 명이었다.

흑룡강성 목릉현에 한인들이 이주를 시작한 것은 1898년경이었
다. 조선왕조 말기에 러시아로 이주했던 한인들이 다시 국경을 넘
어 중국의 변방인 목릉, 밀산, 요하, 호림 등의 현으로 이주하면서
였다.

한인들이 처음 들어간 곳은 목릉현 팔면통이었다. 부지런한 한인들은 죽을 고생을 해가며 황무지를 개간해 논을 만들고 다른 한인들을 불러들였다. 새로 들어오는 한인들은 국경지대 곳곳에 새로운 한인 마을을 형성했다.

안순복이 태어난 목릉현 신안툰도 그렇게 형성된 한인 마을의 하나였다. 조국을 빼앗기고 머나먼 이국으로 쫓겨난 한인들이 많다 보니 자연히 배일의식이 높아 많은 항일운동가를 배출한 유서 깊은 고장이 되었다.

안순복의 아버지와 오빠도 항일조직에 몸담고 있었다. 자연스럽게 안순복도 어려서부터 반일의식을 갖게 되어 14살 때부터 아버지와 오빠를 도와 반일운동에 따라다녔다. 일경의 눈을 피해 전단을 나르는 일이나 치마 속에 주머니를 달아 권총이나 총알을 날라주는 활동을 했다.

안순복이 17살이 되던 1931년 9월, 일본 관동군이 만주를 전격 침공했고 첨단무기와 군율로 무장한 관동군 앞에 만주 군벌들은 속수무책으로 무너져 패주하기에 바빴다.

침략자에 맞서 싸운 것은 중국공산당 당원들과 그들에 의해 조직된 농민들이었다. 신안툰에도 중국공산당 지부가 세워지고 청년조직인 공청단, 여성조직인 부녀회, 소년소녀로 이뤄진 소선대 등 각종 조직들이 빠르게 자리를 잡아갔다.

안순복은 안영신 등 마을의 소년소녀들과 함께 소선대에 가입했다. 소선대는 주로 일본군의 동향을 감시하는 보초를 서고, 항전 의지를 고취시키는 전단을 뿌리고, 반일 포스터를 붙이고, 페인트로 벽에 반일 구호를 칠하는 일을 했다.

안순복은 어린 나이였음에도 성격이 대단히 강직해서 목숨이 위태로워도 불의 앞에 굽히는 법이 없었다.

어느 날은 마을에 토비라 불리던 강도가 나타나 돈과 물건을 강도질하다가 안순복을 보자 겁탈하려고 달려들었다. 안순복은 물건을 집어던지고 소리치며 싸우니 강도는 체구가 훨씬 크면서도 그녀를 굴복시키지 못했다.

오히려 어머니가 겁을 먹었다. 강도가 홧김에 총질을 할까 두려워서였다. 어머니는 눈물을 머금고 딸에게 말했다.

"애, 잘못하면 죽어. 토비가 하자는 대로 내버려두면 안 되니?"

안순복은 단호히 답했다.

"안 돼요! 난 죽어도 깨끗한 몸으로 죽을 거예요."

안순복은 더 목숨을 걸고 싸웠다. 본래 정의롭고 용기 있는 성격이지만 항일운동을 통해 단련된 강인함이었다. 도저히 굴복시키지 못한 채 시간에 쫓긴 강도는 안순복이 보통내기가 아닌 줄을 알고는 그냥 내버려두고 달아나 버렸다.

일본인들은 마적보다 더 잔학무도했다. 1933년 1월, 일본군과 경찰이 대거 동원되어 신안툰을 포위하고 들어와 30여 명의 공산당원과 공청단원을 체포했다. 그들은 그 자리에서 땅을 파고 7명을 산채로 매장해 죽여버리고 나머지는 끌고 가 구속시켰다. 이 참혹한 사건으로 신안툰의 항일조직은 한동안 회복하기 어려워졌다.

더구나 생매장 당한 이들 중에는 안순복의 아버지와 오빠도 있었다. 하루아침에 두 남자를 잃은 안순복의 집은 큰 슬픔에 빠졌다. 안순복은 그러나 겁을 먹지도, 항일의지를 꺾지도 않았다. 아버지와 오빠의 원수를 갚기 위해서라도 더욱 생명을 바쳐 압제와 싸우겠노라 결심했다.

이 무렵 만주 일대에는 '동북항일구국유격군'이 활약하고 있었다. 이 부대가 태동한 것은 관동군의 대공세가 시작된 1931년 말이었다. 군벌 장학림의 군대가 일방적으로 패배하며 후퇴를 거듭하자 길림성방군 제3영의 영장 왕덕림과 병사들이 봉기를 일으켜 항일유격대를 결성했다.

이에 중국공산당 연길현위원회에서 다수의 당원들을 왕덕림의 부대에 들여보내 그들을 사상적으로 이끌고 있었다.

이때 중국공산당에서 들여보낸 당원 중에는 한국인들도 있었다. 그중 지도자는 1895년 길림성 연길현에서 태어난 이연록이었다. 일본군이 만주를 침공하던 1931년 37살의 나이로 중국공산당에 입당한 그는 왕덕림 부대의 참모장을 맡았다가 1933년 들어 왕덕림 부대가 '동북항일구국유격군'으로 확대 개편되면서 군장으로 승진해 있었다.

한국인 군장 이연록의 지휘 아래 동북항일구국유격군은 동만주부터 북만주까지 광대한 들과 산을 넘나들며 기습공격과 군사시설물 파괴로 일본군을 괴롭혔다.

안순복이 입대한 것도 이 무렵이었다. 항일유격대는 여성들을 주로 재봉대에 배치했는데 안순복도 재봉대에 배치되었다.

재봉대는 군복과 신발을 제작하는 부서였지만, 자기 집에서 바느질하는 것과는 거리가 멀었다. 비밀리에 산속 깊숙이 지은 오두막인 밀영에서 유격대원들과 함께 살며 똑같이 추위와 굶주림에 시달리며 밤낮없이 일했다. 재봉대원이라고 비전투요원인 건 아니었다. 유격대는 끊임없이 이동하며 전투를 벌였기 때문에 언제 어디서 일본군의 공격을 받을지 몰랐고, 공격을 당하면 전투요원들과 똑같이 총을 쏘며 싸워야 살아날 수 있었다. 따라서 여성대원들도 똑같이 무거운 소총을 소지하고 다녔으며 군사훈련도 받았다.

동북항일구국유격군은 1934년에 '항일동맹군'으로 명칭이 바뀌었다. 안순복이 소속된 부대도 그해 10월에 '항일동맹군' 제4군으로 개편되었다.

항일동맹군 제4군에는 한국인이 많았다. 제4퇀 정위 박덕산도 한국 청년이었다. 안순복과 박덕산은 뜻이 잘 맞았다. 연인으로 발전한 두 사람은 조직의 허락을 받아 결혼에 이르렀다.

이듬해인 1935년 가을, 안순복은 산중 밀영에서 딸을 출산했다. 다시 이듬해 2월 부대명이 '동북항일연군'으로 바뀌었고 안순복은 동북항일연군 제2로군 산하 제4군의 재봉대 대장으로 임명되었다.

제4군의 밀영에는 어린아이들이 9명이나 있었다. 안순복, 허현숙 등 4명의 여성대원들이 낳은 아이들이었다. 혹독한 만주의 겨울에 산중 움막생활은 아이들에게 너무 힘들었다. 여성대원들은 아이들을 모두 밀산의 중국인 루경명에게 보내 동네 사람들과 함께 돌봐주도록 했다.

일본은 1938년 봄이 되면서 관동군을 대폭 증원해 만주의 저항운동을 소멸시키려 들었다. 오늘날의 흑룡강성 합강지구인 삼강

안순복 등 많은 한인 여성전사들이 활약했던 동북항일연군

성 일대의 유격구에도 관동군 대병력이 몰려왔다. 동북항일연군 제2로군 지휘부에서는 산하의 제4군과 제5군을 오상현과 서란현 일대로 이동시키기로 했다.

제4군의 정치부주임은 한국인 황옥청이었다. 황옥청은 제4군과 제5군 대원들과 함께 목단강지구의 제5군 후방기지에서 간부회의 를 열었다. 회의 결과 병력을 집중해 서쪽으로 진군하며 일본군을 정벌한다는 결정을 내리고 서정부대라 칭했다.

안순복도 서정부대에 합류했다. 서정부대에는 여성대원이 20여 명이었는데 나중에 최용건과 결혼하는 왕옥환 등 몇 명의 중국 여 성을 제외하고는 안순복, 이봉선, 허현숙, 최순선, 주신옥 등 거의 모두가 한인 여성들이었다.

1938년 5월, 서정부대는 북만주 보청에서 출발해 서쪽으로 이동 하기 시작했다.

일본군을 정벌하려면 무기와 식량이 필요했다. 정규군이 아닌 유격대가 할 수 있는 방법은 일본군으로부터 노획하는 것이었다. 유격대는 7월 2일 밤, 목단강 연안의 삼도통에 잠입해 들어가 일본 군 수비대와 경찰지서를 기습했다.

평소에는 선전원, 의료봉사원으로 앞뒤로 뛰어다니며 부대의 사기를 높이던 여성대원들도 전투가 벌어지면 남성들과 다름없이 직접 적에게 총을 쏘며 싸웠다. 삼도통전투에서도 여성대원들은 용맹하게 뛰어다니며 일본군을 괴롭혔다.

이날의 기습은 대성공을 거두었다. 전 대원이 무장하기에 충분 한 총칼과 총탄, 그리고 넉넉히 식량을 노획할 수 있었다. 보급품을 구비한 부대는 이때부터 정식으로 서정을 시작했다. 하지만 애초에 일본군의 대공세에 밀려 시작된 서정이었다. 일본군에게 빼앗은 소총만으로 일본군 정규군을 이길 수는 없었다. 서정길은 피로 얼룩졌다.

필사적으로 포위망을 벗어난 서정부대는 7월 말에는 오늘날의 상지시인 주하현 루산진에서 일본군과 조우해 치열한 접전을 벌였다. 안순복 등 여성대원들은 여기서도 남성대원들과 똑같이 전투에서 용감히 싸웠다. 사력을 다한 전투 끝에 서정군은 일본군을 물리치고 잠시 한숨을 돌릴 수 있었다.

그러나 일본군은 끝도 없이 밀어닥쳤다. 적의 화력이 집중되면 더 힘들다고 판단한 서정부대는 제4군과 제5군이 각자 적진을 돌파하기로 하고 두 갈래로 나뉘었다. 이때 제4군의 여성대원들은 관수범이 이끄는 제5군 제1사와 함께 기동하게 되었다. 제1사의 참모장은 한국인 김석봉이었다.

끝없는 공격에 밀려 오상현 경내에 들어갔을 때는 일본군에게 겹겹으로 포위되어 버렸다. 장갑차와 야포, 비행기까지 동원한 일본군의 대공세에 맞서 소총밖에 없는 처절한 전투가 벌어졌다. 일본군은 낮에는 비행기로 폭격하고 밤에는 야포사격을 퍼부었다. 유격대는 이리저리 쫓기며 흩어졌다가 재회하고 또 흩어지기를 되풀이하며 막대한 희생을 치러야 했다.

이 전투에서 용맹한 여전사 허현숙도 일본군에게 체포되어 무참히 살해당했다. 안순복과 같이 제4군에 속해 있던 허현숙은 흑룡강성 목릉현 출신으로, 나이는 3살이 더 많은 1912년생이었다.

제4군 정치부주임 황옥청의 아내이기도 했다.

허현숙이 체포된 곳은 오상현 원보진이었다. 남녀 모두 소총을 들고 일본군과 총격전을 벌이고 있을 때 한 여성대원이 부상을 입고 쓰러지자 허현숙이 결사적으로 그녀를 구출하다가 일본군에게 체포된 것이다.

오상현 일본수비대감옥에 수감된 허현숙에게 일본군은 유격대의 행동부서를 대라고 온갖 고문과 구타를 가했다. 허현숙이 끔찍한 고통을 당하면서도 굴복하지 않자 그들은 감옥 밖으로 끌어내 무참히 살해해 버렸다.

상황은 점점 악화되었다. 1938년 8월, 제5군 서정부대 책임자인 송일부가 체포되자 고문을 못 이기고 일본군에게 부대의 비밀들을 털어놓았다. 게다가 오상현에서 적의 대공세에 쫓기다 보니 안순복이 속한 제5군 제1사는 제2사와 떨어져 버렸다. 제1사는 여성이 많아서 전투력이 약했기 때문에 제2사의 호위가 절실했는데 문제가 생긴 것이었다.

고립무원이 되어버린 제1사 사장 관수범은 부대를 거느리고 본래 주둔지였던 목단강일대로 회군하기로 결정했다. 제1사는 이미 막심한 손실을 당해 병력이 100여 명밖에 남지 않은 상태였다.

희생된 제1사 대원에는 여성이 12명이나 되었다. 20여 명으로 출발했던 여성대원들이 그해 10월 부대를 따라 임구현 경내의 우스훈강 기슭에 이르렀을 때는 8명밖에 남지 않았다.

살아남은 8명 중 한국인은 안순복과 이봉선 두 명이었다. 나머지 대원 랭운, 양귀진, 왕혜민, 호수지, 곽계금, 황계청은 중국인 여성들이었다. 그중 제일 나이 많은 이가 25살, 제일 어린 대원은 겨우 13살이었다.

만주에서 무장투쟁을 하다가 장렬히 희생당한 한국인 여성독립운동가는 수백 명에 이르렀다.

화룡현 약수동 부녀구국회 주임이었던 김순희는 22살에 일본인들에게 처참히 처형되었다. 무장투쟁 중 1932년 11월에 체포된 김순희는 조직의 비밀을 지키기 위해 스스로 자신의 혀를 깨물어 끊어 버리고 끝까지 진술을 거부했다. 일본군은 김순희와 연행자들을 빈집에 밀어 넣고 불을 붙인 후 기관총을 난사해 모두 죽였다.

배성춘은 항일련군 제6군 피복창의 창장이었다. 그녀는 일찍이 '항일화장강연대'에 가입하여 항일선전사업을 하였으며 후에는 탕원유격대에서 피복 제조를 책임졌다. 늘 꼼꼼하고 살갑게 자신들을 보살펴 주는 배성춘을 대원들은 '큰누나'라고 불렀다. 1938년 11월 23일, 보청현 장가요에서 일본군의 포위를 돌파하기 위해 총격전을 벌이다가 전사했다.

허성숙은 항일련군 제1로군에서 '여장군'으로 불린 용맹한 여성이었다. 제1로군 제2군 제4사에서 기관총사수였던 그녀는 간삼봉, 서북차, 대사하 등 여러 전투에서 영웅적으로 싸웠다. 1939년 8월 23일 대사하 전투 때 통양촌에서 증원되어 오는 일본군을 혼자서 저격하다가 희생되었다.

황정신은 훈춘현 연통랍자 남구의 중국공산당지부 여성위원이었다. 1933년 5월, 훈춘현 삼도구에서 유격대원을 모집하는 초모사업을 하던 중 일본군에게 포위되어 부상을 입었다. 가까스로 살아난 후에도 계속 무장투쟁에 맨 앞장서다가 1934년 1월 1일 일본군에게 장렬히 희생되었다. 자매인 안제지와 안만족, 또 다른 여성대원 김인순과 함께였다.

이계순은 중공화룡현위원회 서기였던 김일환의 부인이었다. 그녀는 남편과 함께 차창자 항일유격근거지를 개척하는 사업에 참가하였으며, 후에 항일연군 제2군 6사에서 후원 사업을 했다. 지하활동을 하던 1937년 12월, 장백현의 곰골 밀영에서 일본군에게 체포되었지만 온갖 혹형과 회의에 굴복하지 않고 버티다가 1938년 1월에 총살되었다.

김로숙은 남만주에서 유일한 여성무장단체인 부녀대를 조직하여 일본군과 싸운 이였다. 항일련군에 입대한 후, 홍석랍자, 금천하리 항일유격근거지에서 후원 사업을 하였다. 1936년 10월, 제1군 군수부장 엄필순과 함께 군수물자를 구입하던 중 집안현 대청구에서 일본군 수비대와 맞부딪혀 격렬한 총격 끝에 전사했다.

훈춘현 동포대촌 중국공산당지부 여성위원이던 안순화는 연통랍자에서 여성구국회를 결성하는 등 유격대 근거지 건설에 적극 뛰어들었다. 후에 항일유격대의 재봉대에서 활약하다가 동북인민혁명군에 입대했다. 1937년 3월, 일본군과의 전투 도중 부상을 입고 체포되었다. 일본인들은 나무꼬챙이를 몸에 박는 등 온갖 악형을 가했으나 한순화는 끝까지 항거하다가 총살당했다.

항일련군 제2군 제6사에서 재봉대 책임자로 있던 최희숙은 유격대원들에게 따뜻한 옷을 입히기 위해 손수 재봉틀을 등에 지고 다니며 옷을 짓던 열정적인 여성이었다. 1941년 2월 행군 도중에 연길현 용신구에서 체포된 그녀는 룡정으로 압송되어 가혹한 고문을 받았다. 그러나 끝까지 동지들의 비밀을 지키다가 희생되었다.

이밖에도 김영신, 김금주, 홍혜순, 문두찬 등 만주지역 항일무장 투쟁 과정에서 자신의 소중한 생명을 마친 여전사들은 수백 명에 이르렀다.

간고한 서정길에서도 살아남은 8명의 여성대원들에게도 죽음의 시간이 다가오고 있었다.

하얼빈에서 멀지 않은 북만주의 10월 하순은 이미 겨울이었다. 한국의 12월만큼이나 추웠다. 강물 가운데는 아직 얼지 않았지만, 차가운 강물을 타고 불어오는 바람은 한겨울처럼 매서웠다.

제5군 사령부는 우스훈강 건너편에 있었다. 제1사는 이튿날 새벽에 강을 건너 사령부를 찾아가기로 하고 우스훈강과 목단강이 합쳐지는 합수목에서 3킬로쯤 떨어진 강변에서 야영에 들어갔다. 지역 사람들이 자작나무 고개라 부르는 나직한 둔덕이었다.

다들 지치고 배가 고팠다. 대원들은 숙영지 곳곳에 모닥불을 피워놓고 추위와 허기를 참으며 이리저리 쓰러져 잠이 들었다. 그러나 그 시간에도 안순복을 비롯한 8명의 여성대원들은 모닥불 앞에서 대원들의 옷을 꿰매느라 밤을 지새웠다.

이날 밤, 양자구에 사는 갈해록이라는 중국인 밀정이 삼가자에 놀러가 술을 마시고 귀가하던 중 자작나무고개 곳곳에 피어있는 모닥불을 발견했다. 항일유격대임을 확인한 갈해록은 곧바로 일본군에게 밀고했고, 일본군 수비대장은 만주군을 포함한 1천여 명을 동원해 유격대의 숙영지를 삼면으로 포위하고 날이 밝기를 기다렸다. 완전무장한 10배가 넘는 병력이었다.

아침 햇살이 어렴풋이 밝아올 무렵이었다. 제1사 사장 관서범은 참모장 김석봉에게 안순복 등 여성대원들을 데리고 먼저 강을 건너라고 지시했다. 강물 쪽을 제외한 삼면이 1천여 명의 일본군에게 포위된 줄은 전혀 모르고 있었다.

김석봉과 8명의 여성대원들이 1.5킬로쯤 걸어 도강할 지점에 이르니 물이 많이 불어나 강폭이 넓어진 데다 깊이를 알 수 없었다. 여성대원들의 안위가 걱정된 참모장 김석봉은 먼저 강물에 뛰어들어 맞은편 강변을 향해 강물을 헤쳐나갔다.

김석봉이 무사히 강물을 건너 여성대원들에게 어서 건너오라고 손짓할 때였다. 자작나무 언덕에서 요란한 총성이 들려왔다. 일본군이 삼면으로 들이닥쳐 제1사 숙영지를 공격하기 시작한 것이다.

여성대원들은 강변 버드나무 숲속에 엎드려 상황을 살폈다. 소란을 틈타 빨리 강을 건너면 모두 무사할 수 있었다. 그러나 안순복과 랭운은 일본군을 유인해 본대를 구하기로 결정했다. 8명의 여성대원은 숫자가 많아 보이기 위해 3개 조로 흩어져 일본군을 향해 소총 사격을 시작했다.

일본군은 예상치 못한 곳에서 총탄이 날아오자 이들에게 병력을 분산 배치하느라 부산해졌다. 유인책이 성공한 것이다. 그 사이, 제1사 본진은 재빨리 포위망을 벗어나 떡갈나무골로 이동했다.

일본군은 일단 자작나무 언덕을 점령하고 강기슭을 향해 포위망을 좁혀갔다. 그들은 강기슭에서 역습해 온 유격대가 겨우 몇 명의 여자들에 불과하다는 것을 확인하고는 백여 명을 보내 생포 작전을 펴려 했다.

여성대원들에게는 소총과 수류탄밖에 없었다. 대원들은 버드나무 숲에서 이리저리 옮겨 다니며 한 발, 한 발 아껴서 일본군을 저격했고, 가까워졌을 때는 수류탄을 던져 막아냈다. 일본군은 몇 명이 부상당하면서도 점점 포위망을 좁혀왔다.

한편, 떡갈나무골로 피신했던 본진은 여성대원들이 포위되었음을 알고 전열을 가다듬어 전투가 벌어진 곳으로 돌아오려 했으나 900여 명의 일본군을 도저히 뚫을 수가 없어 발을 구르며 바라보기만 했다.

해가 떠올라 사방이 환해지도록 교전이 계속 되자 일본군은 생포 전술을 포기하고 본격적으로 공격을 시작했다. 일본군의 박격포들이 무수히 날아와 버드나무 숲에 떨어지면서, 버드나무들은 송두리째 뿌리가 뽑히고 부러져 더 이상 은폐할 곳이 없었다. 포탄 파편에 황계청과 곽계금이 부상도 입었다.

여성대원들이 더 이상 버틸 수 없어 강변의 둔덕진 곳으로 후퇴하는 사이 탄알도 다 떨어졌다. 이제 남은 것은 단 한 발의 수류탄뿐이었다. 최후를 각오할 때가 되었다. 강 건너에서 김석봉이 안타깝게 기다리고 있었다.

"우리는 적의 포로가 될 수 없어요! 강을 건넙시다!"

안순복의 외침에 다른 대원들도 마주 소리쳤다.

"좋아요! 강물로 뛰어듭시다!"

강물에 들어가면 일본군의 표적이 되어 총알받이가 되리라는 걸 누구나 알 수 있었다. 마지막 수류탄을 일본군에게 던진 여성대원들은 나란히 손을 잡고 거칠게 흐르는 겨울 강물 속으로 뛰어들었다.

"돌아와라! 강변으로 나오면 목숨도 살려주고 상금도 주겠다!"

일본군 장교가 소리쳤지만 8명의 여성대원은 사나운 격류와 싸우며 한사코 앞으로 전진했다. 참모장 김석봉은 여성대원들이 물속에 쓰러졌다가는 일어서고 일어섰다가는 다시 쓰러지는 비장한 장면을 강 건너에서 이를 악물고 지켜보아야만 했다.

여자들을 사로잡을 수 없다고 판단한 일본군 장교는 일제 사격 명령을 내렸다. 기관총과 소총이 일제히 불꽃을 뿜었다. 박격포탄까지 강물에 물기둥을 일으켰다. 잠시 후 8명의 여성대원들은 물속으로 사라져 다시는 떠오르지 않았다. 일본군 장교 구마가이는 머리를 절레절레 흔들며 말했다.

"독한 년들!"

전쟁이 끝난 후, 중국 정부는 겨울 강에 뛰어들어 숨진 8명의 여성을 주제로 영화 '중화의 딸'을 제작해 그들의 영웅적 기개를 찬양했다.

1986년 9월 7일에는 목단강 강변에 '8녀투강기념비'를 세우고 이렇게 글을 새겼다.

'팔녀영령은 영생불멸하리라.'

참고도서

《김학철 평전》김호웅 · 김해양 편저, 실천문학사, 2007년

《불멸의 발자취》김성룡 저, 최룡수 감수, 민족출판사, 2005년

《조선 사상범 검거 실화집》지충세 역, 도서출판 돌베개, 1984년

《아직도 내 귀엔 서간도 바람소리가》허우 구술, 변창애 기록, 민족문제연구사, 1995년

《죽산 조봉암 전집》중 제1권 '내가 걸어온 길' 정태영 역, 세명서관, 1999년

《이재유, 나의 시대 나의 혁명》김경일 지음, 도서출판 푸른역사, 2007년

《단재 신채호 평전》김삼웅 저, 시대의창, 2005년

《장강일기》정정화 저, 학민사, 2011년

《신채호 말꽃모음》신채호 글, 이주영 엮음, 도서출판 단비, 2017년

《의열단 조선혁명단 조선의용대의 영혼 윤세주》김영범 저, 역사공간, 2013년

《여운형 평전》이기형 저, 실천문학사, 2005년

《당창건 90주년 조선족 공산당원 90인》우빈회 · 황유복 주필, 민족출판사, 2011년

《자유를 위해 투쟁한 아나키스트 이회영》김명섭 저, 역사공간, 2012년

《안중근 의사 자서전》안중근 저, 범우사, 2012년

《독립운동가 말꽃모음》설흔 엮음, 도서출판 단비, 2019년

《백범일지》김구 저, 범우사, 1984년

《항일영웅 리홍광》김양 · 이원명 저, 민족출판사, 2015년

《이화림 회고록》장촨제 · 순징리 엮음, 차이나하우스, 2015년

《조선의용군의 독립운동》염인호 저, (주)나남출판, 2001년

《조선의용대 조선의용군》염인호 저, 한국독립운동사연구소, 2009년

《무정장군》리광인 저, 민족출판사, 2016년

《정율성 평전》이종환 저, (주)지식산업사, 2006년

《안창호》장석흥 저, 한국독립운동사연구소, 2017년

《남자현 평전》이상국 저, 세창출판사, 2018년

《김동삼》 김병기 저, 역사공간, 2012년
《김상옥 평전》 이정은 저, 민속원, 2014년
《약산 김원봉 평전》 김삼웅 저, 시대의창, 2015년
《잃어버린 한국 현대사》 안재성 저, 인문서원, 2015년
《명시》 안재성 저, 창비, 2019년
《허형식 장군》 박도 저, 눈빛, 2019년
《경사유방》 중 '선현약전', 의성김씨 천상문화보존회, 2019년
《유림 의병의 선도자 유인석》 오영섭 저, 역사공간, 2020년
《만주 항일투쟁의 신화 김좌진》 이성우 저, 역사공간, 2011년
《홍범도 평전》 김삼웅 저, 도서출판 레드우드, 2020년
《만주지역 한인사회와 항일 독립운동》 박영석 저, 국학자료원, 2010년